FRANÇOIS FROGER

RELATION DU PREMIER VOYAGE DES FRANÇOIS À LA CHINE

FAIT EN 1698, 1699 ET 1700 SUR LE VAISSEAU

„L'AMPHITRITE"

HERAUSGEGEBEN

VON

E. A. VORETZSCH

VERLAG DER ASIA MAJOR
LEIPZIG
MCMXXVI

FRANÇOIS FROGER

RELATION DU PREMIER VOYAGE DES FRANÇOIS À LA CHINE

FAIT EN 1698, 1699 ET 1700 SUR LE VAISSEAU

„L'AMPHITRITE"

IMPRESSUM
TYPIS DRUGULINI
LIPSIÆ

CIↃ · C · CIↃ · XXVI

FRANÇOIS FROGER

RELATION DU PREMIER VOYAGE DES FRANÇOIS À LA CHINE

FAIT EN 1698, 1699 ET 1700 SUR LE VAISSEAU

„L'AMPHITRITE"

HERAUSGEGEBEN

VON

E. A. VORETZSCH

VERLAG DER ASIA MAJOR
LEIPZIG
MCMXXVI

EINLEITUNG

In der an Schätzen reichen Schloßbibliothek von Ajuda bei Lissabon befindet sich unter der Signatur 46-XIII-33 die guterhaltene Handschrift: François Froger, Relation du premier voyage des François à la Chine fait en 1698, 1699 et 1700 sur le vaisseau „L'Amphitrite".

Sie umfaßt, prächtig in rotem Leder mit Goldpressung gebunden und mit 15 Illustrationen versehen, 4 unnumerierte Papierblätter mit dem Widmungsschreiben und 186 numerierte Folioblätter, von denen, abgesehen von den Illustrationen, 1—175 mit 31—28 Zeilen Text beiderseitig beschrieben sind und der Rest von Tabellen und ausgetuschten Zeichnungen bedeckt ist.

Über den Verfasser François Froger hören wir aus dem als Vorwort gesetzten Anschreiben an Monseigneur le Comte de Pontchartrain, Ministre et Secrétaire d'Etat (1643—1727), daß dieser ihm eine Fahrt nach der Magelhäes-Straße ermöglicht hatte. Anscheinend zufrieden mit dem eingereichten Fahrtbericht verschaffte der Minister ihm darauf die Teilnahme an der ersten französischen Expedition nach China mit dem Auftrag, deren Denkwürdigkeiten niederzuschreiben und genaue Karten, sowie Pläne aller Aufenthaltsorte aufzunehmen.

Während nach J. C. Brunet, Manuel du Libraire, 1861, II, 1403f. der Bericht der Fahrt nach der Magelhäes-Straße zwei Auflagen erlebte, wurde der Druck unseres Reiseberichts durch den Tod seines Verlegers verhindert. Brunet gibt weiter an: „Le même officier (Froger), ayant été nommé commandant de la flûte l'Amazone, s'embarqua sur ce navire, le 7 septembre 1704, et fit voile pour la côte du Sénégal, mais on ignore ce qu'il devint ensuite. Je possède une correspondance fort curieuse de cet ingénieur avec Nicolas Thoinard". Pierre Larousse, Grand Dictionnaire Universel du XIXe Siècle, Paris, 1873, XVIII, 839 p. nennt Froger einen französischen Reisenden und Ingenieur, 1676 in Laval geboren, nach 1715 gestorben. Der Bericht über seine Reise von 1695—1697 sei zuverlässig (exact) und geschätzt.

Über die erste Chinareise der „Amphitrite“ liegen bereits zwei verschiedene Schilderungen im Druck vor. Die erste, ein unterhaltend geschriebener langer Reisebrief, ist die Relazione di un viaggio fatto alla China nel 1698 da Giovanni Gherardini Pittore Bolognese, Bologna, Società Tipografica Bolognese, 1854, von dem Brunet drei frühere Ausgaben verzeichnet (II [1861] 1579/80).

Die zweite Schilderung ist in drei Veröffentlichungen erschienen:

a) A Journal of the First French Embassy to China, 1698—1700. Translated from an unpublished manuscript by Saxe Bannister, London, Thomas Cautley Newby, 1859; das Buch ist selten;

b) in französischer Übersetzung als Journal inédit du voyage de la frégate l'Amphitrite en Chine fait par l'ordre du roi Louis XIV en 1698 p. par Saxe Bannister, Paris, 1860;

c) als Auszug der ebengenannten französischen Übersetzung in Madrolle: Les premiers voyages français à la Chine, La Compagnie de la Chine, 1698—1719, Paris, Librairie Challamel, 1901, Livre I, p. 1—54.

In unserem Bericht sowie in dem von Bannister-Madrolle veröffentlichten Tagebuch heißt es, daß „am 7. Oktober an Bord gingen Pater Bouvet, begleitet von Herrn de Beaulieu, unserem chinesischen Kaufmannn und mir“. Da Froger sich in unserem Manuskript als Verfasser bezeichnet, müssen wir annehmen, daß er es war, der an Bord ging; dann kann es in der Bannister-Madrolle-Ausgabe aber nicht Filye oder de Lagrange gewesen sein.

Madrolle bezeichnet als Verfasser des Berichts den Offizier Filye oder als wahrscheinlicher den Seekadetten de Lagrange. Er sagt leider nicht, worauf sich dieses Urteil gründet. Er nennt ferner unter den zweiten Kapitänen und Mitgliedern des Stabes einen Froger de la Rigaudière und einen anderen de la Rigaudière als Leutnant (S. 2) und anläßlich der zweiten Amphitrite-Fahrt 1701—1703, die ein Kommandant de la Rigaudière befehligt und bei der sich ein Kadett de la Rigaudière, ein Neffe des Kommandanten, befindet, sagt er (S. 55/6):

„On trouve dans la marine française plusieurs de la Rigaudière. Sur une carte manuscrite, conservée aux archives de la Marine, l'officier qui nous intéresse ici signe: la Rigaudière-Froger; dans les papiers de la Marine, aux Archives nationales, on peut reconstituer la flotte d'un de la Rigaudière (1722), qui comprend *l'Apollon*, le *Duc du Maine*, le *Maréchal d'Estrées* et la *Mutine;* en 1725-26 de la Rigaudière de la Clisse, commandant la *Mutine,* se rend au Sénégal et à la Louisiane; enfin parmi les manuscrits de la Bibliothèque de la Rochelle il y a deux lettres datées de Port de Paix, 1762 (Haïti), et signées Froger de la Rigaudière.

Ce dernier semble être le petit-fils du commandant de *l'Amphitrite;* les autres doivent représenter ce même neveu dont le nom est rappelé comme enseigne du bord".

Möglich, wenn auch nicht gerade wahrscheinlich, wäre allerdings, daß beide Manuskripte auf ein anderes Journal zurückgehen, und es bleibt auffallend, daß in unserem Manuskript unter den aufgeführten Seekadetten Filye nicht genannt wird. Es könnte sein, daß dafür das von dem Kommandanten der „Amphitrite", de la Roque, geführte Schiffstagebuch in Frage kommt, dessen „Abrégé du Journal du voyage de la Chine que j'ay fait commandant *l'Amphitrite* l'année 1698" nach Madrolle in den Archives de la Marine aufbewahrt wird (Madrolle, p. LXIX). Die dort genannten Pläne von Achem, ville de Malac, de la citadelle et de la rade et surtout d'une petite isle d'où les Hollandois, quand ils prirent cette place le bombardèrent, die de la Roque seinem Bericht beizufügen beabsichtigte, sind tatsächlich in Froger vorhanden, nicht dagegen der von de la Roque ebenfalls genannte Plan von Bantan. Die bei Madrolle gegebene Carte de l'Entrée de Canton findet sich ebenfalls bei Froger.

Textlich sind die von Madrolle gegebenen Stellen (Madrolle, Anm. p. 10, 13 u. 52) des de la Roque'schen Schiffstagebuchsauszuges durchaus sowohl von dem Bericht wie von dem Journal verschieden. Auch ist nicht außer acht zu lassen, daß Froger sich in dem Widmungsschreiben, das seinem Berichte vorangeht, ausdrücklich als mit der Abfassung der Denkwürdigkeiten beauftragt bezeichnet.

Bannisters Veröffentlichung steht in eigenartigem Verhältnis zu unserem Originalbericht. Bannister sagt über die Herkunft seiner Ausgabe, Introduction III f.: „The substance of the volume is a journal kept on board a French ship of war sent to China by Lewis the Fourteenth. The manuscript of that document is in the writing of the early part of the last century. It was obtained casually in London, and from the character of other MSS. among which the journal was discovered, it seems to have been in the possession of a distinguished emigrant of the first French Revolution — having probably belonged to the family of a former minister or intelligent sea-officer. This journal is ably compiled, but several errors in the spelling of even trivial words show it to have been a copy of a more correct original. (Fertigten vielleicht Filye oder de Lagrange diese Kopie?) It contains a genuine narrative of proceedings to which the journalist was more or less party on board the ship or in Canton, from its sailing in 1698 and its return to France in 1700."

Unsere Ausgabe ist der von Froger nach seiner Rückkehr überarbeitete Bericht, den er seinem Gönner, dem Grafen Pontchartrain, in endgültiger Fassung einreicht. Verglichen mit dem Tagebuch von Bannister weist er geringe Streichungen, vor allem nautischer Angaben, besonders gegen Schluß der Reise auf, augenscheinlich, um zu Ende zu kommen und den Leser nicht zu sehr zu ermüden. Da seine Beobachtungen für künftige Fahrten nützen sollen, darf er sie nicht wesentlich einschränken. Abgesehen von den leicht fehlerhaften Zahlenangaben ergeben sich zwischen Tagebuch und Bericht keinerlei wesentliche sachliche Abweichungen oder gar offene Widersprüche. Umstellungen nimmt dieser, offenbar in bessernder Absicht, einige wenige Male vor. Erweiterungen und längere Zusätze sind dagegen fast auf jedem Blatte vorhanden. Der Bericht wird wertvoll durch die Einschübe der zahlreichen Ortsbeschreibungen aller angelaufenen Häfen oder gesichteten Ufer und Inseln, sowie die Hinweise über die Einnahmemöglichkeiten der Stationen, durch die dokumentarisch genaue Wiedergabe der Instruktionen, Verhandlungen, Abkommen und der Briefe aus dem Innern Chinas. Am umfangreichsten ist die eingeschaltete Abhandlung über das Land und den Stand der Christenmission mit Vorschlägen für den französischen Handel. Der Bericht schöpft im Gegensatz zum Tagebuch nicht allein aus den täglichen Beobachtungen, sondern er gibt auch nachträgliche Überlegungen, verknüpfende Erinnerungen und benutzt Aufzeichnungen früherer Reisender, die er zu ergänzen bemüht ist. Der Historiker kann sich aus ihm ein ganz anderes Bild jener ersten Handelsfahrt der Franzosen nach China machen als nach dem knapp gehaltenen Tagebuch, und auch für jeden anderen Leser ist die Lektüre des Berichts infolge der Einschübe anziehender sowie abwechslungsreicher als die des Tagebuchs.

Unter den auf die erste Berührung Frankreichs mit China bezüglichen früheren Manuskripten hat man bisher das von Bannister wiedergegebene Journal für das älteste und wichtigste gehalten: an seine

Stelle tritt jetzt mit gutem Recht das Manuskript der Ajuda-Bibliothek, der Bericht von Froger.

Über die Handlung selbst ist das Folgende zu sagen:

Wir befinden uns im Jahre 1698. In Paris herrschte der Sonnenkönig, damals 60 Jahre alt, der Frieden von Ryswijk (1697) war geschlossen, Frankreich hatte seinen Besitzstand eben gewahrt. Die Ludwig XIV. von seinen berüchtigten Réunionskammern zu Tournai, Metz, Breisach und Besançon im Elsaß und der Franche-Comté zugesprochenen großen Gebiete, Straßburg, daß er 1681 mitten im Frieden überfiel, hatte er behalten. Die Pfalz, auf die er verzichten mußte, hatte er in der fürchterlichsten Weise verwüstet. Den Rhein, der allein in seinem Blickpunkt gestanden hatte, hatte er erreicht. Seine kontinentalen Pläne, wenn auch nicht in dem Ausmaße eines Reiches Karls des Großen, hatte er verwirklicht. Das Weltmeer aber mit seinen Handelsmöglichkeiten und überseeischen Kolonien war das Stiefkind geblieben. Trotzdem waren der französische Handelsstand wie auch der Adel, dank der Colbert'schen Politik, über die Bedürfnisse des Lebens hinaus gesättigt, wohlhabend und unternehmungslustig. Schon Franz I. und Coligny hatten die Blicke der Nation über die See gelenkt, wenn sie auch zunächst noch keine zielbewußten, weltpolitisch denkenden Nachfolger fanden. Die überseeischen Bestrebungen waren von Richelieu und Mazarin planmäßig wieder aufgenommen worden und hatten in dem Verfechter des Mercantil-Systems, Colbert, verständnisvolle Förderung gefunden. Kein Wunder, denn was bei anderen Nationen an Schätzen von Indien floß, war ungeheuer. Nachdem Vasco da Gama Indien erreicht hatte, war Lopez de Sequeira 1509 weiter gen Malakka gezogen. In Macau saßen, als die erste französische China-Expedition unternommen wurde (1698), bereits seit über 140 Jahren die Portugiesen. Längst waren die Spanier, Holländer und Engländer ihren Spuren gefolgt. Auch eine andere Großmacht hatte im Fernen Osten Fuß gefaßt: die katholische Kirche, die seit der Zeit des Jesuitenpaters Franz Xavier, des großen Apostels des Fernen Ostens, in unermüdlichem Bekehrungseifer ihre Sendlinge nach Asien getrieben hatte. Bis nach Peking an den chinesischen Kaiserhof waren sie gedrungen. Dort regierte der zweite der Kaiser der Mandschu-Dynastie, K'ang hi (1662—1722), der erste der drei großen Kaiser dieser starken Dynastie (Yung chêng 1723—1735, K'ien lung 1736—1796), unter denen China wirklich für Ostasien das

Reich der Mitte, der Angelpunkt alles Glanzes und aller Kultur war.

Nach Asien hinaus, nach den Molukken, nach Indien und Siam waren schon einzelne französische Schiffe gedrungen; insbesondere in Siam, dessen Hauptstadt damals (1680) Ayuthia war, hatten sie mit Hilfe eines griechischen Abenteurers namens Constantin Phaulkon, der sich vom Berater zu einer Art Hausmeier und allmächtigem Minister in Siam aufgeschwungen hatte, eine starke und absolute Vormachtstellung erworben. Damals hatte Ludwig XIV. unter anderem eine wissenschaftliche Expedition an den Hof von Siam geschickt, die aus den Jesuitenpatres Bouvet, de Fontenay, Gerbillon, Le Comte, Tachard und de Visdelou bestand.

Als Constantin Phaulkon infolge einer nationalen Revolution gestürzt wurde, hatten auch die gelehrten Jesuitenpatres das Land räumen müssen und abgesehen von Tachard, der nach Frankreich zurückkehrte, sich nach China begeben, wo sie mit Hilfe des Jesuiten-Paters Verbiest 1688 an den Hof in Peking gelangten. Dort wuchs von Jahr zu Jahr ihr Ansehen, weil der Kaiser in kluger Berechnung ihre Kenntnisse zum Besten des Landes ausnutzte. 1697 kehrte Pater Bouvet nach Frankreich zurück, um neue französische Ordensbrüder zu holen: Das, was einst rein portugiesische Einflußsphäre gewesen war, ging allmählich, zum guten Teil infolge der internationalen Zusammensetzung des Jesuiten-Ordens, Portugal verloren. Bald standen die Portugiesen nicht nur in militärischem und kommerziellem Abwehrkampf gegen die ketzerischen Engländer und Holländer, sondern auch gegen die geistliche Einflußnahme ihrer allerchristlichsten lateinischen Schwester, die wohlüberlegt zunächst durch ihre Missionare vordrang und das Patronatsrecht der portugiesischen Könige nicht anerkannte.

Der Pater Joachim Bouvet kann als einer der eifrigsten Schrittmacher Frankreichs im Fernen Osten bezeichnet werden. Er war es, der den französischen Kapitalisten in Paris predigte, daß Frankreich auch auf kommerziellem Gebiete in China eine Rolle spielen könnte und die Herren der Compagnie Royale des Indes Orientales zu bewegen suchte, eine Expedition nach China ins Werk zu setzen. Diese konnten sich, wohl weil die Mittel fehlten, nicht entschließen, den Plänen des Paters Bouvet zu folgen. Der Pater aber suchte unverdrossen weiter und fand in dem wohlhabenden Glasfabrikanten Jourdan de Groussy den Mann, der mit einigen Freunden und unter dem

Schutze des Marineministers Phelypeaux de Pontchartrain die erste chinesische Kompagnie gründete.

Da indessen der französische Handel im fernen Osten ein Monopol der Compagnie Royale des Indes Orientales war, mußte man eine Verständigung mit dieser Gesellschaft suchen, die darin gefunden wurde, daß die Compagnie Royale des Indes Orientales unter gewissen Bedingungen zu gunsten von Herrn Jourdan auf den direkten Handel mit China verzichtete. Das geschah im Jahre 1698.

In La Rochelle wurde das Schiff der neuen chinesischen Kompagnie, die „Amphitrite", befrachtet. Die Ausrüstung und Ladung wertet nach Madrolle (Einleitung XXXVII) 506.948 Livres, 11 Francs, 4 Deniers. Am 6. März 1698 sticht die „Amphitrite" in See. An Bord befinden sich u. a. 4 kaufmännische Direktoren und Pater Bouvet mit 7 Jesuiten. Zwischen dem Pater und dem Direktor Benac kommt in eigenmächtiger Abänderung erteilter Anordnungen ein sonderbares Abkommen zustande: der sprachkundige Pater soll die Verhandlungen führen und das Schiff von allen Abgaben im chineschen Hafen befreien. Er gibt es darum als Schiff des Königs von Frankreich aus — in dem Glauben, daß es sich um eine Gesandtschaft Ludwig XIV. handelt, ist auch Bannister —, das ihn als Abgesandten des Kaisers von China nach dort mit reichen Geschenken für den Hof zurückbringen soll. Einige Geschenke rühren anscheinend in der Tat von Ludwig XIV. her, die Hauptmenge derselben stammt jedoch von der Gesellschaft. Dieses Vorgehen sollte natürlich nicht nur ihrem materiellen Nutzen dienen, sondern auch der Erhöhung des Ansehens des Paters. Der Direktor stimmt zu, aber die Chinesen, von den Portugiesen argwöhnisch gemacht, trauen den Angaben nicht, so daß der Pater in eine peinliche Lage kommt, zumal sich die Verbindung mit dem Kaiser, der monatelang fern von Peking im Felde weilt, schwierig gestaltet. Die Direktoren verlieren für lange Zeit die Gelegenheit zum Handel und zur rechtzeitigen Rückkehr mit dem Monsun des Jahres 1699. Pater Bouvet muß gegen zwei Fronten kämpfen, gegen das Drängen der chinesischen Zollbehörden wie der Direktoren der französischen Kompagnie, welche die Handlungsfreiheit, deren sie sich begeben hatten, wieder zu gewinnen suchten. Lakonisch vermerkt Froger als ziemlich unparteiischer Beobachter (S. 130): „de sorte qu' à la fin le Père s' expliqua avec le houpou". Die Spannung zwischen Direktor Benac und Pater Bouvet nimmt die schärfste Form an; ohne den Pater zu fragen, wird der Zoll bezahlt, obwohl die Nachricht vom Erlaß der Einfuhrabgaben eintrifft. Zurückgezahlt wird nichts. Nunmehr macht der Direktor seinerseits Schwierigkeiten bei der Herausgabe der für den Kaiserhof ausgewählten Geschenke. Außer dem Zoll haben die Direktoren ein Jahr verloren, ziemlich überstürzt und auf Drängen der Chinesen schicken sie dann das Schiff heim. Sie haben jedoch, allerdings unter der moralischen Einbuße der Vorspiegelung einer falschen Tatsache, immer noch einen pekuniären Erfolg erreicht und die erwünschte Handels- sowie Niederlassungserlaubnis erhalten.

Die Aufgaben der französischen Jesuiten in China, als bewußte Verbreiter der französischen Zivilisation deren kulturelle Vorherrschaft zu fördern, finden wir mit dankenswerter Klarheit von ihnen selbst angegeben (S. 157): Verbreitung des Christentums und das Bestreben, den chinesischen Kaiser günstig zu stimmen, à protéger d'une manière particulière les François qui voudront trafiquer à la Chine.

Im August 1700 kehrt die „Amphitrite“ mit reicher Ladung zurück; für die Aktionäre ergab sich ein Gewinn von 50%, der mit dem eingezahlten Kapital allerdings erst 1703, d. i. fünf Jahre nach der Kapitalhergabe zur Auszahlung kommt.

Außer dem großen Entgegenkommen des Herrn Inspektors der Archive Portugals, des als Dichter wie Staatsmann gleich geschätzten Herrn Dr. Julio Dantas, dessen Liebenswürdigkeit uns das Manuskript zur Verfügung stellte, verdanken wir der bereitwilligen Hilfe und Mitarbeit von Herrn Dr. Gerhard Moldenhauer in Madrid die Möglichkeit der Veröffentlichung dieses wichtigen und interessanten Quellenbeitrages zu den Beziehungen zwischen Abendland und dem Fernen Osten.

Lissabon, 1925 E. A. VORETZSCH

LISTE DER ABBILDUNGEN DER RELATION

Am Ende des Buches befindet sich der Routier du voyage de la Chine mit Profilkarten (10 einseitige, 5 doppelseitige Blätter).

RELATION

DU PREMIER VOYAGE DES FRANÇOIS

A LA CHINE

PRESENTÉ A MONSEIGNEUR

LE COMTE DE PONTCHARTRAIN

PAR LE S. F. FROGER

A MONSEIGNEUR LE COMTE DE PONTCHARTRAIN
MINISTRE ET SECRETAIRE D'ETAT

MONSEIGNEUR

Lors que j'eus l'honneur de vous presenter la Relation de mon premier voyage au Detroit de Magellan, vous eutes la bonté de me procurer l'occasion de faire celuy de la Chine, et lors que je pris congé de vous, Monseigneur, vous m'ordonnates de vous dresser des Memoires et de leuer exactement les Cartes et les Plans de tous les endroits ou nous ferions quelque sejour.

Je l'ay fait aussy regulierement qu'il m'a été possible, et crois n'auoir rien laissé echaper de tout ce que j'ay jugé pouuoir vous être agreable; Voicy, Monseigneur, l'Ordre que j'ay tenu pour vous en rendre compte, et pour vous engager a en lire plus volontiers toute la suite. J'ay en gros suiuy le cours de nôtre Navigation auec toutes les Remarques que j'ay crû necessaires; je l'ay degagé de mille Latitudes et de mille Routes ce qui occupent dans tous les Journaux les trois quarts du volume, et qui rebutent d'abord; vous y verrez a chaque endroit ou nous auons touché quelques remarques assez curieuses sur le Commerce, sur la Religion, sur le Gouuernement et sur les Forces du Pays auec les Desseins inserez chacun en leur lieu; Et afin de ne rien laisser a souhaiter, Monseigneur, dans les Memoires que j'ay l'honneur de vous presenter, j'ay joint a la fin de ma Relation, vn Routier ou sont marquez exactement jour par jour toutes les Routes, — Latitudes, Longitudes, variations et courans auec les vues qui sont necessaires pour la reconnoissance des terres. Je trauaille continuellement, Monseigneur, a me rendre plus capable et plus digne de vôtre protection; je pousse tous les jours des voeux au Ciel pour la prosperité d'vn Ministere que vous auez commencé si glorieusement, et ne respire que l'occasion de pouuoir être témoin de tant de belles Entreprises qui font reuerer vôtre Nom a toutes les Nations du Monde sous vn si beau Regne, et enfin de pouuoir me dire a jamais auec vn profond respect

Monseigneur

Votre tres humble et tres
obeissans Seruiteur

F. Froger

RELATION DU PREMIER VOYAGE DES FRANÇOIS A LA CHINE

fait en 1698, 1699 et 1700. Sur le Vaisseau l'Amphitrite du port de 500. tonneaux, armé de 30 pieces de Canon, et de 150 hommes d'Equipage, commandé par Monsieur de la Roque Capitaine de Fregate legere Cheualier de l'Ordre militaire de St. Loüis.

Le 6e Mars 1698 sur les neuf heures du matin nous leuames l'ancre de deuant la Rochelle, le vent varia du Nordest a EstSudest; sur le midy il calma tout plat, et nous fumes obligés de moüiller jusqu'au lendemain. Mars 1698

Messieurs Geraldin, Saliot, et la Rigaudiere, seruoient en qualité de Seconds Capitaines; Messrs de Boissy et Barilly en qualité de Lieutenans, Messrs Sabrevois, la Grange, Beaulieu et Geraldin le jeune en qualité d'Enseignes.

Le sieur Benac étoit premier Directeur du Commerce, il auoit sous luy le s.[r] Poulletel Directeur et Caissier, le s.[r] Boizard Directeur et Controlleur, le s.[r] Francia Marchand, vn Secretaire, deux Commis, et huit Ouuriers pour la Miroiterie.

* Nous étions chargés de quantité de Glaces, de Cristaux, de Draps, de quelques Etoffes de Soye a fond d'or et d'argent, d'ouurages de marqueterie, de Pendules, de Montres, de Tableaux, de Pierreries fausses, d'ambre, de Corail, d'Armes a Feu, d'Acier, d'Instrumens de Mathematiques, de Liqueurs, de Clinquailleries et d'vne infinité d'autres marchandises, afin de connoitre tout d'vn coup ce qui seroit du goût de la Nation chinoise. Nous auions pour la depense du vaisseau vne caisse de douze mille liures, et les Directeurs en auoient vne de vingt neuf mille liures pour employer à la Chine a faire vne partie de Cargaison. Nous auions deux Commis de la Compagnie des Indes Orientales qui auoient ordre de prendre connoissance de toutes les negociations et de nous empescher de faire commerce en aucun port des Indes suiuant les conuentions faites entre les deux Compagnies. Mars 1698 [fol. 1]

Le Reuerend Pere Bouvet emmenoit, auec luy sept Jesuites Missionaires, les Peres, de Brossia, Pernon, Regis, Geneix, Parrenin, Prémare et Dolzay, Le Frere Belleuille, et vn Peintre Italien nommé Gherardini qui auoit demeuré longtemps chez M.[r] le Duc de Neuers. Nous apareillames le 7. au matin, nous sortimes par le Pertuis d'Antioche auec vn petit vend d'EstSud est, et sur les quatre heures du soir nous perdimes la terre de veuë.

Le 8 et le 9. les vents varierent de l'Est sudest au Sud, beautemps, belle mer.

Mars 1698 [fol. 2] * Le 9. par 45° 30.′ de latitude et par 13° 6.′ de longitude, nous faisant 30 lieuës au large le s.[r] Benac produisit les ordres secrets de la Compagnie[1] dont le premier deuoit estre ouuert a cette hauteur. Le Conseil etoit composé de Mr de la Roque, de Mr Geraldin premier Capitaine en second et Directeur honoraire, de Messrs Saliot, la Rigaudiere, Boissi, Benac, Poulletel, Boizard, Francia, et des R. P. Jesuites qui auioent pour eux tous vne voix dans les assemblées. Par ce premier ordre l'intention de la Compagnie étoit que Mr de la Roque fut droit a cent lieües du Cap de bonne Esperance ou enuiron, qu'il ne reconnût aucun Batiment en chemin soit pour le visiter ou faire saluer soit amy ou ennemy, et que la il ouuriroit l'ordre cotte 2. signés .... Jourdan, Pecquot, Tournay et Bachelier Directeurs pour la Compagnie.

Ouuerture du 1.er ordre de la Comp[e].

Le 10. et le 11. les vents se rangerent au Sudoüest; la mer deuint grosse, et le vaisseau rouloit beaucoup. Le 11. au matin nous vimes au vent vn petit nauire qui nous parut dematé de son mât de hune d'auant; le vent varia et força a Oüest-Nordoüest, nous passames la nuit du 11. au 12. a la Cape.

Le 13. et le 14. les vents se modererent et varierent du Nordest

---

1 Bannister's Bericht fügt hinzu (p. 3): "and which he had brought with him from Paris.

But M. de la Roque, on commencing the consultation, claimed to be entitled, as the commander, to have possession of those sealed instructions. On the other hand, M. de Benac urged, that as representative of the company, and its chief director, he ought to keep them. When they could not agree, a new council was held, which decided unanimously in favour of the claim of the captain. The missionary Jesuits were allowed two votes at this council.

This incident proves the utility of such consultations; as it often happens that, in long sea voyages, serious misunderstandings arise from unforeseen difficulties, apparently of little importance, and which would be easily settled if the calm opinions of experienced sea-officers were taken."

a l'EstSudest; nous vimes sous le vent vne Caiche qui couroit au Nord.

Le 15. sur les 10 heures du matin nous faisant a peu pres par le trauers du Cap de Finisterre nous vimes deux Batimens qui arriuerent vent largue sur nous, ils nous reconnurent a vne portée de Canon reuirerent de bord et tinrent le vent. Cette manoeuure * nous fit [fol. 2vo]
juger que c'étoient des Saltains ou quelques Batimens qui n'auoient pas encore nouuelle de la Paix.

Le 15., 16., 17. et 18., nous eumes les vents variables du Sud Sudoüest au Nordoüest, bon frais, beau tems.

Le Pere Bouuet commença ses leçons pour les langues Chinoise et Tartare.

Veue de Madere.

Le 21. toute la matinée nous vimes des Marsouins et quantité d'Oiseaux, vn peu apres midy nous reconnumes Madere qui nous restoit au Sud Sudest enuiron 15. lieuës, nous deuions par l'estime de nos Pilotes en passer quarante lieuës au large, si les courants qui entrent dans la Mediterrannée ne nous eussent deriués a l'Est. Sur les quatre heures nous vimes cinq nauires qui couroient au Nord entre l'Isle et Nous. Le vent étoit Est Nordest bon frais.

Veue de l'Isle de Fer.

Le 22. au Soleil leuant nous vimes l'Isle de Fer, qui nous restoit a Est Sudest 13. lieuës, nous commençames a porter au Sud pour laisser les Isles du Cap vert a Stribord.

Le 25. nous passames le Tropique du Cancer; les vents estoient Estnordest petit frais, la mer belle.

Depuis le 26. jusques au 31. nous eumes toujours de petits vents de Nord et de Nordoüest pendant tout ce temps sur tout par le trauers des Isles du Cap vert, la brume fut si epoisse que les eaux en paroissoient toutes changées et bourbeuses. Nous vimes toujours soir et matin le Soleil aussi fixement que la Lune, quoi qu'il fut quelque fois éleué de plus de vingt degrés sur l'horizon.

* Le 28. par 17.° 32.' nous primes des Bonites, et trouuames des Seches et du Goimon quoi que pourtant nous fussions a plus de soixante lieuës des premieres Isles du Cap vert. Mars 1698 [fol. 3]

Le p.[er] Auril nous vimes de la Tortüe, du Ton, des Dorades et quantité de Poissons volans. La hauteur fut de 10.° 32'. Nord et Auril 1698 la longitude par estime de 357.° 31.′ nous changeames la route au Sud quart de Sudest pour couper la ligne a 358 ou 359 degrés.

Le 2. nous vimes de grands lits de marée; les courans autant que nous pumes les obseruer portoient vers le Sud.

Le 3. il passa aupres de nous vn gros Soufleux qui paroissoit mort il y auoit deja quelque tems.

Le 4. sur le midy étant calme plat, il vingt le long du bord a fleur d'eau vn Requin d'vne grandeur extraordinaire; il auoit enuiron 24 pieds de long sur 9 a 10 de large, il auoit la teste quarrée, étoit noir martelé de blanc; il étoit suiuy de deux ou trois Requins, et auoit 25 ou 30 autre petits Poissons sur les dos. Nous l'harponames quatre fois sans le pouoir percer.

Le 5. et le 6. nous eumes vne chaleur excessiue, beaucoup d'eclairs, du Tonnerre et toujours les vents de Nordouest; le soleil étoit a pic.

Du 6. au 12. vn tems embrumé, de la pluye, du tonnerre, les vents varierent du Nordoüest au Sudoüest et du Sudoüest au Sudest.

Le 11. vn peu apres midy nous decouurimes 3. lieuës a l'ouest
Auril 1698 [fol. 3vo] *Rencontre de M.r Des Augers* quatre vaisseaux qui faisoient * route comme nous, nous arriuames pour les reconnoitre et sur les cinq heures du soir les ayant approché a vne petite lieuë, nous leur assurames notre Pavuillon.

Nous suiuimes leur Feu toute la nuit en faisant toujours route, et le 12 a la pointe du jour nous reconnumes que c'etoit l'escadre de M.r des Augers; nous passames aupres de la Zelande qui étoit de l'arriere, et de la a bord du Commandant que nous saluames de onze coups de Canon; il nous repondit d'autant. Ils étoient partis du Port Louis le 21 Feurier et auoient resté huit jours au Cap vert, ou ils trouuerent le peuple sous les armes; le Roy d'Houmel auoit la guerre contre ses voisins et étoit en Campagne auec vingt mille hommes. M.r de la Roque et le Pere Bouuet furent diner ches M.r des Augers. Il y auoit sur l'Escadre cinq Jesuites tous destinés pour la Chine, Les Peres Fouquet, Dantrecol, Domenge, Baborier, et le Frere Fraperie.

La hauteur fut de 3.° 34.′ Nord.

La nuit du 12. au 13. nous eumes quelques grains depuis le Nordouest jusqu'au Sudouest, beaucoup de pluye et peu de vent; il venoit vne grosse lame du Sudest.

Le 14. au soir M.r de la Roque fut prendre congé de M.r des

Augers et aussitot nous mimes en route toutes voiles dehors; il ventoit Sud Sudest petit frais.

Le 15. a la pointe du jour nous étions deux lieuës * de l'auan, et le soir sur les cinq heures nous perdimes l'Escadre entierement de veuë. [fol. 4]

Le 16. et le 17. nous eumes les vents variables du Sudest au Sudouëst petit frais.

Le 18. a midy nous fumes a 4.' Nord de la ligne que nous passames a peu pres par les 357° 50.' de longitude. On fit le Batesme a l'ordinaire. Sur le soir le vent fraichit au Sud; nous primes les Ris dans les huniers.

Le 21. nous primes plus de cent Bonites; la mer en étoit toute noire; l'Equipage en eut a discretion.

Du 22. au 28. nous eumes les vents au Sudest petit Fraiz beau temps, bellemer; nous portames au Sudoüest et au Sud Sudoüest toujours au plus prés du vent.

Le 29. les vents varierent a l'Est Sudest.

Le 30. ils varierent encore a l'Est et a l'Est nordest. Nous étions a 17.° 17.' de latitude et par estime a 25 lieuës au Nord des Isles de la Trinité. Sur le soir nous vimes des Foux et vne Pompe de mer.

Le p.er May la hauteur fut de 18.° 37.' nous étions par le trauers des Isles de la Trinité; nos Pilotes esperoient les reconnoitre; Ces Isles sont hautes et le tems etoit beau: cependant nous ne les vimes point; il falloit que nous en fussions a plus de quinze lieuës; la plus commune opinion fut que nous les laissames a babord. May 1698

Depuis le p.er May juqu'au 11. les vents furent toujours de l'Est nord est au Nordnord est bon frais, pluuieux le tems couuert et embrumé.

Le 11. les ventsvarierent au Nord oüest. La * hauteur fut de 31.° 10.' Et la longitude de 13.° 49.' — May 1698 [fol. 4 vo]

Sur le soir nous primes vn petit oyseau qui venoit aparemment de l'Isle de Tristan de Cunha, et qui auoit été jetté au large par des vents de Sud-Oüest; La lame venoit aussy de ce côté la.

Le 12. et le 13. nous eumes les vents a Oüest Nordoüest, et a Oüest Sud oüest, mais tres foibles; nous fumes presque toujours en calme.

Du 14. au 19. les vents reuinrent vers le Nordest, et quelques fois ils varierent au NordNordoüest, et a OüestNordoüest toujours fort foibles, vn temps variable, et le plus souuent calme plat.

Le 18. jour de la Pentecoste Le Pere Dolzay fit faire abjuration a vn Matelot Holandois qui étoit Calviniste.

Ouuerture du 2.e Ordre de la Compagnie.

Le 20. étant encore enuiron 150 lieuës de terre, M.^r De la Roque assembla le Conseil, et fit l'ouuerture du 2.e ordre secret de la Compagnie, par lequel elle marquoit qu'on fût s'il étoit possible moüiller a vne Isle qui est a 20 lieuës du Cap de Bonne esperance pour s'informer s'il n'y auoit point quelque Flote Hollandoise qui allât ou retournât des Indes. (Cette Isle dont la Compagnie pretend parler est aparemment la Baye de Saldagne.[1]) Que si on pouuoit rafraichir a cette Isle, on ne fut point au Cap; Qu'on deguisât autant qu'il se pouroit Le voyage de la Chine, en disant par exemple que nous étions armez pour Surate; Qu'on fit bonne garde, et méme la nuit
May 1698 auec la Chaloupe * autour du Vaisseau; Et enfin qu'on ne restât que
[fol. 5] 12. a 15 jours.

Le 20. 21. 22. et 23. nous eumes les vents au Sud Sudest et a l'est sud est temps couuert bon frais.—

Le 24. 25. et 26. ils varierent au Nordnordest et au Nordoüest.

Le 26. nous vimes des Trompes, marque certaine que nous n'étions plus qu'a 40. ou 50. Lieuës de terre. Ce sont des tuyaux de Goimon d'vne brasse et d'vne brasse et demie de long, qui par leurs retours font la figure d'vne trompette dont ils ont pris leur nom; — Nous vimes aussy des Damiers en plus grande quantité qu'a l'ordinaire; Ces oyseaux ne se trouuent en aucun autre endroit du monde qu'aux enuirons du Cap: Mais ils s'en éloignent souuent a plus de 200. Lieuës.

Rencontre d'vn vaisseau Hollandois.

Le 27. a la pointe du jour nous vimes 2. lieuës au vent vn vaisseau assés gros qui faisoit méme route que nous, et vn moment apres nous reconnumes la terre qui nous restoit 10. Lieuës a l'Est sud Est.

Veuë du Cap de Bonne Esperance.

Le vent étoit Nord et Nord quart de Nordest la brume epoisse. Sur les 10. heures le vaisseau que nous auions déja beaucoup aproché, nous assura pauillon Hollandois, nous luy assurames aussy le nôtre. Sur le midy nous remimes la bordée au large pour gagner au vent de la queuë de la montagne du Lyon qui fait l'entrée de la

[1] Bannisters Bericht sagt (p. 11): "The incident justifies the remark I made in the opening of this journal, about the propriety of letting the sea-commander, M. de la Roque, have possession of the packet of secret orders."

rade du Cap de Bonne Esperance, et qui nous restoit alors a l'Est-Nordest 5. Lieuës. Le Hollandois qui eut peur de notre manoeuure, croyant que peut estre nous ne sçauions rien de la paix, continua la bordée pour nous euiter, et s'en alla * moüiller a vne lieuë et demie de la côte au Sud de la Teste du Lyon dans vn tres mauuais parage. May 1698 [fol. 5vo]

Nous ne trouuames les Eaux changées qu'a 7 ou 8. Lieuës de terre; Nous auions a cette distance 60. et 65. brasses d'Eau fond de Roche et d'herbier vazard. Toute la journée nous vimes vne quantité prodigieuse d'oyseaux de Mer, des Loups marins, des Soufleux, et des Trompes. La hauteur fut de 34.°—2.' qui est a quelqes minutes pres celle du Cap. May 1698

Naufrage du vaisseau Hollandois.

Toute la nuit du 27. au 28. nous eumes calme plat et vne brume fort epoisse. Sur les deux heures apres minuit le Hollandois tira 15. ou 20. coups de Canon qui nous firent connoitre qu'infailliblement il se perdoit. La Côte dans l'endroit ou il étoit moüillé est pleine de roches, Et d'ailleurs il venoit du Oüest vne houlle terrible. Sur les huit heures du matin le Canot de ce Vaisseau vint a bord auec 23 hommes qui s'y étoient jettez sans ordre, et comme des gens que la peur auoit saisis. Le Capitaine leur auoit commandé de chercher le long de la côte vn endroit ou il pût sauuer son Equipage: Mais se voyant hors d'vn danger qu'ils croyoient ineuitable pour les autres, ils n'auoient songé qu'a s'en éloigner. M.r de la Roque renuoya le Canot Hollandois auec 7. hommes seulement pour sçauoir en quel état étoit le vaisseau, et leur donna ordre d'ofrir au Capitaine tout le secours qu'il pourroit luy enuoyer, et qu'il se tiendroit au large jusqu'a ce qu'ils fussent de retour.

C'étoit vn batiment de la Compagnie nommé Le Grauestin — sorty de Middelbourg a la fin de * janujer, il était tout neuf et percé pour 60. Canons, il en auoit 36. montez et 320 hommes d'Equipage; Il portoit a Batauie 18. caisses d'argent. Les Roches couperent son Cable, et la houle le porta insensiblement a la Côte sans que qui que ce soit s'en aperceut: parce que la brume cachoit la terre, et en partie aussy par vne negligence fort ordinaire dans les vaisseaux hollandois. Cependant sur le midy nous eumes la brise du Sud Sud-est; Nous jugeames qu'il n'étoit pas seur de rester dehors: parce que nous n'étions qu'a 2. lieuës de la côte ou la houle nous deriuoit toujours, et que d'ailleurs il n'y auoit gueres d'aparence May 1698 [fol. 7] de pouuoir secourir le hollandois. Nous mimes en route et passames entre la queuë du Lyon et L'Isle Robin[1], ou nous trouuames 25. 20. et 15. brasses d'Eau Fond de Roche. Nous Louiames jusques au soir sans gagner la Rade, Et comme Le Fond étant presque partout de Roche nous ne trouuions pas a moüiller, nous fumes obligez de relacher a l'Isle Robin. Nous rangeames cette Isle a demi lieuë par 6. 7. et 8. brasses, Et moüillames sur les cinq heures et demie a 14. Fond de Sable Fin, laissant trois quarts de lieuë a Oüest Sud oüest vn corps de garde qui est vers le milieu de l'Isle au bord de la mer.

Nous moüillames a l'Isle Robin.

Le 29. le vent étant toujours contraire nous fûmes a terre sur l'Isle Robin; En aprochant nous mimes pauillon François, et fimes demander sur l'auant de la Chaloupe si on vouloit nous permettre de descendre. Celuy qui commandoit dans l'Isle vint nous receuoir luy méme, Et apres beaucoup de ciuilité nous fit entrer dans sa maison * deuant laquelle nous vimes sur un grand poteau les Armes de Hollande en bronze; Il nous dit qu'on sçauoit la paix au Cap des le 13. januier, et qu'il auoit déja passé deux vaisseaux François de la Compagnie des Indes, Le Shelypeaux et l'Etoile d'orient.

May 1698 [fol. 7 vo]

L'Isle Robin a enuiron deux lieuës et demie de circuit, Elle est inaccessible du côté de la mer a cause de plusieurs pointes de Roches qui portent beaucoup au large; Il y a a la pointe du Sud vn Banc qu'on nomme La Baleine; Il s'auance vn grand quart de lieuë en mer, et on le voit briser de fort loin. —

Description de L'Isle Robin.

L'endroit méme ou on debarque est si couuert de Goimon a vne portée de fusil de terres que les Chaloupes ont peine a y aborder. Son terrein est plat et sablonneux; Il n'y a point de bois, et l'Eau y est tres rare. C'est vne espece de galere ou les Hollandois mettent les deserteurs pour y passer le reste de leurs jours a charoyer des Coquillages qu'on transporte ensuite au Cap pour faire de la chaux; Il y auoit pour lours enuiron 20 hommes; Le tiers étoit de deserteurs; Ils auoient vn anneau de fer au pied pour les distinguer des autres qui faisoient la garde dans l'Isle.

Nous vimes a 50. pas de la mer vn gros arbre court fort semblable a vn Buis, et entouré d'vne muraille; On nous dît qu'il

1 Robben-Island nördl. von Capetown.

seruoit a marquer le moüillage, et que tous les vaisseaux hollandois pour être bien moüollez le laissoient ordinairement a oüest quart de Sudoüest. On nous montra vers la pointe du Sud les restes d'une maison que les * Diepois y auoient batie autrefois; Les Hollandois y ont vn Canon pour auertir au Cap lors qu'ils voient des Nauires en mer. Nous trouuames partout des Cailles en quantité, Il y auoit autrefois des Lapins: mais les Serpens les ont presque tous detruits. May 1698 [fol. 8]

Maison batie par les Diepois sur l'Isle Robin.

Le Commandant de l'Isle est vn vieux sergent a qui on a donné ce petit gouuernement pour recompense; Il a sa maison au bord de la Mer et vn grand jardin ou il fait quantité de Choux et d'autres herbages; Il nous fit present de deux Lapins viuans, de Choux et d'vne demie dousaine de poules, que nous auions payé par auance de six bouteilles d'Eau de vie et de quelques flacons de Vin. Lorsque nous retournâmes a bord il nous salua de toute sa mousqueterie.

Le méme jour 29. au matin il parut dehors deux Nauires Anglois, Il y en auoit vn autre moüillé sous la forteresse; Celuy cy apareilla aussytost et passa aupres de nous sur le midy; M.[r] De la Roque enuoya sa Chaloupe au deuant y porter des Lettres pour France. Ce Vaisseau nous salua de cinq coups de canon; Nous luy repondimes d'autant, et il remercia de 3. Il appartenoit a la Compagnie Royale d'Angleterre; Il auoit chargé a Bombay sur la côte de Malabar, et s'en retournoit en Europe; Il deuoit toucher a s.[te] Helene, et n'auoit passé au Cap que pour sçauoir des nouuelles de la paix ou de La guerre; Il nous dit que les deux Anglois qui entroient étoient Interlopes, et auoient chargé a Bengale. * Le 30. a la pointe May 1698
du jour nous voulumes apareiller, mais le vent de Sud-Sud-est força [fol. 8vo]
et ne nous le permit pas. Sur les 11. Heures Mrs Geraldin, Larigaudiere, et Boissy partirent dans la Chaloupe pour aller au Cap faire chercher les rafraichissemens dont nous auions besoin, afin d'estre tout prests a les embarquer lorsque nous aurions gagné la Rade; Ils auoient aussy l'ordre de traiter du salut auec le Gouuerneur et de sçauoir s'il vouloit rendre coup par coup.

Le méme jour sur le midy le vent ayant beaucoup diminué nous leuames l'Ancre et courumes la bordée jusqu'a la nuit toujours par 8. 10. 13. 15. et 18. Brasses d'Eau pour l'ordinaire fond de roche. Nous moüillames sur les neuf heures a 14. brasses fond mélé de roches, de Sable, et de Coquillage a vne lieuë et demie de la forteresse qui nous restoit au Sud Sudoüest.

Dans toutes les bordées que nous fimes nous n'aprochames la terre de côté et d'autre qu'a demy lieuë; et a 8. et 9. brasses d'Eau; Il est neantmoins plus seur de ranger la terre firme que l'Isle Robin: parce que du coté de l'Isle le Fond est plein de Roches, et que de l'autre on trouue vn fond de sable et de petit grauier ou on
May 1698 moüille en cas de besoin; D'ailleurs on est moins Sujet a y * trouuer
[fol. 9] du calme; Les terres en sont decouuertes, Et c'est vne maxime que le vent n'y manque jamais pendant que la montagne de la Table est embrumée.

A l'égard des Mareés elles sont peu considerables dans toute la Baye; Elles y sont établies Nord est quart de Nord, et Sud oüest quart de Sud. La variation de l'Aymant y étoit cette anneé la de 10.° vers le Nordoüest.

Le 31. Sur les 8. heures nous leuames l'ancre pour nous aprocher; Le vent étoit tôujours Sud Sudest; Nous courûmes par les 17. 16. 14. et 12. brasses partout bon fond. Sur le midy il vint vn Brigantin de la part du Gouuerneur demander les 16 Matelots Hollandois qui auoient resté a bord. Leur vaisseau étoit demeuré fixe entre deux roches qui l'empécherent de couler tout a fait bas; L'Equipage s'étoit sauué par terre, et on esperoit retirer toute la Cargaison; Il y eut seulement deux ou trois Caisses d'argent pilleés par vne troupe de Matelots qui gagnerent La montagne.

En aprochant du moüillage le Commandant des deux Anglois nous salua de sept coups de Canon; Nous luy repondimes d'autant, et il nous remercia de trois. La forteresse qui prit nos sept coups de Canon pour elle, nous repondit d'autant, Nous

Nous moüillames au Cap.

moüillames et la Saluames alors selon la coutume de
May 1698 ne saluer * qu'a l'Ancre les places deuant lesquelles
[fol. 9vo] on moüille; elle nous rendit vne seconde fois le salut. Nous étions a vne grande demy lieuë de terre par neuf brasses d'Eau Fond de Sable fin; Nous afourchames Est et Oüest, La forteresse nous restoit au Sud oüest quart de Sud. Pour estre bien moüillé il faut ranger d'auantage la côte vers l'Oüest Sud oüest, parce que les vents de Nord et de Nord oüest sont quelquefois si violens et rendent la mer si grosse que les Chaloupes ne peuuent aller a terre.

Il n'y auoit en rade qu'vn seul vaisseau Hollandois fort petit; Il portoit pauillon quarré au grand mast. Il étoit party pour l'Europe a la fin d'Auril vne flote qui venoit de Batauie, Et en méme temps il y en auoit vne autre qui passoit pour y aller; Ils étoient en tout 19. vaisseaux.

Nous trouuames a vn des bâtimens Anglois deux Missionnaires du Seminaire des Missions étrangeres, M.r l'Abbé et M.r Delavigne; Ils reuenoient celuy cy de Siam, et l'autre de la Cochinchine, et s'en retournoient en Europe pour les affaires de leurs Missions; Ils auoient laissé le Pere Tachard a Bengale ou il attendoit les vaisseaux du Roy pour l'affaire de Siam; Le Gouuerneur du Cap nous asseura que ce Pere étoit mort a Merguy, je ne sçay quelle raison il auoit pour faire courir ce faux bruit.

M.r des Augers entre au Cap.

* Le 3. Juin sur les 3. heures apres midy l'Escadre de M.r Des Augers entra en rade; Il auoit trouué plus beau temps que nous, Sans cela nous comptions de partir du Cap auant qu'il y fut arriué. Nous le saluames de 11. coups de Canon, ausquels il ne repondit point de peur que la forteresse n'eut pris le salut pour elle. L'Anglois salua de 5. coups, on luy repondit de 3. et il remercia d'vn. Juin 1698 [fol. 10]

M.r des Augers salua sur les 4. heures La forteresse de 7. coups, elle repondit d'autant.

Le Gouuerneur étoit pour lors a Constance, maison de campagne qu'il a fait batir a 3. lieuës du Cap, et ou il resta pendant tout le temps que nous fumes en rade; Il ne paroissoit gueres bien intentionné pour nous[1], Et on pretend méme qu'il auoit ordre d'en agir ainsy, Ce Gouuerneur étoit déja agé, et deuoit remettre l'anneé suiuante le gouuernement du Cap a vn de ses Fils, a qui la Compagnieen auoit accordé la surviuance; Il en auoit eu vn autre qui s'étoit perdu il y auoit cinq ans Sur L'Isle de Madagascar, et dont il n'auoit eu depuis aucune nouuelle certaine. Le Vaisseau Hollandois qui étoit en rade deuoit partir incessamment pour l'aller chercher sur des raports que faisoit vn Esclaue qui disoit l'auoir veu dans l'Isle.

Description du Cap de Bonne Esperance.

Quoy que jusques a present nous ayons eu plusieurs descriptions curieuses et assés exactes du Cap de Bonne Esperance, Cependant Il * n'y en a aucune qui donne vne ideé parfaite de la situation et des forces de ce Juin 1698 [fol. 10vo]

[1] Bannisters Bericht sagt (p. 20): "and did not seem to be so well disposed towards the French as when the fleet with M. de Chaumont, on his mission to Siam, was there."

poste si auantageux aux Hollandois, Et c'est ce qui m'a engagé dans le detail que je vais faire.

Sa situation.

Toute la côte depuis la Baye de Saldagne est d'vne hauteur mediocre, seche et sablonneuse; on y voit a 10. et 12. lieuës dans les terres des montagnes fort escarpeés, dont quelques vnes sont a leur sommet couuertes de Neiges. La Côte depuis la montagne du Lyon en allant vers le Sud est extremement haute au bord de la mer, et presque impraticable. Les montagnes de la Table, du Diable, et du Lyon, qui sont les plus remarquables de toute la côte par leur figure particuliere, forment toutes trois vne petite plaine ou les Hollandois s'etablirent en 1651, La Rade est grande, Le fond y est si bon, Et les vaisseaux qui y passent trouuent tous les rafraichissemens qu'ils peuuent souhaiter. Ils y ont vne forteresse batie de pierre a 5. bastions, vn bourg d'enuiron 150. maisons, et plusieurs habitations fort auanceés dans les terres.

La Forteresse.

La forteresse a toutes ses parties assés regulieres: Elle est batie sur le bord de la mer sans fossez et sans dehors; Ses murailles sont hautes de 25. [a 30. pieds, et les parapets de gazon. Les Remparts ne sont a proprement parler que des magazins ou des Cazernes vouteés pour le logement des Soldats. La porte de la forteresse est dans la Courtine qui regarde Le bourg; Il
Juin 1698 y a aux deux côtés deux grosses pierres * de canon de Fonte pour
[fol. 12] en deffendre l'Entreé en cas d'attaque.

Il n'y a point d'Eau dans la forteresse que celle qui y vient par des canaux soûterrains d'vn ruisseau qui passe au dehors et qui prend sa source de la montagne de la Table. De ce méme ruisseau les Hollandois ont conduit plus de 60. pas en mer d'autres canaux qui se dechargent a l'extremité d'vn pont de bois dans deux grands bassins, ou les Chaloupes peuuent faire commodemment 50. ou 60 Bariques d'Eau par jour.

Le Bourg.

Le Bourg est au bord de la mer a deux porteés de mousquet de la forteresse; Les ruës y sont tireés au cordeau, et les maisons propres et blanches. Il y a deuant vn Canal ou l'on soutient l'Eau par 4. ou 5. Ecluses pour la commodité des habitans.

Le Jardin.

En sortant du bourg vers le pied de la montagne de la Table on trouue ce jardin si fameux par sa grandeur, par sa regularité, et par la multitude des diferents fruits qu'il produit, et que les Hollandois y ont aporté de toutes les parties du monde. Il a enuiron 450. toises de longueur, sur pres de 100. de large. Il y en a encore vn autre a vne lieuë et demie du Cap, presqu'aussy grand et aussy curieux que celuy la. Tous les Fruits en sont gardez dans les magazins pour les vaisseaux de La Compagnie.

A l'entreé du jardin il y a vn batiment ou logent les Esclaues de la compagnie qu'elle tire de la côte du Guineé, de la côte de Malabar, de Bengale, de Jaua, et de Madagascar. Pour les Hotentots il seroit impossible de les assujettir; Il n'y a pas d'homme * Juin 1698 [fol. 12 vo]
au monde plus jaloux de leur liberté, et plus paresseux. Il ne se fait aucun commerce au Cap; La Compagnie seule achette et vend: Ce qui fait que tout y est extremement cher pour les Etrangers; Les Boeufs nous y couterent 15. Ecus, Les moutons 2. Ecus et ½ Et les poules 30 sols. Le bois y est encore plus cher a proportion: parce qu'il est tres rare dans le païs et qu'il faut le faire venir de 8. a 10. lieuës. Il est vray que la secheresse auoit été grande pendant leur Eté et qu'il étoit mort quantité de Boeufs et de Moutons faute de paturages.

La justice est tres seuere tant pour les Europeens que pour les Esclaues; Il n'y auoit pas trois mois qu'il auoit été pendu deux païsans Hollandois pour auoir volé, Et a peu pres dans le méme temps vn Negre fut brûlé vif pour auoir mis le feu dans la maison de son maître.

Les qualités du pais.

La terre produit de tres beau bled et du vin aussy fort que celuy de Madere. On trouue dans le païs des perdrix, des Faisans, des Tourtres, des Cailles, des Cerfs, des Cheureüils, des Sangliers, et toute sorte de gibier en abondance. On trouue aussy des Singes, des Tigres, des Cheuaux sauuages, des Rhinoceros, des Elephans et des Lyons. Les Hollandois ont des Cheuaux Persans d'origine qui sont extremement legers a la course et durs au trauail. Les Lyons et les Tigres font beaucoup de rauage dans les terres cultiueés; les Paysans les detruisent autant qu'ils peuuent, et la compagnie pour les y exiter dauantage leur donne 50. de chaque Lyon qu'ils tüent. Et dix Ecus d'vn Tigre.

Religionnaires François Etablis au Cap.

Les Hollandois depüis quelques anneés ont poussé leurs habitations Juin 1698
jusqu'a 50. Lieuës dans le païs. Les Religionnaires [fol. 13]
François qui vinrent s'y établir au commencement de la guerre occupent a 12. lieuës du Cap vn canton de 20. Lieuës de circuit situé le long d'vne grande Riuiere; Ils y sont plus de 250. presque tous paysans sortis du

Languedoc et de la Gascogne.[1] Le Gouuerneur les auoit menez depuis peu jusqu'a 400. Lieuës dans les terres auec quantité de Chariots chargez de Viures; Ils furent cinq mois dans leur voyage, ils pretendoient pousser jusques dans le pays de Prêtre Jean: Mais l'Eau leur manqua Et ils furent obligez de retourner sur leurs pas. La Compagnie enuoye regulierement tous les ans jusqu'a 100. Lieuës dans les terres vn détachement de 18. a 20. hommes pour faire la traite et découurir le pays; Ils ont ordinairement trois boeufs, ou six moutons pour vne brasse de Tabac.

Les Hotentots.

Les Habitans de cette partie de la Cafrérie que l'on nomme Hotentots, sont grands maigres, laids, malpropres, puants, lâches, et paresseux; Ils ont le teint basané, Les cheueux courts et crépez comme les Negres; Ils vont presque tous nuds et se couurent seulement les épaules d'vne ou de deux peaux de Mouton l'vne sur l'autre. Les femmes outre cet habillement qu'elles ont commun auec les hommes, portent autour des jambes des rouleaux de cuir, et non pas des Boyaux comme quelques vns l'ont crû, Il y en a méme qui n'en ont que de jonc fort mince. Les Dames se colorent le visage d'vn rouge de brique et portent des coliers de Rassade, des pendans d'oreilles de Cuiure, Et des Ecailles de petites Tortuës qu'elles se mettent a la Ceinture.

Juin 1698 [fol. 13vo] * Ils se graissent tout le corps pour se garentir du Soleil et pour estre plus dispos; La graisse endurcit tellement leurs cheueux qu'ils deuiennent par petits pelotons comme des crotes de mouton, Leur Langue paroît tres dificile; Ils parlent fort vite, Et ce qui est particulier ils terminent presque tous les mots par vn certain glapissement de la Langue contre les palais, tel que celuy dont on se sert pour exciter vn Cheual a marcher. Ils ont au dessus de la forteresse et au dehors du bourg 15. ou 20. de leurs cabanes, Elles sont rondes en tous sens, ont enuiron 15. pieds de diametre, et la hauteur d'vn homme; Elles sont faites de branchages qu'ils plient en Cercle et qu'ils couurent de Nattes ou de peaux de Boeuf; l'entreé en est si petite qu'ils ont eux mémes de la peine a y entrer; Ils logent la ordinairement vne ou deux familles ensemble.

Ils ne trauaillent jamais si ce n'est pour gagner quelque coup

---

[1] Bei Bannister bricht der Bericht hier seine dürftige Schilderung kurz ab mit den Worten (p. 21): "I shall say nothing more of the Cape; as former accounts have exhausted the subject, so as to excuse further details."

d'Eau de vie ou vne pipe de Tabac qu'ils aiment plus que toute chose au monde, et ce qui seul est capable de les faire agir; Ils ne cultiuent point la terre, et ne viuent que de certains oignons qui ont le goût de Chataignes, et d'vne espece d'Amandes qui croissent naturellement; Les Holllandois ont plusieurs fois essayé de les faire labourer.

Quelques vns ont pour armes des Zagayes et des fleches; Ils sont legers a la course, et se seruent adroitement des pierres. Lorsque la derniere flote des Indes passa au Cap, il vint des montagnes 4. ou 500. Hotentots pour tacher comme les autres de gagner quelques morceaux de Tabac. Les Hotentots du Cap ne voulurent pas soufrir les Montagnars; Ils s'armerent de pierres de part et d'autre et se battirent * rudement; Le fort tira dessus quelques coups de Canon pour les épouuanter, et aussitôt ils se dissiperent. Le Gouuerneur a choisy le plus affectionné aux Hollandois Et l'a fait Roy de tout le pais; Il a fait aussy en diferens quartiers des Capitaines ausquels les autres obeisse. Chacun de ces Capitaines a des troupeaux de 1000. Boeufs et de 7. a 8000 Moutons qu'ils nourissent pour les troquer ensuite a la Compagnie.

Juin 1698 [fol. 14]

Ces peuples ont peu de religion; Ils font des ceremonies aux nouuelles et pleines Lunes; Ils sont fort charitables entr'eux, et partagent également tout ce qu'on leur donne; Ils abandonnent les viellards comgens inutiles au monde, et lors qu'il meurt quelqu'vn d'entr'eux, ils le couurent seulement d'vn pied de terre sans autre ceremonie. On n'a pû jusqu'a present leur donner vne veritable ideé du Christianisme.

Remarques sur les forces du Cap.

Si l'on vouloit faire vne entreprise sur le Cap de Bonne Esperance, Il faudroit auant de moüiller, si le temps le permettoit, mettre tout d'vn coup a terre 3. ou 400. hommes a la queuë du Lyon hors les Dunes de Sable, et les partager en deux detachemens, l'vn po. garder de ce côté là le bourg, en cas que les holandois ne l'eussent pas brulé, Et l'autre pour s'aller emparer de la côte de L'Est en tournant par le pied de la montagne de la Table afin de couper chemin au secours qui pourroit venir du dedans des terres ou il y a enuiron 4. ou 500. paysans qui au premier signal doiuent se rendre a la forteresse.

Il seroit tres dangereux de faire vne premiere descente a cette [fol. 14vo] derniere Côte: parce qu'elle * est partout deffenduë de plusieurs tracheés, d'ou les Ennemis pourroient beaucoup incommoder les Chaloupes qui voudroient tenter de mettre a terre:

Mais lorsqu'on se sera vne fois rendu maitre de toute la Côte de la maniere que je viens de dire, On debarquera ensuite ou on le jugera necessaire soit pour renforcer les détachemens ou pour mettre de l'Artillerie a terre.

La forteresse n'etant pas secourue des Paysans, et n'etant point d'elle méme en état de faire des sorties considerables, ne peut resister longtemps. Sa garnison y joignant les habitans et les Negres qui demeurent dans le bourg en Etat de porter les armes est ordinairement de 3. a 400. hommes: Mais quelques fois il n'y en a pas 200. D'ailleurs il est a remarquer qu'ils n'ont point d'Eau que celle qui leur vient par le ruisseau qui passe en dehors des murailles de la Forteresse et qu'on peut detourner aisement vers le pied de la Montagne de la Table.

On pourra suiure aisement tout ce que je viens de dire, dans les deux plans que j'ay faits de la Rade, de la forteresse, et du Bourg, je les ay leués autant regulierement qu'il est possible de le faire, lorsqu'on ne peut se seruir ny de la Toise ny des instrumens ordinaires.

Le 7. Juin les Anglois apareillerent l'vn a la pointe du jour, l'autre a midy; Ils se separerent exprés afin de ne point perdre de temps l'vn pour l'autre et de pouuoir arriuer auant les vaisseaux de la Compagnie pour mieux vendre leurs marchandises.[1]

Juin 1698 [fol. 15] * Le 10. a la pointe du jour nous leuames l'Ancre d'vn petit vent de Sud; Nous passames entre l'Isle Robin et les terres de la Baye de Saldagne, M.r Des Augers nous rendit les 11. coups de Canon dont nous l'auions salué lorsqu'il entra; Il étoit aussy prêt a faire voile.

Nous primes, la nuit que nous mimes a la voile, 13. Matelots Hollandois de ceux qui s'étoient perdus dans le Grauestin. Le Pere Bouuet augmenta aussy la recruë des peres Domenge et Baborier, qui étoient l'vn sur la Zelande, et l'autre sur le Castricon a qui M.r De la Roque donna sa table.

Le 10. 11. et 12. Nous fumes en calme et toujours a la veuë des terres du Cap; La houle nous deriua beaucoup vers le Nord. Le

[1] Bannisters Bericht fügt hinzu (p. 21): "M. Labé took despatches from M. de la Roque, and from the directors to the government and to the company."

13. le vent fraichit au Sud Sudest, Nous portames au Sud oüest au plus pres du vent.

Ouuerture du 3.e ordre de la Compagnie.

Le 14. par 34.° 40.' de latitude Sud, et a enuiron 30. lieuës du Cap on fit l'ouuerture du 3.e ordre secret, qui portoit qu'on fit route droit a Batauie pour y prendre des Pilotes des Côtes de la Chine, a moins qu'on n'en trouuât en quelque batiment en chemin, auquel cas on pourroit éuiter de toucher a Batauie. La Compagnie priait M.r De la Roque de ne point aprocher le vaisseau sous la forteresse et de ne laisser aller a terre que des gens de probité. Qu'a 30. lieuës hors de Batauie on ouuriroit l'ordre cotté 4. Le 16. le vent varia a Est Nord est et au Nord est petit frais; la hauteur fut de 36.° 46.' et la longitude de 35.° 41.' Du 16. au 22. nous eumes de gros vents depuis le Nord jusqu'a Oüest Nord oüest, de la pluye et du Tonnerre. Nous fimes L'Est quart de Sudest et L'Est Sudest qui ne nous valoient que l'Est: parce qu'il y auoit du côté du Nord-oüest 15. a 20. degréz de variation qui nous redressoient. Juin 1698 [fol. 15vo]

Le 23. 24. et 25. Les vents varierent au Nord Nord est et au Nordest toujours bon frais, de la pluye et la mer fort grosse.

Nous passames la nuit du 25. au 26. a la Cape; Les vents auoient forcé au Nord Nord est et nous ne pouuions porter de voiles.

Le 26. au matin les vents sauterent tout d'vn coup a Oüest Nord oüest. Sur les 10. heures ils calmerent; La Mer etoit courte et nous prenoit par le trauers: De sorte que plusieurs fois nous fumes obligez de changer de route de peur de demâter au Routier. La hauteur fut de 38.° 16.' Et nous étions par estime a 69.° 35.' de longitude.

Le 27. 28. 29. et 30. Nous eumes les vents depuis l'oüest jusqu'au Sud Sud oüest bon frais; et quelques grains de pluye. Nous trouuames par 35.° 40.' de latitude et par 80.° de longitude; jusqu'a 29 degrez de variation du côté du Nord oüest, apres quoy elle commença a diminuer considerablement.

Le 1.er et 2.e juillet les vents varierent au Nord-nordoüest et au Nord oüest petit frais, beautemps. Nous étions a 35.° 58.' de latitude, et a 83.° 47.' de longitude. Nous changeames la Route a l'Est Nordest: * parce qu'on esperoit toujours éstre a temps d'arriuer auec les vents de Nord et de Nord oüest qui regnoient alors, et qu'on croïoit trouuer jusqu'au Tropique: Juillet 1698 [fol. 16] Juillet 1698

Cependant il y en auoit qui n'etoient point du tout de ce sentiment, et qui dirent que nous n'auions point assez gagné en longitude pour éleuer si tôt au Nord, que nous trouuerions les vents de Sudest, et que nous ne manquerions pas de tomber sous le vent du detroit de la Sonde. Le 3. et le 4. les vents varierent du Nord oüest au Sud oüest, et au Sud Sudest; Nous fimes toujours L'Est Nordest et le Nord est quart d'est.

Le 5. les vents se fixerent vers le Sudest, la Mer étoit grosse. La hauteur fut de 29.° 45.' et la longitude 91.° 25.' Nous eûmes toûjours jusqu'au 15. les vents depuis le Sud jusqu'a l'Est Sud est, mais plus regulierement au Sud est quart de Sud, au Sud est et au Sud est quart d'Est. Le 16. et le 17. beaucoup de pluye, vents de Sud est. Nous trouuames des courans qui portoient au Nord. Nous étions a 13.° et 14.° de latitude Sud, et par 107.° de longitude.

Le 18. 19. et 20. les vents forcerent au Sud et au Sud est quart d'est; Nous eumes la Mer fort grosse et beaucoup de pluïe.

Le 20. Nous vimes vn tronc d'arbre et quelques branchages que nous cruemes sortir du detroit de la Sonde. Nous étions a 9.° 45.' de latitude, et de 111.° 22.' de longitude.

Juillet 1698 Le 21. Nous vimes encore vn Roseau; Les vents regnoient tou-
[fol. 16vo] jours au Sud est, et a l'Est sud Est auec la méme force; Nous passames la journeé aux basses voiles.

La nuit du 21. au 22. nous courumes au Sud; Les vents étoient Est et Est quart de Nord est bon frais, dela pluye. a la pointe du jour nous remimes la bordeé au Nord Nord est. Le 23. la hauteur fut de 7.° 36.' Et la longitude de 112.° 56.' Nos principaux Pilotes se faisoient a 119.° et esperoient ce jour la voir la terre: Cependant nous n'en eumes aucune aparence, point d'oyseaux, point de Goimon, l'arbre et les Bambous que nous auions veu les jours precedents venoient des Isles des Cocos, que nous auions crû laisser a Babord.

Le 24. point de terre, la hauteur fut de 6.° 13.' nous fumes beaucoup deriués au Nord oüest par les courans qui sortoient du detroit de la Sonde, et qui se fortifioient ensuite par les vents de Sud est. Nous portames toujours au plus prest pour aller reconnoitre Sumatra ou on nous faisoit esperer de trouuer des vents qui nous redresseroient. Les Relations disent que les Hollandois qui partent en cette saison de Ceylon pour Bantam viennent auec les vents d'oüest reconnoitre l'Isle de Sumatra ou ils trouuent la nuit des vents de terre qui les portent au Sud est. Cependant je crous qu'il eut été plus a propos étant par les 7.° de remettre a l'autre bord et de courir au Sud pendant quelque temps pour retomber ensuite sur l'Isle de jaua.

Le 25. 26. 27. et 28. Nous courumes toujours au * Nordest et au Nordest quart d'est; Nous vimes quelques Bambous, vne couleuure viuante, et quantité de foux, Mais point de terre, Il falloit qu'il y eut des courans bien rudes qui portassent a oüest et a Oüest Nord oüest, ou que nous fussions fait vne erreur de 200. lieuës, suiuant vne obseruation de quelques Peres Jesuites qui marquent la pointe de Jaua 7.° plus Oüest, que les Cartes Hollanoises. Juillet1698 * [fol. 17]

La principale cause de nôtre erreur vint de n'auoir pas bien sceu ménager les vents. Je conseille a tous ceux qui viendront apres nous pour passer le detroit de la Sonde, de se mettre d'abord a 40.° et 41. degrez sud, pour eleuer a cette hauteur jusqu'a 95.° de Longitude, puis a l'Est quart de Nord est, et a Est Nord est jusqu'a 110, et 112.° et méme jusqu'a reconnoitre les Terres Australes a la Sonde. De cette maniere on est toujours maitre des Vents, et il est impossible de manquer le Détroit. Il seroit bon aussy d'enuerguer au Cap de Bonne Esperance des voiles neuues. Parce qu'on ne manque jamais de trouuer de mauuais temps et de grosses mers.

La Nuit du 27. au 28. Et celle du 28. au 29. nous courumes au Nord est jusqu'a minuit, Et a Minuit nous reuirions au large. Nous primes cette precaution parce que les Isles qui sont a l'oüest de Sumatra sont basses; Le Ciel couuert; il pleuuoit continuellement, et nous eussions bien pû donner du nez en terre.

Nous changeames la Route pour Achem aiant margé le Detroit de la Sonde.

* Le 29. on tint conseil; Nous primes le party de changer la route vers Achem, et de passer par Le Détroit de Malaca; Il n'y auoit plus d'aparence de pouuoir regagner celuy de la Sonde; La terre étoit pour nous inuisible et les vents de Sud est continuoient toujours a nous étre contraires. Il fut conclu que pendant le jour nous ferions le Nord et le Nord Nordest et la nuit le Nordoüest et Nordoüest quart d'oüest afin de ne rien risquer, et que quand méme nous ne verrions point la terre a cette route, Nous irions jusqu'a la hauteur d'Achem sans la connoitre: parce qu'on peut toujours ariuer auec les vents d'oüest et d'oüest Sudoüest qu'on trouue assez regulierement au Nord de la ligne en cette Saison. Juillet1698 [fol. 17vo]

Nos Peres Jesuites firent voeu au nom de tout l'Equipage qu'en cas que Dieu nous fit la grace d'ariuer cette anneé en quelque port de la Chine, nous ferions bâtir dans l'Isle de Sanciam sur le tombeau de saint François Xauier, vne Chapelle qui seroit a jamais vn monument éternel de la pieté des premiers François qui ayent nauigués sur ces côtes.

Voeu a s.t François Xauier.

Le 30. toute la matineé nous fumes en calme; la mer étoit fort vnie le vent Est sud est, et nous courions au Nord. Sur les 2. heures il vint du Nord Nord oüest vn grain qui mit tout d'vn coup le vent sur nos voiles. — Dans ce grain il se forma vn Tourbillon furieux qui passa a nôtre arriere a la porteé du pistolet, et eleua ensuite par notre trauers vne Pompe de mer d'vne hauteur prodigieuse. Ce fut

Juillet 1698 [fol. 18] la le commencement d'vne espece de * Houragan qui dura jusques au lendemain midy. Nous passames la nuit a la Cape: parce que nous craignions la terre; Nous eumes les vents depuis l'oüest-Sud oüest jusqu'au Nord oüest, et toujours vne grosse pluye piquante comme de la gresle. Les grains furent si pesants depuis sept heures du matin jusqu'a onze, et la mer si grosse que nous fumes obligez de mettre a Sec.

Le méme jour 31. sur les 2. heures nous reconnûmes enfin la terre; Nous vimes vne Isle assez basse qui nous restoit 5. lieuës au Nord nordest, et qui deuoit étre quelques minutes au Sud de la ligne autant que nous pûmes l'estimer: Car il y auoit 6. jours que nous n'auions pû prendre hauteur. Nous ne trouuames point du tout les Eaux changeés, et nous filames a 3. lieuës et ½ de la Coste, 130. Brasses de la ligne sans trouuer fond.

veue de Pol Mintoon.

Aoust 1698 La nuit du 31. Juillet au 1.er Aoust fut assez calme et fort belle. A la pointe du jour l'Isle que nous auions veuë le jour precedent nous restoit a l'Est quart de Sudest; Nous en vimes vne autre qui nous restoit au Nord; Elles nous parurent toutes deux couuertes de bois. A midy la hauteur fut de 30. minutes Sud.[1] La premiere Isle que nous auions veuë étoit Pol Mintoon (Pol en langue Malaïe veut dire Isle) elle est 40. minutes[2] au Sud de la ligne, et peur auoir 10. lieuës[3] de longueur. — L'autre est Pol Nias; elle est enuiron 8. lieuës au Nordoüest de la premiere.

La nuit suiuante et le 2. tout le jour nous eumes tres peu de

---

1 Bannisters Bericht fügt hinzu (p. 30): "All our pilots had made us out north of the line; the currents must have carried us south."

2 Bannisters Bericht sagt (p. 30.): "35 or 40 min."

3 Bannisters Bericht sagt (p. 30): "ten to twelve leagues."

vent; Nous étions encore a la veuë des mémes Isles. Nous nous trouuames a midy 5. minutes plus Sud que le jour precedent: quoy que par estime nous eussions * fait 8. lieuës au Nordoüest; Nous [fol. 18vo] auions aussy aproché la terre. Ainsy il est certain que les courans nous deriuoient vers le Sud est.

Le 3. et le 4. pendant le jour nous eumes de petits vents du Aoust 1698 large qui nous faisoient faire 5. ou 6. lieuës, et la nuit le calme et les courans nous faisoient tout perdre: De sorte que tous les matins nous nous trouuions dans la méme situation et toujours plus prest de terre. —

Le 5. a la pointe du jour nous n'en étions qu'a 2. lieuës quelque chose que nous eussions pû faire pour nous tirer au large. M.r De la Roque jugea qu'il étoit a propos de moüiller; nous commencions a manquer d'Eau et de boire; nous étions encore loin d'Achem, et il étoit a craindre que la calme eut continué.

Nous fumes chercher vn Moüillage a Pol Mintoon.

M.r De la Rigaudiere fut auec la Chaloupe bien armeé chercher vn moüillage, d'ou on pût faire commodement de l'Eau, du bois et quelques rafraichissemens si l'Isle étoit habiteé; J'y fus aussy par ordre de M.r De la Roque pour faire sonder le long de la côte et releuer les dangers que nous pourrions reconnoitre: Nous courumes en quittant le nauire sur vne pointe qui nous restoit 2. lieuës au Nordest, et deriere laquelle il nous paroissoit vn grand enfoncement. Nous y trouuames en effet vne fort belle Baye et vn bon moüillage ou on est a l'abry des vents du large par vne grande Isle qui est a l'Entreé. Nous primes vn peu au large de la pointe pour parer vn recif qui s'auance $^1/_4$ de lieuë en mer; Nous trouuames en dehors 10. 15. 20. et 25. brasses fond de Corail, de grauail, et de Roche; Et en dedans jusqu'au fond de la Baye * 20. 18. 16. 5. Aoust 1698 et 3. brasses gros sable et sable fin. On verra dans le plan que j'en [fol. 20] ai fait les sondes et les dangers que nous pumes remarquer.

La Côte est partout fort agreable et couuerte de grands arbres de differentes especes; Nous n'y pumes debarquer en aucun endroit qu'a vne grande Ance de Sable qui est tout au fond; En aprochant nous y vimes 5. hommes qui fuyoient le long de le Côte, et qui entrerent aussytôt dans le bois. Nous moüillames a vne porteé de fuzil de terre, et mimes notre pauillon afin de leur faire connoitre que nous ne venions pas a mauuaise intention.

Nous fumes demy heure sans rien voir; a la fin pourtant il parut 3. hommes qui s'assirent sur le Sable; Nous leuames le Grapin et fumes de remoüiller tout a terre.

Comme ils ne sçauoient aucune langue Européenne, nous ne pumes leur parler que par signe; Nous leur fimes connoitre que nous auions besoin d'Eau, et ils nous menerent a vn petit ruisseau qui étoit là aupres, ou ils burent les premiers. Ils montroient que nous eussions dû aller de l'autre côté d'vne pointe dêriere laquelle il nous paroissoit vne autre grande Baye et que la nous aurions trouué des rafraichissemens.

Malais de Pol Mintoon.

Ces 3. hommes étoient jeunes, robustes et d'vne taille mediocre; ils auoient vne pagne bleuë qui leur pendoit tout au tour depuis la ceinture jusqu'au genoux; Au reste ils étoient tous nuds. Leur langue est tres nette, et d'vne prononciation agreable; Ils repeterent souuent plusieurs mots que j'ay entendu depuis prononcer aux Malais: Ce qui me fait juger qu'ils parlent la méme langue. Nous leur donnames du Tabac, de L'Eau
Aoust 1698 de vie, des Couteaux * et des Aiguilles dont ils firent grand cas; Il
[fol. 20vo] y en eut vn qui se detacha des autres et fut chercher de l'Areque, du Betel, des Cocos, et vn petit Agoutil dont il nous fit present.

Nous embarquames sur les 5. heures et demie du soir auec vn peu de bois, et fumes rejoindre notre vaisseau qui étoit venu moüiller a vne lieuë de la Baye par 25. brasses d'Eau fond de Sable. M.r De la Roque n'y voulut point entrer: parce qu'il n'y auoit pas d'aparence de trouuer sans beaucoup de dificulté vn endroit propre a faire de bonne Eau. [1]

Le 6. au matin nous retournames au méme endroit auec la Chaloupe et le Canot pour couper du bois; Nous primes aussy quelques bariques d'Eau: mais elle étoit saumate. Les Indiens que nous auions veus le jour precedent, ne parurent point; en marchant le long de la Côte pour tacher de decouurir leurs habitations, Nous trouuames a vn demy quart de lieuë aupres d'vn autre petit ruisseau vne grande Pirogue de 45. pieds de long, [2] et vn homme qui y trauailloit. Cet

---

[1] Bannisters Bericht fügt hinzu (p. 33): "What the Malays had shown us was brackish."

[2] Bannisters Bericht sagt (p. 33): "We found a large canoe forty-five feet long, and a little canoe. They appeared to sleep there, as no trace of a habitaton could be discovered."

homme des qu'il nous eut aperceus entra dans le bois et se mit a crier comme vn Demon. Nous ne vimes aucun autre vestige d'habitation, et selon toutes les aparences, ces 5. hommes que nous auions veus couchoient dans cette Pirogue, et n'étoient venus la que pour pêcher.

Sur le soir quelques vns de nos gens furent curieux d'y retourner; Les Indiens étoient reuenus, et ayant veu qu'on ne leur auoit rien pris, ils s'humaniserent vn peu, Ils parlerent a nos gens et leur donnerent des Cocos. Nous retournames a bord auec de l'Eau, du bois, et vn * peu de poisson que nous auions pris auec la Saîne. [fol. 21]

Aoust 1698 Le 7. la Chaloupe et le Canot retournerent encore a terre; on n'y vit personne, Ces pauures gens s'étoient retirez et auoient abandonné tout leur petit bagage au bord de la mer. Nous decouurimes ce jour la vne trois[e] Riviere large et fort poissonneuse; mais dont l'Eau étoit saleé. Auant de partir M.[r] De la Roque fit grauer sur vn arbre les Armes de France, et prit au nom du Roy possession de cette Baye que nous nommames la Baye s.[te] Marie.

Le 8. au matin d'vn vent de Sud est nous leuames l'Ancre et fimes l'oüet Nord oüest pour nous mettre au large.

Ouuerture du 4.e ordre de la Compeagnie.

Ce méme jour M.[r] De la Roque assembla le Conseil; Il y representa que les vents contraires nous ayans obligés de changer la route vers Achem,[1] et qu'ayant vn pacquet a ouurir a 30. lieuës de Batauie, il étoit a propos qu'il fut ouuert afin de pouuoir se regler sur les intentions de la Compagnie; l'ordre étoit a peu pres en ces termes. Que M.[r] De la Roque feroit son possible pour profiter de la Mouçon; Qu'on acheteroit a Batauie ou apres si on le jugeoit a propos vn petit bâtiment pour aller sonder deuant le Nauire; Qu'on iroit s'il se pouuoit a Nimpo qui est le port le plus proche de la Cour de Pekin, et qu'alors on suiuroit les Conseils du Reuerend Pere Bouuet, et a son defaut ceux qu'il auroit nommez pour y succeder, Et enfin qu'on ne s'engageat sous aucune forteresse afin d'estre toujours maitres du Vaisseau.

M.[r] De la Roque dans ce méme Conseil fit signer a tous les officiers et Directeurs que pour renforcer l'Equipage il auoit été a propos de prendre * les 13. Matelots Hollandois que nous auions eus Aoust 1698 [fol. 21vo]

---

[1] Atschin oder Kota Radja an der Nordspitze Sumatras.

au Cap de Bonne Esperance afin de pouuoir se decharger aupres de la Compagnie, en cas qu'elle ne voulût pas l'aprouuer.

Le 9. nous faisant a 15. lieuës de terre nous courûmes au Nord oüest pour élonger Pol Nias, et l'Isle des Cocos. Sur le soir nous passames la ligne.

Nous fumes jusqu'a la hauteur d'Achem sans reconnoitre la terre; Nous eumes beaucoup de calme et vn temps sombre. Le 16. a la pointe du jour on vit sur l'horizon des nuages qui parurent longtemps comme vne Côte eleueé: mais enfin elle s'embruma, et nous ne pûmes bien en juger. Nous fimes toute la journeé le Nord, et le Nord quart de Nordest.

La nuit suiuante du 16. au 17. nous faisant par estime a 5.° 20.' de lattitude Nord, nous mimes coté en trauers jusqu'au jour. Sur les 5. heures du matin nous commençames a forcer de voiles auec vn bon vent d'oüest Sudest; Nous fimes l'Est quart de Sudest, et sur les 3. heures apres midy nous reconnumes les hautes terres de Sumatra et les Isles qui sont au Nord de la Rade d'Achem. Nous aprochames ces Isles a vne lieuë sans trouuer fond a 120. brasses de ligne. Le vent étoit toujours bon: mais comme personne de nous auoit été a Achem par la, nous n'osames de nuit y tenter le passage.

Veuë des terres d'Achem

Les vents varierent pendant la nuit du Sud oüest au Sud-Sudest; nous courumes au large jusqu'a trois heures du matin 18.e et a
Aoust 1698 3. heures nous remimes la bordeé * a terre. Les courans nous auoient
[fol. 22] tellement deriuez a oüest sudoüest qu'a la pointe du jour nous étions encore 6. grandes lieuës au large. Sur les 11. heures nous entrames dans la Passe de Bengale, ou nous eumes beaucoup de pluye, quelques coups de vent et vne brume fort époisse; Nous y trouuames a 1/4 de lieuë de terre 40. Brasses d'Eau Fond de Sable gris, les courans y portoient toujours a oüest Sudoüest. Nous nous trouuames vn peu embarassez pendant la brume: —

parce que de coté et d'autre nous étions entre des roches ou nous craignions d'estre jettez par les courans. Il seroit plus seur de laisser toutes ces roches au Sud et de ranger d'auantage l'Isle des Larrons: Cependant il ne faut pas le faire qu'on n'ait vn vent asseuré pour pouuoir gagner la Rade: Car plusieurs vaisseaux s'y etans trouuez en calme et n'y ayans point de Fond pour moüiller ont été rejettez tres souuent au large par les courans, et meme obligez de relacher; au lieu qu'en rangeant les autres Isles, on a toujours le vent de la Terre, auec lequel on gagne la Rade, ou du moins on peut moüiller a 25. et 30. Brasses.

Des que nous eûmes doublé la passe de Bengale, nous docouurimes de grands arbres qui sont des deux bords de la Riuiere d'Achem, et qui sont vne marque infaillible pour aller droit en Rade ou ils paroissent comme des Nauires a l'Ancre; L'on voit ces arbres en trois bouquets separez, et c'est sur celuy du milieu qu'il faut gouuerner. Nous courumes toujours au Sudest, et moüillames sur les 6. heures du soir a 9. brasses d'Eau fond de Sable * vazard; La Barre d'Achem nous restoit a Est quart de Nordest vn quart de lieuë.

Nous moüillames a la Rade d'Achem

Aoust 1698 [fol. 23vo]

Il y auoit en Rade vn vaisseau du Roy de Siam, deux Nauires Mores de Surate, trois autres vaisseaux appartenans a vn vieux Marchand Anglois nommé Delton étably depuis longtemps a Achem, trois sommes Chinoises, plusieurs barques Portugoises de Malaca, et vn petit batiment françois de Bengale d'vn particulier nommé Lavalleé qui auoit été soldat a Bankoc sous M.r Desfarges. Tous ces batimens faisoient tranquilement leur commerce, chacun sous le pauillon de sa nation, Outre les Portugois et les Chinois qui tirans leurs passeports des Gouuerneurs de Malaca et de Batauie étoient obligez de porter la baniere Hollandoise.

Le 19. M.r De la Roque enuoya M.r Geraldin premier Capitaine en second, saluer le Chapandar pour auoir permission de mettre nos malades a terre, et de faire quelques rafraichissemens pour le vaisseau, ce qu'il accorda assez facilement. Le Chapandar a la Direction du Comerce, et est comme Intendant du Port; Lorsqu'il donne audience aux Marchands des Indes il faut qu'ils se dechaussent a la porte, et qu'ils se mettent en sa presence sur le cul des jambes croiseés. Ce Chapandar étoit fort riche, et auroit pû, disoit on, charger d'or vn Nauire.

M.r de la Roque enuoye demander au Chapandar la permission de mettre nos malades a terre.

Le 20. M.r De la Roque descendit a terre, ou il receut les visites des Chinois et de plusieurs Marchands de diferentes nations, qui vinrent luy offrir leurs seruices.

Le 21. Il donna a dinera Nacodar Abulatif * Marchand More, Et aux Capitaines des Batimens Anglois, qu'il regala de sept coups de Canon. Le More traita le Lendemain et fît les choses auec magni-

Aoust 1698 [fol. 24]

ficence; Il passoit pour estre riche de 2. a 3. milions; Il étoit puissant dans le Royaume, et auoit grande part au gouuernement. Nous restames jusqu'au 23. dans la Rade d'Achem; Notre Chaloupe faisoit tous les jours vn voyage aux Isles voisines pour y couper du bois. Ces Isles ne produisent rien autre chose, et ne sont habiteés que par des pauures Pescheurs qui y cabanent; Nous y perdimes deux hommes qui deserterent. Il en deserta vn autre de la Tente que nous auions faite pour nos malades a l'emboucheure de la Riuiere. Nous laissames aussy vn de nos Chirurgiens et vn Matelot Espagnol de ceux que nous auions pris au Cap de Bonne Esperance.

Comme nous fimes notre Eau a Achem.

Nous nous seruimes pour faire notre Eau de certains batteaux plats, qui portent par voyage, 20. a 22. bariques d'Eau en grenier, et dont on se sert pour ne pas risquer les Chaloupes chargeés sur la Barre de la Riuiere qui est tres dangereuse. Ces Batteaux n'ont point vn double Tillac comme ceux qui sont autre part destinez a cet vsage; Ils sont simplement embouffetez, et l'Eau y est, presque toujours saumâte; ainsy il est bon de la gouter souuent en la mettant dans les pieces. Chaque voyage d'Eau reuient a 2. Taëls du Païs qui font 8. de nos Ecus; le bois reuient au méme prix lorsqueé on prend a la ville.

Aoust 1698 [fol. 24vo]

Description d'Achem.

La Rade D'Achem est situeé au Nord de l'Isle * de Sumatra par les 5.° 34.' de latitude Nord; elle est grande et fermeé par plusieurs Isles qui l'Enuironnent, excepté seulement du côté de Nordoüest ou le Canal est fort ouuert. Les vents depuis Juin jusqu'en Octobre y regnent a l'oüest, et les pluyes y sont frequentes. Les Nauires Anglois, Danois, Mores, Siamois, et Chinois y viennent hyuerner de toutes parts et y font vn commerce considerable de toiles de coton, de Soyes, de porcelaine, de Riz, de Tabac, d'Arac et de Sucre, et tous ne remportent que de l'or et vn peu de poiure. Les Danois il y a 15. ans y porterent vn nombre infiny d'Esclaues qu'ils traitoient pour vn peu de Ris a la Côte de Coromandel pendant la grande famine, et sur lesquels ils firent vn profit considerable. La Compagnie Angloise des Indes Orientales y a vn comptoir, mais de peu de consequence; Ils y entretiennent vn commis seulement pour le commerce du poiure et du bois de Sandal. Les Hollandois seuls n'ont pû s'y établir, et les

Commerce d'Achem.

Achenois les ont toujours chassez comme gens qui ne cherchent qu'a usurper.

La Riuiere.

La Riuiere est fort étroite et peu profonde. La Barre en est dangereuse et change toutes les saisons; Les grosses barques n'y peuuent entrer que dans les grandes mareés.

La ville.

On trouue vn peuple infiny par toute la ville, s'il est permis d'apeler ville vn grand village taillé au milieu des bois, et de plus de 2. ou 3. lieuës de circuit; Il est situé dans vne grande plaine a demy lieuë de la mer sur le bord occidental de la riuiere. Chaque Nation a son quartier, et y exerce sa religion; Les Chinois y ont des Pagodes, Les Malais et les Mores grande quantité * de Mosqueés, Et les Chrétiens vne petite Eglise, qui Aoust 1698
étoit pour lors deseruie par vn franciscain Portugais de Goä. [fol. 25]

Les chinois qui y sont établis sont de ceux qui abandonnerent il y a 50. ans leur païs pour fuir la domination des Tartares, et pour conseruer leur cheuelure.

Tout est generalement fort cher a Achem: Parce que les Viures et les Marchandises viennent du dehors. La Monnoye du Pays est vne petite piece d'or ronde et fort mince que les Portugais nomment Massie; Elle vaut enuiron 12. sols, on en a 5. et quelques fois 6. pour vn Ecu selon que l'argent est plus ou moins cher. Il y a vne autre petite monnoye de plomb qui court parmy le peuple; on en donne ordinairement 1000. pour vne Massie.

Qualitez du Pays

Le Pays est sujet au Tremblemens de terre. La montagne d'or, qui est a 8. lieuës de la ville, et la plus haute de toute la côte, produit quantité de Souffre. La terre est fertile en paturages; Elle produit naturellement des forets de Cocotiers; Ses fruicts sont l'orange, La Banane, L'Ananas, La Pampelimouse, Le Taque, Le Durion, L'Areque, Le Betel, et vne espece de Litchy beaucoup meilleur que celuy des Chinois. Les Poules, Les Canards, Les Cabrits, et presque toutes sortes de bétes Fauues y sont en abondance; Les Boeufs y sont rares, Et il n'y a point de moutons.

La Religion.

La Religion des Achenois est celle de Mahomet. Ces peuples sont bien faits, braues, orgueilleux, traitres, et Larrons. Cette derniere qualité surtout leur * est fort naturelle: Aoust 1698
Cependant au moindre vol on leur coupe vn poignet sans remission, [fol. 25vo]

et quelques fois tous les deux. La grande Isle des Larrons qui est au Nord de la Rade, n'est peupleé que de ces sortes de voleurs qui tous ont les poings coupez. L'abondance de leur or les a toujours rendus faineans; Ils n'employent leurs Esclaues qu'a en chercher, et cultiuent peu la terre. Ces Esclaues ont souuent la liberté d'aller trauailler ou bon leur semble, ou de faire quelque commerce, en donnant tous les mois vne somme modique a leurs maitres: Ce qui fait que l'Esclauage du pays est tres doux.

Le Gouuernement

Il est impossible de parler aujourd'huy auec quelque certitude du gouuernement de ce Royaume; l'aproche du Palais de la pretendue Reyne est deffenduë non seulement aux Etrangers, mais méme aux naturels du pays. Le S.r Beaulieu nous en donne vne description tres curieuse dans la Relation d'vn voyage qu'il fit aux Indes en 1618. Il nous depeint le Roy qui regnoit dans ce temps la, comvn des plus judicieux et des plus puissants Princes des Indes. Ce Roy auoit defendu l'Entreé de la Riuiere de plusieurs forts bien munis d'Artillerie; Il auoit 3000. Femmes, 500. Eunuques, et 200. Cheuaux pour la garde de son Palais, 900. Elephans de guerre, plus de 1200. Canons de Fonte, et 100. grosses galeres, dont quelques vnes auoient 7. a 800. hommes d'Equipage, Et des Coursiers de 48 £ de balles; Il faisoit soir et matin tirer vn coup de canon quand les portes du palais s'ouuroient et se fermoient. De tout cela il ne reste plus aucun vestige que ce coup de Canon qu'on tire encore reguliere-
Aoust 1698 ment a la pointe du jour et lors que le soleil se couche. Toutes *
[fol. 26] les fortifications sont reuerseés, et ces peuples autrefois si braues viuent presentement la pluspart auec molesse et sans ambition.

Apres la mort du dernier Roy des Orancayes, qui sont les principaux du Royaume, se rendirent absolument maitres du gouuernement; Ils mirent sur le Trône vne Princesse du Sang Royal qui auoit le titre de Reine sans aucun pouuoir, et enuoyerent partout des ordres sous son nom. Cette Princesse deuint inuisible et n'a jamais sorty du Palais; Plusieurs pretendent qu'elle est morte il y a fort longtemps, d'autres disent qu'on la montre de loin au peuple vne fois l'anneé en allant au bain ou elle se fait tirer par deux Elephans: Mais a franchement parler tout ce que l'on dit est fort incertain.

Cette espece de gouuernement a causé plusieurs guerres ciuiles; on faisoit publiquement de la fausse monnoye, et le nombre des voleurs augmentoit tous les jours. Le peuple ne vouloit point obeïr aux Orancayes, et la pluspart demanda vn Roy. Nous trouuames dans la maison de Mr Delton douse petites pieces de Canon en Batterie; Tous les Chrétiens s'y assembloient au moindre bruit, et y montoient la garde. Il y auoit eu depuis peu vn Prince de la race des anciens Roys qui s'étoit aproché a 5. lieuës de la ville auec vn gros de 8000. hommes, et on craignoit encore a tout moment quand nous partimes, qu'il ne vint surprendre le Palais. Voila c que j'ay pû aprendre de particulier sur ce sujet.

Le 22. nous primes deux Pilotes Portugais pour * les Côtes de la Chine; Nous eumes aussy vn marchand Chinois de Canton qui demanda au Pere Bouuet a repasser auec nous; Il auoit auec luy deux autres Chinois ses valets. Le 23. au matin d'vn petie vent de Sudoüest nous leuames l'Ancre, vn des vaisseaux que Mr Delton auoit en Rade nous salua de trois coups de Canon; nous en rendimes vn. Mr Delton étoit pour lors a bord; Il étoit venu voir le vaisseau, et lors qu'il s'en retourna nous le regalames de sept coups; Il nous auoit fait mille honnétetés et toujours table ouuerte.

Aoust 1698 [fol. 26vo]

Nous apareillames pour Malaca.

Nous fimes en partant de la Rade le Nord quart de Nordoüest, le Nord et Nord Nordest pour parer vn banc qui porte demi lieuë en mer deuant l'embouchure de la Riuiere. Nous courumes ensuite a Est Nordest et a L'est, laissant a Stribord l'Islot qui est au milieu de la Passe de Malaca. De l'autre côté de cet Islot il y a 14. a 15. brasses d'Eau, mais le fond y est de Roche, et le moüillage n'est pas sain; ce qui fait qu'on éuite d'y passer autant qu'on peut.

Le 24. nous eumes des petits vents d'Oüest Nordoüest: Nous élongeames la Côte qui nous parut partout fort saine, Elle est plate et couuerte au bord de la mer de grands arbres semblables a ceux qu'on voit des deux bords de la Riuiere d'Achem. A 5. lieuës dans l'Isle les terres sont hautes et seches; Les Mareés portent six heures au Sudest, et six heures au Nordoüest, Nos Pilotes Portugais nous dirent qu'outre ces mareés regleés * il y auoit au large en cette saison vn courant particulier qui porte au Nord Oüest. En cas de calme on peut moüiller a vne petite lieuë de terre par 25. et 30. Brasses fond de sable vazard. Sur le midy le vent fraichit et varia au Nordest, et du Nordest au Sud. Nous depassames la Riuiere de Pedir.

Aoust 1698 [fol. 27]

Du 24. au 25. nous eumes de la pluye et de petits vents de Sudoüest. Sur les 8. heures nous decouurimes vne somme Chinoise qui rangeoit la Côte; Nous luy enuoyames vn coup de Canon a bale pour faire venir sa Chaloupe a bord. Ces pauures gens heziterent et ne nous vinrent voir qu'en tremblant. C'étoient des Chinois établis dans les terres du Roy de Jehor,[1] ils venoient de Malaca, et alloient a Achem; Ils auoient vn passeport hollandois: Nous leur demandames s'ils n'auoient pas entendu parler des forbans Anglois, qui couroient dans le Détroit: mais ils ne purent nous en donner d'autres nouuelles sinon qu'ils se retiroient ordinairement a Pol Condor ou a Poltimont,[2] et que depuis peu ils auoient pillé vn vaisseau Portugais.

Rencontre d'vn Batiment Chinois.

Les Chinois nous saluerent de 5. coups de Pierrier; nous leur repondimes d'vn coup de Canon; Ils firent leur route et nous la nôtre. Toute la journeé nous courumes a l'Est quart de Sudest en elongeant la Côte a vne lieuë de distance; Nous vimes en plusieurs endroits des habitations fort agreables ou on fait du Poiure et beaucoup * de Ris; on dit que les Malais y sont antropophages.

Aoust 1698 [fol. 27vo]

Le 26. au matin nous dépassames Passagan; Nous y vimes vne Somme Chinoise moüillée, et plusieurs batteaux a la péche; Nous y trouuames a 1. lieuë et demie de terre 40. brasses fond de sable vazard; Les vents regnerent ce jour la du Sud au Nord nord oüest et furent tres foibles. La pointe de Zambuaër nous resta sur le soir de l'Est 5.° Sud 3. lieuës; Nous en auions déja fait enuiron 35. depuis Achem.

La nuit du 26. au 27. nous eumes de la pluye, du Tonnerre et le vent a oüest Sud oüest bon frais. Au matin les vents se tournerent au Nord Nordest. A midy nous nous trouuames a vne lieuë et demie de la côte par 7. brasses d'Eau fond de vaze entre les pointes de Zambuaer et du Diamant. l'vne nous restoit a l'Est 2. lieuës et demie, et l'autre a oüest 5.° Nord 3. lieuës et 1/2 Elles forment vn enfoncement dangereux a cause d'vn banc de Roches qui s'auance au milieu vn lieue en mer et que les Cartes ne marquent point. Nous reprimes le large jusqu'a 35. brasses d'Eau. Sur les

1 Das Sultanat Johore, nördlich v. Singapore.

2 Pulo Tiuman an der Ostküste der Malacca-Halbinsel und Pulo Condore vor der Mekong-Mündung.

3. heures nous decouurimes vne Somme Chinoise qui passa en terre de nous autant qu'elle pût pour nous éuiter. Sur le Soir la pointe du Diamant nous resta au Sud quart de Sudest. 3.° Sud 2. lieuës; Il paroissoit derriere celle cy vne autre pointe qui restoit au Sudest quart de Sud 5.° Sud 3. Lieuës et $^1/_2$.

Du 27. au 28. les vents furent du Nord Nordest * au Sud Sud est petit frais; Nous suiuimes la Côte a 3. lieuës de distance depuis 40. jusqu'a 20. brasses fond de vaze et sable vazard. Le méme jour depuis midy jusqu'au soir les vents furent au Nord nordoüest, et toute la nuit suiuante au Sud Sudoüest petit frais. Aoust 1698 [fol. 28]

Le 29. nous courumes toujours a 3. et 4. lieuës de terre par 22. 25. 28. et 35. brasses fond de vaze; Nous trouuames peu de courans. La Côte depuis la pointe du Diamant en allant vers le Sudest est fort basse et couuerte de grands Arbres, qui en plusieurs endroits sont separez les vns des autres, et paroissent au bord de la mer comme des Barques a la voile; On ne voit de hautes terres que bien auant dans l'Isle. Nous eumes les vents jusqu'au lendemain a l'Est et au Nordest.

Le 30. au matin nous reconnumes Pol Vereyra 6. Lieuës a Est Sudest; Elle nous parut a cette distance ronde et couuerte de bois; Elle est fort haute par raport a sa grandeur; ce qui fait qu'on s'en croit beaucoup plus prest qu'on n'en est effectiuement; Elle est a enuiron 25. lieuës de la pointe du Diamant Sudest, 5.° Sud, et Nord-oüest 5.° nord.

Toute la journeé nous eumes de petits vents d'Est Nordest et d'Est Sudest; Nous courumes la bordeé pour aprocher l'Isle: mais les courans nous furent contraires. Sur l'apres midy nous vimes vn Nauire assez gros qui passa 2. lieuës au vent a nous. Sur le Soir le vent changea; il vint * vn bon frais de la terre; Nous fimes l'Est et l'Est quart de Sudest pour aller reconnoitre Pol Tarce: mais le vent dura peu et nous demeurames en calme comme auparauant. Aoust 1698 [fol. 28vo]

Nous fimes de la Tortuë a Pol vereyra.

Nous moüillames a minuit par 20. brasses fond de Sable vazard, a 1. lieuë et demie de Pol Vereyra qui nous restoit au Sud. Nous y enuoyames le Canot pour prendre de la Tortue qu'vn de nos Portugais nous dit y étre en quantité, et effectiuement nos gens en virerent 4. de 2. a 300. liures chacune, qui furent les seuls qu'ils trouuerent, les autres s'etans déja retireés a la mer.

Pol vereyra est a enuiron 5. lieuës de la grande Isle de Sumatra, Elle a demi lieuë de circuit, est fort haute et couuerte de diferens arbres d'vne belle verdure; Elle a au Sud des Ances de Sable ou on péche la Tortuë; Nous y trouuames vn ruisseau d'Eau douce excellente, et qu'on dit etre medicinale, des Taques et quelque autres fruicts qui nous étoient inconnus. Le reste de l'Isle est escarpé et presque impraticable; On dit que les Pirates Malais y font souuent leur retraitte; Ainsy il est bon de ne jamais descendre a terre sans-armes. Les vaisseaux moüillent ordinairement vn quart de lieue ou demy lieue au Sud oüest de l'Isle, par 8. 10. ou 12. brasses d'Eau fond de Sable vazard.

Le 31. toute la matineé nous eumes de la pluye et du calme. Sur le soir nous retournames a l'Isle auec la Chaloupe, et nous y
[fol. 29] deuions * passer la nuit pour charger de Tortues: Mais sur les 9. heures le vent fraîchit; on nous rapella de quelques coups de Canon; nous fumes a bord, et le vaisseau qui étoit déja sous voiles, fit seruir. Toute la nuit nous eumes de gros vents d'oüest et beaucoup de pluye; nous courumes toujours a Est Sud est.

Septembre 1698

Le 1.er septembre a la pointe du jour nous nous trouuames entre Pol Vereyra et Pol Jara; celle cy nous restoit au Nordest 8. lieuës, et l'autre a Oüest quart de Nordoüest 12. lieuës; Elles sont toutes deux hautes et a peu pres de méme grandeur; Nous fumes presque toute la matineé en calme. Sur les 3. heures apres midy la mareé nous étant contraire, nous moüillames par 50. brasses fond de vaze dure 6. lieuës au Sud quart de Sudoüest de Pol Jara. Pendant que nous demeurames a l'Ancre, les courans porterent, le flot au Sud Sudoüest et le juzan au Nord nord-est.

Nous leuames l'ancre sur les 6. heures du soir auec vne petite brise du Nordoüest; La nuit le vent varia au Nordest; nous fimes toujours le Sudest.

Le 2. sur les 3. heures du matin nous eumes comme les nuits precedentes de gros vents de Sudoüest et beaucoup de pluie. A la pointe du jour nous reconnumes Pol Arois au sudoüest quart d'oüest 9. lieuës. Nous auions pour lors 40. brasses fond de sable vazard. Toute la matineé nous eumes du calme et les courans nous deriuerent en si peu de temps vers l'Est que tout d'vn coup nous perdimes de veuë Pol aros. Nous moüillames sur les 10. heures par 40. brasses fond de sable vazard; On voyoit pour lors du haut des mats la terre firme au Nordest enuiron 15. lieuës. Pendant que nous fumes moüillez les Courans furent toujours variables; Ils porterent neantmoins plus regulierement Est et Oüest. Notre Pilote Portugais qui auoit la veuë extremem.[t] courte: (Car pour lors il n'y en auoit qu'vn qui fut chargé de la route; l'autre ne connoissoit point le détroit), marqua qu'il eut bien voulu reconnoitre Pol Aros de plus pres, Cependant le vent deuint bon, Et vers le minuit du 2. au 3. Nous leuames l'Ancre; Les vents varierent du Nordoüest au Nordest bon frais; Nous fimes le Sud Sudest, le Sudest et le Sudest quart d'est toujours a petites voiles par 35. brasses fond de vaze, Sable vazard et petit grauier noir. Nous vimes cette nuit la plusieurs mouleés de petits poissons, marque que nous n'étions pas loin des bancs.

Septembre 1698 [fol. 29vo]

Le 3. au matin sur les 4. heures le vent vint a l'Est Nordest; nous eumes beaucoup de pluïe, le Tonnerre tomba aupres du bord et jetta par terre 3. ou 4. de nos Matelots qui furent saisis de l'odeur du soufre. Sur les 7. heures le vent sauta au Sudest; le courant portoit au Nordoüest et nous étoit contraire. Nous moüillames par 35. brasses sable vazard; la terre ferme paroissoit a Est Sudest.

Nous remimes sous voiles sur les 10. heures; nous fimes toujours le Sudest, Sudest quart d'est et l'Est Sudest depuis 35. brasses jusqu'a 20. et 25. en diminuant; Le vent étoit Nordoüest bon frais. Le soir sur les 5. heures nous tombames a 13. et 14. brasses fond de sable et sable vazard; Il paroissoit pour lors depuis * le Nord Nordest jusqu'a l'est vne terre fort platte et boiseé, dont nous n'étions au plus qu'a 3. lieuës, Il paroissoit aussy a Est quart de Sudest vn morne éleué que nôtre premier Pilote qui en 1688. auoit passé le Détroit dans l'Oriflamme, asseuroit étre la montagne de Porselar; Le Pilote Portugais n'asseuroit rien et étoit au contraire fort embarassé; Nous moüillames jusqu'au lendemain par 13. brasses fond de vaze.

Septembre 1698 [fol. 30]

Le 4. toute la matineé nous eumes les vents au Sudest et la mareé contraire; A midy il fut basse mer; l'Eau auoit baissé de 2. brasses; Le flot portoit au Sud Sudest, et le juzan au Nord Nordoüest a faire au moins vne lieuë par heure. La terre fut toujours embrumeé, et nous ne pûmes apareiller; Il y auoit vne barque moüilleé a l'Est de nous. Sur les 2. heures notre Pilote Et le Portugais furent auec la Chaloupe sonder a Est quart de Sudest et a Est Sudest. Sur les 4. heures nous eumes vn petit frais du Nordoüest; Nous leuames l'Ancre et courumes sur nôtre Chaloupe qu'on ne voyoit plus que du haut des mats. Nous fimes enuiron vne lieuë au Sudest au Sudest quart d'est et a l'Est Sudest depuis 13. jusqu'a 7. brasses fond de vaze, Nous moüillames sur les 5. heures et demie.

Notre Chaloupe reuint a bord; Les deux Pilotes qui auoient beaucoup aproché de terre étoient conuenus ensemble que nous étions dans le Canal de Porselar, et qu'il falloit rapareiller: Cependant ils n'auoient trouué que 6. 5 1/2. et 5. brasses toujours en diminuant, et il étoit
Septembre 1698 [fol. 30vo] pleine mer. Enfin notre premier Pilote parut si seur * de son fait que nous leuames l'Ancre et fimes encore demi lieuë a l'Est sudest. Nous eussions toujours continué jusqu'a 4. brasses et demie et nous eussions donné droit sur les bancs, si l'on[1] n'eut par hazard auerty le Pilote Portugais qu'on voyoit du haut des Mats 2. Islots au Sudest quart d'Est. Il auoüa pour lors qu'il s'étoit trompé, qu'il n'y auoit aucunes Isles depuis Porselar jusqu'a Malaca, et qu'il faloit que les courans nous eussent jettez au Nord oüest des Bancs de Calang. Nous n'eumes d'autre party a prendre que celuy de moüiller; nous auions 6. brasses et 1/2 Fond de vaze mole. A minuit il fut basse mer; Le fort du juzan auoit été vers le Nord Nord oüest; l'Eau auoit baissé de 2. brasses et 1/2 Et il n'en restoit plus que 4.

Notre erreur vint de n'auoir pas bien reconnu Pol aros, et d'auoir été a petites voiles pendant que les Courans, dont nous ne connoissions pas le cours, nous deriuoient au Nord: C'est pourquoy quand on n'aura pas vn bon vent, il faut moüiller pour obseruer le cours des mareés; Il est bon aussy de ne pas ranger les Bancs que par 25. et 30. brasses: parce qu'en plusieurs endroits il se trouue des pointes ou on tombe tout d'vn coup de 25. brasses a 18. et de 18. a 2.

Le 5. sur les 6. heures du matin au commencement du juzan nous apareillames auec vn bon vent de Nordnordest; Nous fimes par contre route l'oüest quart de Nordoüest, et l'oüest Nordoüest. Nous passames de 7. brasses a 8. et a 5 1/2 puis a 8. 10. 12. et toujours en augmentant.

Septembre 1698 [fol. 31] * Sur le midy nous découurimes vne voile qui passoit sous le vent; Nous luy enuoyames deux coups de Canon a balle, et la fimes amener. C'étoit vne Barque Malaië qui venoit de Bataboura et alloit a Salangor; Il y auoit dedans 10. hommes et 2. femmes; leur chef

Rencontre d'un Batiment du pays

[1] Bannisters Bericht sagt (p. 52): "if M. de la Rigaudière, from the mast head, had not told."

étoit Macassar[1] et parloit bon Portugais. Nous trouuames dans cette barque 3. Pierriers, vn Mousquet, quelques Sabres, et des Zagayes. On demandoit au Chef ou étoit sa Commission et d'ou vient qu'il étoit ainsy armé; Il repondit qu'vn Prince voisin ayant porté la guerre dans son païs, il auoit été contraint de se retirer et d'abandonner tout pour sauuer sa famille. Qu'a l'egard des Armes il les auoit acheteés d'vn Portugais pour se deffendre des Pirates.

Nous continuames cependant notre route au Sudoüest et sudoüest quart de Sud, et gardames la Barque, dont nous auions toujours les principaux a bord afin de les examiner a loisir. Sur les 3. heures nous reconnumes Pol Aros au Sud Sudoüest. C'est vn amas d'Isles et de Roches qui sont auec Pol Jara Sud quart de Sudest, et Nord quart de Nordoüest enuiron 20. lieuës. Nous l'aprochames autant que nous pûmes, et moüillames sur les 7. heures du soir par 52. brasses fond de vaze. La plus grande des Isles d'Aros nous restoit au Sudoüest quart d'oüest, et la derniere de toutes au Sudoüest quart de sud 4.° Sud enuiron 3. lieuës et $^1/_2$. Celle cy est vn gros Rocher en forme de Chapeau; Elle sert de balise pour embouquer les Bancs, et gît auec la montagne de Porselar est 5.° Sud et oüest 5.° Nord enuiron 18. lieuës. Il fut pleine mer sur les 8. heures * et $^1/_2$; Le juzan portoit au Nord Nord oüest et le flot au Sud Sud est. Septembre 1698 [fol. 31vo]

Le 6. a la pointe du jour d'vn petit vent de Sud quart de Sudest nous leuames l'Ancre et courumes a Est quart de Sudest au plus pres du vent. Sur les 9. heures au commencement du juzan nous remoüillames par 40. brasses. La Balize nous restoit au Sud oüest 3.° Sud 7. lieuës, et la montagne de Porselar a Est sud est 5.° est 11. lieuës. Cette montagne est fort remarquable; Elle est seule sur vne Côte fort basse a deux ou trois lieuës dans les terres. Sur le midy nous vimes du côté de terre ferme vn Nauire qui couroit au Nord.

Sur les 3. heures auec vn vent de Sud et la mareé nous apareillames; Nous fimes l'Est sudest. vne demi heure apres nous crumes voir briser la mer deuant nous et tout d'vn coup nous nous trouuames a 9. brasses d'Eau. Nous enuoyames la Chaloupe deuant pour sonder et fimes cependant vn bord au large. La Chaloupe ne trouua point diminution d'Eau; Nous reuirames a l'Est et courumes assez longtemps

---

1 Ein Mann aus Macassar, auf dem südl. Celebes.

par 9. brasses fond de Sable, de pierres noires, et de coquillage. Nous moüillames le soir sur les 6. heures par 15. brasses fond de sable vazard; La montagne de Porselar restoit a Est quart de Sudest 5.° Sud. 6. lieues.

La nuit du 6. au 7. les vents forcerent vers le Nord. Nous chassames et fumes obligez de moüiller vne seconde Ancre. Il fut
Septembre basse mer sur les 2. heures et demie du matin; Le juzan * auoit
1698 porté regulierement au Nordoüest.
[fol. 32]

Le 7. au matin d'vn petit vent de Nordoüest nous leuames l'Ancre; Nous fimes a Est quart de Sudest, a Est sudest, et au Sud est quart d'Est enuiron 2. lieuës et $^1/_2$ depuis 15. brasses en diminuant jusqu'a 9. et depuis 9. en augmentant jusqu'a 18. Fonds inegaux de Sable gris, et Sable vazard. Nous moüillames sur les 10. heures par 18. brasses vazes dure; La montagne de Porselar restoit a Est sud est 5.° Est 4. lieuës.

Nous renuoyames la barque Malaïe. Ces pauüres gens auoient été pendant deux jours bien en peine de leur destineé. c'étoit vraysemblablement vn de ces petits Pirates qui infectent le Détroit: Mais on les interrogea plusieurs fois; Ils repondirent toujours la méme chose, et a la fin on fut obligé de les lâcher.

Sur les 3. heures et demie auec le Flot et vn petit vent d'oüest Nordoüest nous apareillames; Nous courumes au Sudest et au Sudest et au Sud est quart d'Est depuis 15. jusqu'a 25. brasses fond de sable vazard. A 6. heures la montagne de Porselar nous resta a l'est 4.° Sud 4. lieuës et $^1/_2$. De la nous fimes le Sud est pour parer vne pointe qui nous restoit 5. lieuës au Sudest quart d'Est. Le soir sur les 9. heures et $^1/_2$ nous moüillames par 21. brasses fond de Sable gris. Porselar restoit a Est nordest 5.° Nord 5. lieuës. Toute la nuit nous eumes des vents forcez du Oüest nordoüest. Le 8. a 4. heures du matin nous apareillames d'vn petit vent d'Oüest sudoüest,
Septembre Et fimes le Sudest * quart d'Est en rangeant la Côte. Sur les 8. heures
1698 le vent fraichit au Sud oüest, et a midy nous eumes doublé Cap
[fol. 32vo] Rachado qui est au Sud est de Porselar enuiron 10. lieuës. Sur les 2. heures le vent aïant beaucoup diminué et le juzan étant contre nous nous moüillames par 25. brasses fond de sable coquillage et gros grauier. Le Cap Rachado nous restoit au Nord oüest quart de Nord 2. lieuës, et la Côte de Sumatra paroissoit pour lors au Sud oüest 7. lieuës toute basse et boiseé.

Vne lieuë au Sud est du Cap Rachado est vne grande Riuiere nommeé sur quelques Cartes Panagé, La Côte y forme vn enfoncement agreable ou on poûroit faire de belles habitations. Cette riuiere a de basse mer 9. pieds d'Eau a son emboucheure, et seroit nauigable a pres de 100. lieuës dans les terres en la debarassant de quantité d'Arbres abatus qui en ferment pour ainsy dire la course. Les Hollandois y font commerce de Calin, de Mats, et de planches qu'ils vendent ensuite aux Mores.

Le soir sur les 5. heures nous leuames l'Ancre d'vn petit vent de Nord nordest, nous fimes le Sud est quart d'est l'Est sud est et l'est quart de Sudest pour acoster la terre. Nous ne trouuames jamais moins de 12. a 15. brasses d'Eau et partout bon fond. Sur les 7. heures nous moüillames par 20. brasses gros sable vazard. Nous auions vne lieuë au Sudest vne grande roche qui est * a demi lieuë [fol. 34]
de la Côte; Il y en a quelqu'autres a fleur d'Eau dans ce méme parage: Mais elles sont beaucoup plus a terre. Nous étions a enuiron 5. lieuës de Malaca et le Cap Rachado nous restoit alors au Nord Septembre
oüest 8. lieuës, et paroissoit vn grand Islot detaché de la terre ferme. 1698
Nous eumes toute la nuit comme les precedentes de gros vents d'oüest Nordouest et de la pluye.

Le 9. a la pointe du jour M.r Geraldin fut auec le Canot a la forteresse faire complimens au Gouuerneur et traiter du Salut. Le Pere Dolzay l'accompagna en habit seculier; Ce Pere est Allemand et parle bon Hollandois Nous leuames aussy l'Ancre d'vn petit vent d'Ouest sud ouest, et courumes toujours par 18. et 20. brasses.

A vn tiers de lieuë au large par le trauers de la pointe de Batantiga il y a vne roche sous l'Eau sur laquelle il n'y a que 4. pieds d'Eau de basse mer, et tout au pied 18. brasses. En donnant rhumb a la dite pointe de Batantiga, nous decouurimes les Isles de l'Aiguade, celle du Frere Estienne, et l'Eglise s.t Paul eleueé sur vne hauteur au milieu de la forteresse de Malaca. Nous laissames a babord l'Isle du Frere Estienne, nous la rangeames a vne porteé de Canon par 15. et 16. brasses, et vinmes moüiller a 9. fond de vaze a 3/4 de lieuë de la forteresse qui nous restoit a Est Nordest 5.° Nord. Il n'y auoit en Rade qu'vn petit bâtiment Hollandois * qui seruit de Patache, et [fol. 34vo]
3. ou 4. vaisseaux Mores. Septembre

Nous moüillames deuant Malaca.

Notre Canot reuint a bord; nos M.rs auoient receu mille honnétetés 1698 des Hollandois; nous saluames la forteresse de 7. coups de Canon qu'elle nous rendit coup pour coup. Sur le Soir le Gouuerneur enuoya vn batteau chargé de rafraichissemens, et le lendemain il traita M.r de la Roque a vne maison de Campagne qu'il a a vn petit quart de lieuë de la ville.

Description de Malaca.

Malaca est 2.° 15.′ au Nord de la Ligne; La Rade est grande; Le Fond y est bon: mais on n'est nullement a l'abry des vents depuis le Nord oüest jusqu'au Sud; Les mareés y gissent Sud est 5.° Est et Nord oüest 5.° oüest La mer y perd de 14. pieds. Le veritable moüillage pour les vaisseaux qui ne font que passer est de laisser le pauillon de l'Eglise s.t Paul au Nordest 5.° Est 1. lieuë 1/3.

La Coste presque partout est inaccessible a cause des vazes et des rochers, Quand Les Hollandois se rendirent maitres de la place, ils dresserent vne batterie de Mortiers sur la petite Isle de Jaua, d'ou ils bombarderent la forteresse.

Droit d'Ancrage apellé Pain d'Or.

Tous les vaisseaux marchands qui moüillent en Rade payent vn certain droit ou plutost vn Tribut qu'on nomme le Pain d'Or, et qui monte a 4 ou 500. ℔. vn peu plus ou vn peu moins selon la grandeur du batiment: Ce droit a esté étably par les Portugais, [et les Hollandois

Septembre 1698 [fol. 35]

continuent a se le faire payer; * Il étoit méme arriué depuis deux mois vn plaisant differend sur ce sujet. Vn vaisseau de guerre Portugais qui venoit de Goä et alloit a Macaö, moüilla en passant deuant la forteresse. Le Gouuerneur enuoya faire compliment au Capitaine, et luy fit demander le Pain d'Or. Le Capitaine se trouua indigné de cette demande et fit reponse au Gouuerneur qu'il ne payeroit qu'auec de la poudre et des bales: Cependant il est seur qu'il eut payé tous du long s'il y eut eu des vaisseaux hollandois en Rade.

Malaca a été autrefois sous la domination des Roys de Siam; Les Mores la reuolterent contre son Prince legitime, y en établirent vn de leur Secte, et firent cette place la Capitale d'vn petit Royaume qui portoit aussy le nom de Malaca. Dom Alphonce d'Albukerque la prit sur ceux cy au nom du Roy de Portugal en 1511. et y bâtit vne forteresse qui passe encore aujourd'huy pour la plus grande et la plus belle de toutes les Indes. Les Portugais qui faisoient dans cette place vn commerce considerable auec toutes les nations de l'Orient et qui y viuoient dans l'abondance, oublierent pour ainsy dire qu'ils fussent Chrétiens, et s'abandonnerent a toutes sortes de debauches. Ils furent souuent attaquez par les Princes voisins; Le Roy d'Achem y enuoya en 1547. vne armeé de 60. grosses Galeres auec 5000. Soldats dont s.t François Xauier détourna la fureur par ses prieres. Cet illustre Apôtre des Indes honora cette * ville de plusieurs autres miracles qui ne firent aucune impression sur les coeurs endurcis de ses habitans; Il les abandonna apres auoir trauaillé pendant quelques anneés inutilement, et passa ensuite a la Chine. Les Portugais y ont toujours depuis été frapez des fléaux de Dieu, et enfin en 1641. ils ont été chassez par les Hollandois qui y ont entierement detruit la Religion Catolique. Les Chinois y ont vne Pagode, Et les Mahometans vne Mosqueé; Les Catoliques seuls n'y peuuent exercer leur Religion. L'Eglise s.t Paul batie sur vne hauteur au milieu de la forteresse sert aujourd'huy de Temple aux Hollandois, Et celle de la Misericorde qui est au pied de la méme hauteur du côté de la ville leur sert de Magazin. On voit aussy a vn quart de lieuë dans la Campagne sur la montagne de Bocachin les restes d'vn couuent de Franciscains.

Septembre 1698 [fol. 35 vo]

La Pagode des Chinois me parut fort curieuse, et je raporteray volontiers ce que j'y ay veu:

Description d'vne Pagode Chinoise de Malaca.

Parce que personne ne nous a encore donné de description d'aucun Temple n'y de la Religion de ces Chinois refugiez; C'est vn petit batiment simple et qui n'a rien de beau a l'Exterieur, j'y fus precisement pendant que les Bonzes y faisoient leurs Sacrifices, et obseruay vne petite Nef ou il y auoit de chaque côté vne Colonne de cinq grandes Tables d'vn tres beau bois toutes couuertes de piramides de fruicts, et de Confitures. De la * j'entray dans vn lieu eleué au dessus de la Nef de 2. pieds ou plusieurs Chinois étoient occupez a faire des Cornets de papier doré et argenté pour bruler deuant leurs Idoles; On nous y presenta du Thé et des Confitures. Tout au fond sur le méme alignement étoit le lieu des sacrifices retranché du reste de la Pagode par vne cloison. Ce lieu étoit tout a fait obscur et n'étoit éclairé que par vne grande quantité de flambeaux de Cire. Au milieu et des deux côtez étoient trois autels de méme structure auec des paremens de Soye comme ceux de nos Eglises. J'y vis entre plusieurs Cassolettes ou bruloit de l'Encens et des bois de senteur, Et parmi plusieurs petites figures

Septembre 1698 {fol. 37]

vne grosse face de Cuiure qui representoit assez bien la Lune de la maniere que nous la dépeignons.

Dans cet espece de Sanctuaire étoient trois Bonzes qui tournoient plus de deux heures autour des Autels; Ils alloient de l'vn a l'autre faire des Stations et se prosternoient de temps en temps la face contre terre. Le premier frapoit doucement sur vn petit Tambour plat, et auec vne baguette couuerte de peau pour mieux étoufer le son. Le second sonnoit de moment en moment vne petite cloche qu'il tenoit de la main droite; Et le troisieme portoit sur vn grand bassin de Cuiure le Liure de leur Loy écrit en caracteres Chinois. Ils marchoient d'vn pas lent et chantoient tous trois d'vn ton lugubre. Leur musique étoit accompagneé d'vn espece de gros Tambour et d'vn certain * instrument a peu pres semblable a nos hautbois; Enfin tout y étoit fort serieux et imprimoit en méme temps le respect et la compassion.

Septembre 1698 [fol. 37 vo]

Les femmes auoient aupres de cette Pagode la leur particuliere, ou les hommes n'entrent point.

La ville.

La ville est selon toutes les aparences beaucoup plus petite qu'elle n'étoit autrefois; Sa plus grande étenduë est le long de la mer ou elle peut auoir 250. Toises de longueur. Ses ruës sont droites, larges et bien perceés; Elle n'est ceinte d'aucunes murailles, et a seulement du côté du Nord oüest vne porte defenduë par vne Tour, ou il y a 7. ou 8. pieces de Canon en batterie. On y trouue quantité de Marchands Chinois et Mores, peu de Hollandois. Il y a encore grand nombre de Portugais, mais ils sont tous pauures; Ils auoient parmy eux deux Religieux déguisez, vn Jesuite et vn Dominicain qui leur disoient la Messe dans les bois aux enuirons.

La Riuiere.

La Riuiere separe la forteresse de la ville; Elle est fort étroite, peu profonde, et l'entreé en est dificile: Cependant il y monte des Batimens de 100. et de 150. Tonneaux; Elle entoure la moitié de la ville, et peut inonder les fossez de la forteresse par vne Ecluse qui communique de l'vn a l'autre.

La Forteresse.

La forteresse qui comme j'ay déja dit passe pour la plus grande et la plus belle des Indes, est toute batie de pierre, et defenduë de bonne Artillerie de 12. jusqu'a 48. Liures de balle, * la pluspart de fonte. Elle est fort irreguliere; Ses Ouurages en plusieurs endroits ne se flanquent pas, et sont de

Septembre 1698 [fol. 39]

peu de defense. Elle a deux portes l'vne du côté de la ville et l'autre sur la Campagne. La mer du côté du Sud baigne ses murailles, et la Riuiere du côté du Nord oüest luy sert de fossé. La garnison est d'enuiron 200. ou 250. hommes, Hollandois, François, Allemands, Espagnols, gens ramassez de toutes sortes de nations.

Ils sont tous logez dans la forteresse ou ils montent la garde exactement.

Les Enuirons de Malaca sont incultes et couuerts de bois; Les Hollandois n'y ont aucunes habitations qu'a la porteé du Canon, ou tout au plus a demy lieuë; Ils n'oseroient méme y auancer d'auantage a cause des Malais, et parce que le pays est plein de bétes fauues. Ainsy tous les viures viennent du dehors et sont extremement chers; Les fruicts ordinaires des Indes s'y trouuent neantmoins en assez grande quantité.

Remarques sur les forces de Malaca.

Comme cette place est situeé sur vne Côte pleine de vaze et de Roches, et que d'ailleurs elle est couuerte de bois presque partout, il ne seroit pas seur de l'attaquer sans auoir de bons pratiques qui sçachent a peu pres les endroits propres pour la descente, et ceux ou les Hollandois pourroient dresser quelques Embuscades. Pour cet effet il faudroit passer a Achem, ou on trouue en tous temps quantité de Portugais naturels de Malaca qui ne demanderoient pas mieux que de seruir contre les Hollandois * dont ils haïssent la domination.

Septembre 1698 [fol. 39 vo]

Le 10. nôtre Patron de Chaloupe et trois Matelots deserterent. Le Chapandar Hollandois nous renuoya le lendemain les trois Matelots; Le Patron ne parut point.

La nuit du 10. au 11. vers le minuit nous eumes vn gros vent d'oüest Nordoüest qui fit chasser le Nauire a la Côte a 19. pieds d'Eau. Nous n'auions pour lors qu'vne Ancre a la mer; nous en moüillames vne seconde et virames le reste de la nuit pour nous remettre au large.

Cette méme nuit sur les 9. heures du soir vn des Matelots Hollandois que nous auions pris au Cap de Bonne Esperance se noya en voulant se sauuer a la nage a vn vaisseau More qui étoit moüillé en terre de nous.

Nous apareillames pour la Chine.

Le 11. Sur les 10. heures d'vn petit vent de Sudest nous leuames l'Ancre, nous congediames nos Pilotes Portugais et primes en leur place deux Anglois qui se rencontrerent là par hazard, et dont le plus vieux nauiguoit depuis longtemps dans les Indes pour la Compagnie Françoise. Nous fimes enuiron vne lieuë au Sud sudoüest; Le vent étoit foible et contraire. Nous moüillames a vne heure apres midy par 16. brasses fond de vaze a 1. lieuë et $^1/_2$ de la forteresse qui nous restoit a Est quart de Nordest.

Le soir sur les 8. heures au commencement du flot nous mimes
Septembre 1698 [fol. 40] sous voile; Le vent varia du Sud Sudest a oüest Sudoüest; Nous * fimes diferentes routes a mesure que le vent varia Et moüillames a 2. heures apres minuit par 25. brasses fond de vaze. Malaca nous restoit de ce moüillage au Nord quart de Nordoüest 6. lieuës.

Le 12. sur les 9. heures au commencement du flot nous apareillames; Nous fimes auec vn petit vent de Sudest enuiron 2. lieuës et moüillames a 1. heure apres midy par 24. brasses fond de sable 5. lieuës a oüest Nordoüest de la montagne formose.

Le soir sur les 9. heures nous leuames l'Ancre d'vn petit vent d'Est sudest, nous courumes au Sud, au Sud sudoüest, et au Sud Sudest; nous fimes peu de chemin: parce que les mareés n'étoient pas sensibles. Nous moüillames a deux heures apres minuit par 27. brasses sable vazard, et eumes toute la nuit des Eclairs, du Tonnerre, st vn peu de pluïe.

Le 13. Sur les 9. heures et $^1/_2$ nous apareillames; Le vent étoit foible, et nous ne gagnames presque rien, non plus que le jour precedent. Nous moüillames a 2. heures apres midy par 25. brasses fond de vaze;[1] La montagne Formose nous restoit au nordest 5.° Est 5. lieuës.

Le soir sur les 9. heures d'vn petit vent d'Est nordest nous apareillames; Nous fimes le Sudest, et Sudest quart de Sud jusqu'a 1. heure apres minuit que nous moüillames par 26. brasses fond de vaze.

Septembre 1698 [fol. 40 vo] Le 14. a la pointe du jour d'vn bon vent de Sudoüest nous leuames l'Ancre et fimes le Sud Est en rangeant la Côte a 3. lieuës et demie ou 4. lieuës de distance. Sur les 11. heures la montagne Formose nous restant au Nord quart de Nordest 3.° Nord 6. lieuës, et l'Isle de Sumatra paroissant au Sud oüest 4. lieuës, Nous ne trouuames que 19. brasses fond mélé de Sable gris, de Sable noir, et de coquillage. Nos Pilotes Anglois nous firent ariuer au Sudest quart d'Est: parce que pour lors, disoient ils, nous ne deuions pas étre

1 Bannisters Bericht fügt hinzu (p. 63): „From this point of Rondo Island, standing the farthest at sea of all the islands in the Malacca road, bore north-west quarter north, 4 deg. north, eight leagues off."

loin d'vn banc de Roches sous l'Eau. Nous retombames aussytôt a 23. et 24. brasses fond de vaze dure et bleuë qui est le veritable fond du Canal. Nous moüillames a 1. heure apres midy par 27. brasses vaze dure; il étoit calme plat. La montagne Formose nous restoit 6. lieuës au Nord nordoüest, Pol Pisang a Est quart de Sudest 3. lieuës et 1/2 Et les Isles Cardemons au Sudest 10. lieues.

Sur les 4. heures d'vn petit vent de Nord oüest nous remimes sous voile et fimes l'Est quart de sudest pour acoster Pol Pisang. Nous moüillames sur les 7. heures du soir par 25. brasses, n'ayant pas gagné au plus vne lieuë; Les mareés étoient peu sensibles; Elles porterent la nuit suiuante pendant pres de 12. heures au Nord oüest et a Oüest nordoüest, et pour lors c'étoit le flot de l'autre mer, et non plus de Juzan comme auparauant.

Le 15. sur les 2. heures apres minuit nous leuames l'Ancre auec vn bon vent de Sud sudoüest; Nous fimes enuiron 8. lieues toujours au Sudest par 23. 24. * et 25. brasses fond de vaze. Nous rangeames sur les 4. heures du matin Pol Pisang a 1. lieuë et demie de distance, et sur les 11. heures étant calme plat nous moüillames a 20. brasses fond de vaze. Pol Pisang nous restoit au Nord Oüest quart de Nord 5.° Nord 8. lieuës; Pol Capras au Nord quart de Nordest 2. lieuës, Et la pointe du peti Cardemon au Sudest quart de Sud 3.° Sud 3. lieuës et 1/2.

Septembre 1698 [fol. 41]

Sur les 6. heures du soir nous apareillames d'vn bon vent de Sud est; nous courumes enuiron 2. lieuës et 1/2 au Sud Sud oüest au plus pres du vent depuis 19. jusqu'a 13. brasses partout fond de vase. Le vent ayant ensuite varié au Sud Sudest nous reuirames a l'Est: Mais comme e flot étoit encore contraire nous ne pûmes rien gagner. Nous nous trouuames a la seconde bordeé dans la méme Situation et plus pres de Pol Capras qu'auparauant. Ainsy nous fumes obligez de moüiller; nous auions 15. brasses fond de vaze. Pendant tout le reste de la nuit le flot porta au Nordoüest; il est dans ce parage de 10. a 12. heures, et le juzan n'est quelque fois pas de 4.

Le 16. au matin nous leuames l'Ancre et courumes encore la bordeé au Sud oüest et Sud oüest quart de Sud, et de l'autre bord al 'Est; Il y auoit commencement de juzan. Sur les 9. heures nous vimes au vent 2. voiles qui venoient vent arriere; nous courumes dessus, et leur enuoyames sur les 11. heures vn coup de Canon a bale; Elles arriuerent, et nous moüillames les vns pres des * autres par 17. brasses fond de vaze.

Septembre 1698 [fol. 41 vo]

C'étoient deux petits batimens Anglois de M.r Delton, qui venoient de Jehor et alloient a Achem; Ils étoient chargez de Sel, de Ris, et de Sucre; Ils auoient passé par le Détroit de Sincapure pour euiter les Corsaires; Ils y auoient recontré vne Chaloupe Hollandoise que le Gouuerneur de Malaca enuoioit a Batauie pour donner auis au general qu'il étoit passé vn vaisseau François qui alloit a la Chine.

Rencontre de deux batimens Anglois.

De ce moüillage nous vimes au vent deux autres voiles qui couroient du côté de la terre ferme. Pol Capras restoit au Nord oüest quart de Nord 4.° Nord 3. lieuës, et la pointe des Cardemons du côté du Canal au Sud quart de Sudest 4.° Sud 4. lieues et 1/2 nous fumes toujours euitez de flot.

Sur les 6. heures du soir les Anglois apareillerent. Sur les 9. heures nous leuames aussy l'Ancre; Il y auoit commencement de Juzan, mais il étoit tres foible; le vent étoit Sud Sudest bon frais. Nous courumes d'vn bord au Sud oüest et de l'autre a l'est. vers le minuit nous moüillames a 17. brasses; Nous auions au plus gagné vne lieuë; Nous éuitames d'abord le flot.

Le 17. au matin d'vn petit vent d'Est Sudest nous recommeçames a louier. Nous fimes le Sud quart de Sudest et le Sud par 15. 16. 19. et 23. brasses fond de vaze. Le vent ayant ensuite varié au Sudest quart de Sud nous remimes de l'autre bord a l'Est quart de Nordest. Nous * ne rangeames les Cardemons qu'a 2. lieuës, ou 2. lieuës et demie a peu pres a mi-canal. Cardemon est vne certaine herbe medicinale qui croit dans ces deux Isles ausquelles elle a donné son nom; Elles sont grandes et habiteés par les Malais. Il n'y a point de moüillage et le fond partout y est de roche.

Septembre 1698 [fol. 42]

Les deux batimens que nous auions veu le soir precedent étoient l'vn du côté de la terre ferme et l'autre du côté des Cardemons. Nous courumes sur le dernier et luy tirames trois coups de Canon sans qu'il fit mine d'arriuer. A la fin il fut obligé d'amener, et sur le midy nous moüillames ensemble a 18. brasses d'Eau fond de vaze. Le petit Cardemon restoit a Oüest Sudoüest 3.° Sud 2. lieuës et 1/2; On voyoit du haut des mats les trois Arbres qui sont a l'entreé du détroit du Gouuerneur.

Rencontre d'vn Batiment du païs.

Le Canot du Batiment vint a bord auec quatre hommes. C'étoit vne grosse barque Malaië qui venoit de Manicabo et qui alloit porter au Roy de Jehor des Esclaues et des Cocqs qu'vn Grand de Sumatra luy enuoyoit par present. On renuoya deux d'Entreux chercher leur Commission; Le Capitaine vint luy méme; c'étoit vn gros homme de bonne mine et extremement fier; Il se reclama toujours du Roy de Jehor, et ne vouloit cependant montrer aucune commission. Lorsqu'on le pressa pour la voir il dit qu'elle étoit a son bord, et enuoya en méme temps son Canot auec 2. hommes pour la chercher: Mais le Canot * au lieu de reuenir se laissa insensiblement deriuer a la mareé et gagna du côté de terre ferme. Septembre 1698 [fol. 42 vo]

Cette manoeuure nous confirma d'auantage dans l'opinion que nous auions qu'ils étoient Pirates; Nous enuoyames notre Chaloupe pour visiter leur batiment. On y trouua 10. Pierriers de fonte quelques mousquets, des Sabres, vn Coffre plein de Pauillons, de la Poudre d'or, des Pierreries, et deux grands coffres tres lourds que l'on ne visita point, et qui étoient aparemment pleins d'argent. La Chaloupe amena tout l'Equipage qui consistoit en 40. hommes, M.r de La Roque les fit tous interroger en presence du Pere Bouuet, du 1.er Directeur et de plusieurs officiers par vn Matelot qui parloit vn peu Malais. Apres les auoir tournez de toute maniere il les renuoya n'ayant pas de preuue assez forte pour les arréter. On leur rendit leurs armes et méme quelques pieces d'or qu'on leur auoit pris. Ils firent present a M.r De la Roque d'vn petit Garçon Malais qu'il paya de plusieurs Pierreries fausses et autres curiosités d'Europe.

Il n'y auoit pas longtemps qu'vne semblable Barque auoit pillé vn Vaisseau Anglois qui sortoit de Jehor; Elle le coula bas et massacra tout l'Equipage a la reserue seulement de 2. ou 3. Matelots Lascars qui se sauuerent dans vn Bateau et en aporterent la nouuelle. Le Roy de Jehor les soutient luy méme et leur donne retraite en ses terres parce qu'ils luy payent Tribut.

Ce méme jour nous jettames a la Mer notre Bosseman qui étoit mort du flux de sang. sur * les 9. heures du soir nous apareillames d'vn bon vent de Sudest quart d'est; nous louiames jusqu'a minuit: mais comme le courant étoit contraire nous ne pumes rien gagner: nous moüillames a la seconde bordeé au méme endroit d'ou nous étions partis[1]; il y auoit flot depuis vne heure apres midy, et il dura Septembre 1698 [fol. 43]

[1] Bannisters Bericht fügt hinzu (p. 70): "that is to say, near the Malay barque, which was still at anchor."

encore jusqu'au lendemain 7. heures du matin; Il fut cette nuit la de 18. heures et portoit au Nordoüest comme vn foudre sans pourtant que nous ayons remarqué aucune augmentation ny diminution d'Eau.

Le 18. Sur les 7. heures d'vn petit frais Est quart de Sudest nous leuames l'Ancre et courumes au Sud quart de Sudest. Le Courant nous fut fauorable, et sur les 11. heures nous reconnumes tout a clair les arbres qui seruent de Balize pour embouquer le detroit du Gouuerneur. Ces arbres sont situez sur vne grande Isle de sable toute basse, et gissent auec la pointe du petit Cardemon Est quart de Sudest, et Oüest quart de Nord oüest 4. lieuës. Il y en a trois fort remarquables qui paroissent de loin trois vaisseaux en ligne, et a méme distance l'vn de l'autre De l'autre côté de ce banc ou Isle de sable il y a deux autres arbres fort hauts et toujours verds aussy bien que les trois premiers. Il ne faut en aprocher que la sonde a la main, surtout du côté du oüest Nord oüest ou le Banc porte plus d'vne lieue en Mer.

Septembre 1698 [fol. 43 vo] Nous trouuames dans le Canal 14. 15. et 17. brasses d'Eau toujours fond de vaze, les arbres nous restans a Est quart de Sudest 4.° Sud. 1. lieuë et 1/2. Nous tombames tout d'vn coup a 10. brasses; Nous auions trop aproché le Banc. Nous reprimes vn peu le large, Le vent varia au Sud Sudest et au Sud quart de Sud oüest; Nous rangeames le sable a demi lieuë, et le laissames au Sud. De la nous fimes l'Est sudest par 14. et 15. brasses fond de sable; Nous laissames l'Isle du Gouuerneur 1/4 de lieuë au Nord et courumes ensuite par 25. brasses fond de Roche. En entrant dans le detroit du Gouuerneur il vint a bord d'vne des Isles du Sud vn petit bateau Malais chargé de poisson. Ces pauures gens pagayerent pendant 2. heures pour gagner le Nauire; On acheta leur poisson et ils s'en retournerent contens. Le Courant depuis 4. heures apres midy ne fut pas pour nous, aussy ne fut pas sensiblement contraire. Nous moüillames sur les 7. heures a 17. brasses fond de gros sable. La pointe de l'Isle du Gouuerneur restoit a Oüest quart de Sud oüest 3.° Oüest 2, lieues. et celle de s.t Jean au Nord est quart d'Est 3.° Est 2. lieuës et 1/2. Nous euitames d'abord le flot qui portoit pour lors a Oüest.

Le Détroit qu'on appelle du Gouuerneur est au Sud de celuy de Sincapure; Il s'etend enuiron 5. lieuës depuis l'Isle du Gouuerneur jusqu'a l'Isle s.t Jean; Il y a de côté et * d'autre vn nombre infiny d'Isles toutes couuertes de bois et la pluspart habiteés par les Malais. le fond au milieu du Canal est de 25. a 28. brasses roche. Le côté de Sudest dangereux a cause de plusieurs Roches qui y sont beaucoup au large a fleur d'Eau. Celuy du Nord est sain, et il est toujours plus seur de le ranger, surtout lorsque les vents en dépendent, on y peut moüiller a 15. et 20. brasses fond de sable. On peut aussy faire de l'Eau a l'Isle s.t Jean du côté de Nord oüest. Septembre 1698 [fol. 44]

Le flot ne dura que jusqu'a 11. heures du soir, nous euitames le juzan et sur le minuit auec vn petit vent d'Est nous fimes voile; Nous courumes a petites bordeés et cajolames pendant quelque temps pour ne pas aprocher la bande du Sud. Sur les 2. heures et 1/2 nous depassames l'Isle s.t Jean; Nous trouuames par son trauers des remoux de mareé qui faisoient trembler, et nous eussions cru donner sur quelque roche si nous n'auions pas été préuenus; beaucoup de Nauires n'y peuuent gouuerner et sont obligez de s'abandonner au courant; Il y a partout depuis 35. jusqu'a 55. brasses d'Eau fond de roche.

Apres auoir dépassé l'Isle s.t Jean nous continuames a courir la bordeé en prenant toujours du Nord autant qu'il fut possible; Il ne faut pourtant pas y aprocher la Côte plus pres que 18. brasses. Le 19. au matin sur les 6. heures le flot étant contre nous, nous moüillames par 20. brasses sable vazard et grauier vis a vis l'Embouchure de la riuiere de Jehor qui nous restoit au Nord nordest 1. lieue. Nous auions la pointe de l'Isle s.t Jean au Sud oüest quart d'oüest 3.° Oüest 3. lieuës et 1/2 et celle de Romania a Est Nordest 5.° Nord 6. lieuës. Le flot ne fut pas considerable. Septembre 1698 [fol. 44 vo]

Sur les 11. heures de pleine mer nous eumes vn grain du côté du Sudoüest, on voulut apareiller tout d'vn coup pour profiter de ce grain; on hissa les huniers trop tôt. Le Greslin cassa, et nous perdimes notre Ancre; Nous n'auions moüillé en cet endroit comme a plusieurs autres du Détroit qu'auec vne Ancre a toüer. Nous fimes l'Est et l'Est Sudest a 1. lieuë et 1/2 de la Côte depuis 15. jusqu'a 24. brasses fonds inegaux de sable, grauier, et vaze. Le vent diminua beaucoup, Et sur les 5. heures du soir le Flot nous fut contraire. Nous moüillames a 18. brasses fond de gros sable, grauier, et coquillage. Les Islots qui sont a la pointe de Romania nous restoient au Nord est quart d'est 2. lieuës. Les montagnes de Bintang au Sudest 5.° Est 7. lieuës, Et Piedra blanca a Est 4.° Nord 3. lieuës. On ne voyoit cette Roche que du haut des Mats, elle est fort basse et vne lieue plus en dehors que * les Cartes ne la marquent.

Septembre 1689 [fol. 45]

La pointe de Romania termine le Détroit du côté du Nord, et celle de Bintang du côté du Sud. Sur la premiere pointe il y a quelques Islots et plusieurs Roches sous l'Eau qui portent beaucoup au large. Sur la seconde s'eleuent assez pres l'vne de l'autre deux Montagnes qui seruent beaucoup a connoitre l'Entreé du Détroit en venant du côté de l'Est.

Le soir sur les 8. heures nous apareillames d'vn petit vent de Sud qui nous fit refouler la mareé et sortir heureusement du Détroit apres beaucoup de fatigues. Nous courumes a mi-canal entre Piedra blanca et la pointe de Romania. Nous n'aprochames la bande du Sud qu'a 22. brasses, et celle du Nord qu'a 18. Sur les 2. heures apres minuit nous croyant assez a l'est pour parer tous les dangers qui sont sur la pointe de Romania. Nous auions arriué au Nord est quart d'Est; mais nous tombames tout d'vn coup de 15. brasses a 9. l'Eau diminua toujours et nous fumes obligez de tenir encore le vent et de courir a l'Est Sudest.

Le 20. a la pointe du jour nous étions six grandes lieuës au large. La pointe de Romania restoit a Oüest Sudoüest 5.° Sud 7. lieuës, et les Montagnes de Bintang au Sud Sudoüest 5.° Sud 12. lieues; Nous auions 15. brasses d'Eau;

Septembre 1698 [fol. 45 vo]

Le vent étoit au Sudest et varia ensuite au Sud Sudoüest. Nous fimes le Nordest quart de Nord, le Nord nordest, et a midy le Nord; nous perdimes la terre de veuë. La hauteur fut de 1.° 26.' Nord.

Veuë des Isles de Pol Timont.

Sur les 3. heures nous reconnumes Pol Tingy au Nord oüest 5.° Oüest 7. lieuës et Pol laör au Nord quart de Nordoüest 5. lieuës. La terre ferme parut aussy a l'oüest toute basse. Les vents varierent jusqu'au soir et la nuit suiuante du Oüest Sudoüest au Sud Sudoüest.

La nuit du 20. au 21. nous passames entre Pol Laör et Pol Pisang; Nous laissames la premiere a Stribord et l'autre et Pol Timont a babord. On y trouue fond partout a 14. et 15. brasses d'Eau.

Pol Laör a vn tres beau moüillage sous le vent du côté de l'Oüest; On y trouue des Nattes de grand prix trauailleés auec toute la delicatesse possible, les Habitans y sont bonnes gens et fort sociables: parce que tous les jours ils voyent des vaisseaux Européens.

Il sont Malais dependans du Roy de Jehor qui est luy méme Tributaire du Roy de Siam.

Les Courans sont dangereux dans ces mers et font qu'on se regle beaucoup sur le fond. En venant du Détroit de Malaca vers Pol Timont il ne faut point courir a l'Est passé 20. ou tout au plus 25. brasses d'Eau.

Depuis Pol Timont jusqu'au Pol Condor on suit a peu pres méme Eau 25. et 30. brasses. Il faut dans le calme prendre ses mesures et moüiller de bonne heure: Car passé 40. brasses on perd tout d'vn coup le fond, et les Courans vous deriuent sur les Côtes de Borneö d'ou il est souuent dificile de se releuer. Septembre 1698 [fol. 46]

De Pol Timont nous fimes le Nord nordest pour aller reconnoitre Pol Condor. La hauteur fut de 3.° 40.'

Le 22. méme vent. Nous fimes toujours le Nord nordest prenant cependant vn peu du Nord pour nous redresser de ce que les courans pourroient nous donner de deriue a l'Est. Il y auoit aussy 3.° de variation au Nordoüest qui nous redressoient au Nord. La hauteur fut de 5.° 40.' le soir auant la nuit nous sondames; Nous auions 32. brasses fond de vaze molle. Nous continuames le Nord Nordest; Si nous eussions trouué 35. a 38. brasses nous n'eussions fait que le Nord, Et si au contraire nous en eussions trouué moins de 25. nous eussions arriué au Nordest quart de Nord.

Le 23. méme vent Sudoüest et Sud sudoüest bon frais. Sur les 4. heures du matin n'ayant trouué que 23. brasses, nous fimes le Nordest quart de Nord jusqu'a midy; Le fond étoit de petit grauier. La hauteur estimeé fut de 7.° 57.' Nous reuinmes ensuite au Nord nordest, au Nord, et méme au Nord quart de Nordoüest * afin de finir le vent. Nous courumes par 22. 20. 18. et 16. brasses fond de sable fin et sable vazard. Septembre 1698 [fol. 46vo]

Veuë de Pol Condor.

Le 24. a 2. heures apres minuit nous decouurimes Pol Condor au Nordoüest quart de Nord 4. lieuës; Nous moüillames a 22. brasses sable vazard. Le Courant porta au Nord oüest, et a Oüest Nord oüest jusqu'a 5. heures du matin. A la pointe du jour nous leuames l'Ancre; nous aprochames jusqu'a 2. lieuës de l'Isle; nous eussions bien voulu voir si les forbans Anglois n'y étoient point a Carener: mais le vent varia a oüest Nord oüest, et ne nous le permit pas, le Courant étoit aussy contraire, et portoit au Sudest: De sorte que nous passames outre et continuames notre route pour La Chine.

Pol Condor est vn assemblage de 4. ou 5. Isles qui forment vn tres bon port; Il est sur la Côte de Camboge a 8.° 40.′ de latitude Nord: On y trouue toujours en tous temps quelques Cochinchinois qui y sont a la pêche; Il y a dans les bois grande quantité de Cochons marons et beaucoup de Serpens. Sur le midy étant a 7. lieues de l'Isle le vent reuint a Oüest Sud oüest comme auparauant. Nous fimes l'Est Nordest pour aller reconnoitre Pol Cecir qui est vne roche a 50. lieuës de la par 9.° 45.′ de latitude.

Septembre 1698 [fol. 47] Le 25. a 4. heures du matin nous faisant * a 40. lieuës de Pol Condor nous changeames la route au Nord Nordest. Sur les 7. heures nous reconnumes Pol Cecir au Nord est 5. lieuës, Et en méme temps nous vimes du haut des Mats vne autre roche ou Isle qui nous restoit au Nord, et qu'on disoit étre Pol Cecir de la Terre. La premiere paroit du côté du Sud comme vne grosse Tour ruineé, Et du côté de l'Est comme la forme d'vn soulier. Ce qui fait que les Portugais la nomment Ilha dos Çapatos; Lorsque nous l'eumes laisseé a l'oüest nous fimes le Nordest quart de Nord. La hauteur a midy fut de 10.° 12.′

La nuit du 25. au 26. sur les 2. heures nous arriuames au Nord est: parce que nos Pilotes craignoient de trop aprocher la Queuë du Pracel. Le Pracel est vn banc de Roches qui s'etend du Nord au Sud enuiron 100. lieuës. A la pointe du jour nous commençames a porter au Nord quart de Nordest pour élonger le banc. La hauteur a midy fut de 12.° 40.′ Les courans porterent a Est nordest. Nous depassames ce méme jour plusieurs dangers que nous laissions a Stribord.

Le 27. notre bon vent de Sud oüest nous quitta; nous demeurames en calme presque toute la journeé; Nous fimes toujours le Nord quart de Nordest. la hauteur fut de 14.° 56.′

La nuit suiuante le vent sauta au Nordoüest; le temps étoit broüillé, et nous craignions beaucoup le Typhon; Nous auions mis

Septembre 1698 fol. 47 vo] depuis * quelques jours par precaution 10. pieces de Canon de la batterie d'en haut a fond de cale. Typhon dans les mers de la Chine est ce que nous apellons Houragan aux Isles de l'Amerique.

Le 28. au matin sur les 10. heures nous reconnumes les Lunettes et les vimes briser 3 lieuës au Nordest. Ce sont plusieurs petits bancs de roches qui forment vn grand Triangle et qui sont 8. a 10. lieues a l'Est de la téte du Pracel. Nous étions par estime a

15.° 35.′ de latitude; Les vents varierent du Nordoüest au Nord quart de Nordest et furent tres foibles. Nous louiames toute la journeé; Les Courans nous deriuerent au Nord nordoüest, et sur le soir les lunettes nous resterent a l'Est Sudest; Nous continuames de louier toute la nuit suiuante pour éleuer au Nord.[1]

Ce méme jour 28. Le Reuerend Pere Bouuet, M.rs De la Roque, Geraldin, et Benac, s'etant assemblez tous quatre en particulier, le Pere leur representa que n'y ayant plus d'aparence de gagner Nimpo veu la saison auanceé et les vents de Nord, Et qu'etant a 2. ou 3. journeés de Canton, ou d'vn commun consentement on auoit deliberé d'aborder, il étoit necessaire de decacheter les ordres de la Compagnie afin de trauailler aux Ecritures qu'il conuenoit de faire pour la Cour de Pekin. Aucun de ces M.rs ne trouua de dificulté a la proposition du Pere: De sorte qu'au méme moment le 5.e pacquet des Ordres de la Compagnie fut decacheté entr'eux quatre, n'ayant pas jugé a propos d'apeller les autres * Conseilleries. Voicy ce que contenoit ce cinquieme Ordre qui n'eut dû estre ouuert qu'apres estre arriué aux Côtes de la Chine.

Ouuerture du 5.e ordre de la Compagnie.

Septembre 1698 [fol. 48]

Premierement que le vaisseau deuoit estre le Magazin principal; Qu'il falloit y aporter des marchandises du païs a mesure qu'on en debarqueroit des siennes afin d'etre toujours maitre des vnes et des autres. Secondement que comme apres auoir étably vn Comptoir, il étoit a propos d'enuoyer quelqu'vn a Pekin soit pour presenter les presens de la Compagnie, negocier la permission d'y enuoyer les marchandises, que pour les vendre ou troquer s'il le falloit, et pour ménager vn Etablissement dans vn des Ports ou Isles de la Chine; Pour ce voyage la Compagnie auoit choisy M.rs Benac, Boissy, Froger, La Garde Secretaire, et Geraldin l'Enseigne au cas que M.r son frere l'eut souhaité. Que M.r Geraldin le Capitaine en l'absence du sieur Benac prendroit la direction du Comptoir. Et enfin que M.r De la Roque et luy n'abandonneroient point les Effets ny le vaisseau.

[1] Bannisters Bericht fügt hinzu (p. 81): "It was an unpardonable imprudence, amounting to gross rashness on the part of our senior English pilot, to take us into so perilous a passage with which he was not himself acquainted. Besides, the season was absolutely against us. Seeing that the north-east winds were beginning to prevail, it was absolutely necessary to have taken our course east of Manilla, and to leave these rocks to windward. But we Frenchmen are unfortunately infatuated in favour of foreigners, and ready to trust them blindly, often in spite of reason."

Pour ce qui est de l'Etablissement La Compagnie demandoit qu'il fut s'il étoit possible a Nimpo; Que tous les priuileges fussent en faueur et au nom de M.r Jourdan et sa Compagnie, méme a l'exclusion de tous les autres; Que la dite Compagnie, qui n'auoit entrepris ce premier voyage que pour faire * plaisir a l'Empereur, seroit sufisante pour enuoyer tous les ans vn vaisseau ou plus, si sa Majesté Chinoise le souhaitoit.

Septembre 1698 [fol. 48 vo]

Suiuoit ensuite vne liste des presens de la Compagnie pour l'Empereur, pour le Prince heritier, Pour les premiers Ministres, Pour le Vice roy du port ou on arriueroit, Pour Le Gouuerneur, Et pour le Mandarin de la Doüane. Il y auoit aussy 6. Lettres particulieres de la Compagnie pour chacun des Princes, Ministres, et Mandarins ausquels la Compagnie destinoit ces presens.

PRESENS POUR L'EMPEREUR

Deux des plus grands Miroirs.
Deux Bureaux de Marqueterie.
Quatre Gueridons.
Vne grande Pendule.
Douze Tableaux de la Cour.
Deux Armoires en Biblioteque.
Deux pieces des plus belles Etoffes d'or et d'argent.
Deux Caues.
Deux Caisses de Liqueurs.
Vne grande Chasce de Cristal de roche.

Ce present étoit estimé 10000 ₶.

POUR LE PRINCE HERITIER.

Vn grand Miroir.
Vne Pendule.
Vn Bureau.
Vne Montre.
Vn Fuzil.
Vne Caue.
Deux Cantines de liqueurs.

Septembre 1698 [fol. 49]

POUR LES DEUX PREMIERS MINISTRES; CHACUN,

Vn grand Miroir.
Vne Pendule.

Vne Montre.
Quatre Tableaux.
Vne Caue.
Vne Caisse de liqueurs.
Vn Fuzil.

POUR LE VICE ROY DU PORT OU ON ARIUEROIT.

Vn grand Miroir.
Vn Fuzil.
Vne Pendule.
Vne Montre.
Vne Caue.
Six Tableaux.
Vne Caisse de liqueurs.

POUR LE GOUUERNEUR

Vn Miroir moyen.
Vn Fuzil.
Vne Montre.
Vne Caue.
Quatre portraits de la Cour.
Vne Cantine de liqueurs.

POUR LE GRAND DOÜANIER, Ce que le Pere jugeroit a propos.

Le Pere auoit pouoir de suprimer tous ces presens ou d'en changer la nature, pourueu neantmoins que cela n'en augmentât pas la * dépense. La Compagnie laissoit aussy a sa disposition de suprimer [fol. 49 vo] vne partie de l'Argent et des Balots qui deuoient aller a Pekin, comme des Draps, des Glaces, du Corail, et de l'Ambre, pour negocier au Port secretement, ou comme le Pere le trouueroit a propos afin de disposer le vaisseau a partir en attendant le retour de Pekin. Que comme il pourroit demeurer nombre de marchandises a la Chine, Mrs Benac, Poulletel, et Boizard y resteroient auec les ouuriers qu'ils jugeroient utiles.

Le dernier article de cet ordre étoit que si par cas impreueu nous n'étions pas receus a la Chine, ou que nous n'y puissions pas vendre ou traiter nos marchandises, on decacheteroit le paquet suiuant cotté 6.

Le Pere Bouuet au sujet de cet ordre dit que la Compagnie n'auoit point suiuy ses memoires; qu'elle ne l'auoit point consulté sur le voyage de Mr Benac a Pekin, Et qu'il étoit necessaire de changer les choses tout autrement. Ces M.[rs] luy repondirent que la Compagnie luy en auoit abandonné le soin, et que pour eux ils luy laissoient entierement la disposition des presens et de la Cargaison en le faisant connoitre a Mr Benac, sauf a prendre vne deliberation par les formes dans vne assembleé generale du Conseil apres estre arriué a Canton.

Tous les jours suiuans le Pere et le sieur Benac trauaillerent de
Septembre 1698 [fol. 50] concert a separer dans la facture les marchandises qui couenoient le * mieux pour Pekin, et qui étoient entr'autres toutes les Glaces, tous les Instrumens de Matematiques, les Pendules, la marqueterie, et generalement tout ce qu'il y auoit de plus curieux, et a l'augmentation seulement sur le prix d'icelles de 50. pour °/₀ sans y comprendre les droits de voiture, salaires, &c. Il étoit dit par vn accord fait entr'eux, que le Sr Benac ne remettroit point les marchandises qu'en receuant la somme totale qui montoit a enuiron 21 500 ℔. que le Pere promettoit pour le mois de Novembre suiuant; Il esperoit le méme succez, qu'auoit eu quelques anneés auparauant le Pere Grimaldi; l'Empereur auoit remis les droits du vaisseau qui le ramena d'Europe, et prit sous main toute sa Cargaison.

Nous nous trouuames engagez sur le Pracel.

Le 29. a la pointe du jour nous vimes 2. ou 3. Isles fort basses, ou la mer brisoit de tous côtez, Elles nous restoient depuis le Nord jusqu'a l'Est Nordest, et nous en étions a enuiron 3. lieuës et ¹/₂. Nous n'auions pas fond pour lors a 80. brasses. Nos Pilotes Anglois furent fort embarassez a la veuë de ces Isles qu'ils ne connoissoient point, et que les Cartes ne marquent pas; Le vieux Pilote auoit voulu ranger les Lunettes de fort pres: parce que les Courans porte en ce parage et en cette saison a l'oüest: mais l'autre ne le fit point, et s'entretint pendant la nuit entre les Lunettes et la tete du Pracel. Comme nous n'auions pas eu de hauteur le jour
Septembre 1698 [fol. 50vo] precedent, nous crumes d'abord que c'étoient des Isles qui * sont dans le Sudest d'Aynam, et que les Courans nous auroient transportez vers le Nord; Mais nous conneumes le contraire par la hauteur, et ne nous trouuames a midy qu'a 16.° 27.' Ainsy il faloit necessairement que ce fussent quelques Isles inconnuës sur la téte du Pracel,

et que la nuit precedente les Courans nous eussent portez a Oüest Nordoüest.

Naufrage d'vn vaisseau Portugais sur les Isles du Pracel.

Le vieux Pilote[1] qui disoit auoir déja passé vne fois entre les Lunettes et Le Pracel, nous asseura qu'il n'auoit point veu ces Isles: mais qu'il auoit bien entendu dire qu'il y en auoit vne, ou vn vaisseau Portugais auoit fait naufrage; que sur cette Isle il n'y auoit ny Eau ny boire; que ceux qui auoient pû se sauuer y auoient vécu pendant 9. ans de Coquillages, de Tortuës, et de l'Eau du Ciel, et qu'enfin ils s'en étoient tirez par le moyen d'vn vaisseau de Macaö qui heureusement pour eux se trouua dans le méme embaras que nous.

Nous fumes fort embarassez, Et nous ne sçauions si nous deuions retourner sur nos pas. Cependant comme nous ne trouuions pas fond on jugea qu'il n'y auoit aucun risque a tenir le vent et a couper court pour prendre le large. Nous fimes l'Est, l'Est Nordest et le Nordest; Le vent étoit Nord nordoüest. Nous aprochames les Isles a 1. lieuë et 1/2 de distance; Il faisoit tres beau temps; nous faisions peu de chemin et on ne songeoit point a sonder. Le soir sur les 6. heures Septembre 1698 [fol. 51] M.r De Sabreuois s'aperceut de la Gallerie qu'on voyoit le fond; On sonda, nous n'étions qu'a 6. brasses d'Eau et sur des roches d'vne grosseur prodigieuse.

Les sentimens furent partagez sur la manoeuure que nous deuions faire pour nous tirer de ce danger; les vns vouloient retourner a Oüest sudoüest, et au Sudoüest; Les autres vouloient moüiller pour attendre le jour; mais comme il y auoit aparence de gros vent du côté du Oüest nous n'osames faire ny l'vn ny l'autre. Nous ariuames vent âriere pour tacher d'Eloigner les Isles, et courumes pendant deux heures tantôt au Sudest et tantost au Sud depuis 6. brasses jusqu'a 14. et toujours au trauers des roches; Nous en rangeames plusieurs sur lesquelles il n'y auoit pas asseurement 20. pieds d'Eau. Nous sortimes enfin heureusement de ce mauuais pas, Et sur les huit heures nous ne trouuames plus fond a 60. brasses. Pendant que nous fumes sur le Banc, nous vimes quantité de Seches et de petits poissons.

Nous louiames tout le reste de la nuit d'vn bord au Sudest quart d'Est, et de l'autre au Nord quart de Nordoüest; Le vent fut de vers le Nordest petit frais.

[1] Bannisters Bericht sagt: "The old English pilot" (p. 88).

Le 30. a la pointe du jour Les Isles du Pracel nous restoient au Nordoüest 3. lieuës. A midy la hauteur fut de 16.°. 43.′

Octobre 1698 Le 1.er Octobre nous courumes toujours au Nord quart de Nordoüest, et au Nord Nordoüest; les vents étoient Nordest.

Octobre 1698 [fol. 51 vo] Le 2. et le 3. les vents furent tres foibles; ils * varierent a Est Nordest et a Est Sudest; Nous courumes au Nord quart de Nordest et au Nord nordest au plus pres; Il venoit du Nordest vne grande houle.

La nuit du 3. au 4. nous croyans par le trauers d'Aynam nous sondames; nous ne trouuames point fond a 120. brasses: ce qui nous fit juger que les courans nous auoient porté a Est nordest, ou du moins qu'ils ne portoient pas regulierement vers l'oüest comme nous l'auions crû les jours precedens.

Le 4. au matin nous eumes vne Eclipse[1] qui commença sur les 9. heures et demie. La Lune couurit les $^2/_3$ du Soleil. Notre marchand Chinois étoit tout consterné et se fachoit de nous voir rire. La hauteur fut de 20.° 5.′ La route depuis le 2.e nous valut le Nordest quart de Nord 5.° Nord 45. lieuës; Nous faisions le Nord nordest; Le vent étoit Est, la mer courte et fort grosse. Vn peu auant midy nous trouuames 70. brasses d'Eau sable vazard. Toute la journeé nous vimes des Angoulemers et l'Eau fort sale. Sur les 6. heures du soir nous eumes 47. brasses méme fond que la premiere fois. Nous courumes toute la nuit a petites voiles.

Veuë des terres de la Chine.

Le 5. a 4. heures du matin 35. brasses Sable vazard. Sur les 7. heures nous reconnumes des Isles hautes qui nous restoient au Nord nordoüest 6. a 7. lieuës; Nous auions 25. brasses fond de sable fin blanc et mélé de Vaze. En aprochant nous vimes encore d'autres Isles au Nordest des premieres: mais nos Pilotes n'en connoissoient aucune. Cependant par la route que nous auions faite nous jugions * bien que ce deuoit être Sanciam, ou quelques vnes des Isles voisines de Macaö.[2]

Octobre 1698 [fol. 53]

Nous moüillames a Sanciam.

Nous courumes pendant quelque temps pour doubler vne petite Isle qui nous restoit au vent: mais comme la mer étoit grosse et que d'ailleurs nous étions fort incertains du chemin que nous deuions prendre, nous ariuames sous la grande Isle et y moüillames sur

---

1 Bannisters Bericht fügt hinzu (p. 90): "that would not be observed in Europe."

2 Bannisters Bericht fügt hinzu (p. 91): "Since yesterday we had made twenty-six leagues north, and by reckoning we were in lat. 21 deg. 23 min."

les 2. heures apres midy a 9. brasses fond de vaze, 1. lieuë a oüest Sudoüest de la pointe la plus Sud.

Quelques vns de nos M.rs furent a terre auec le marchand Chinois dans vne grande Ance de Sable, ou ils trouuerent trois ruisseaux d'Eau douce, des Salines, quelques Bufles, et vne petite plaine de Ris; le reste étoit sec, inculte et couuert de broussailles. Apres auoir cherché par tout s'ils ne decouurirent point quelques habitations ils virent de loin vn homme nud qui fuioit a la montagne; Ils ne voulurent pas le poursuiure et s'en revinrent a bord auec quelques poissons qu'ils auoient pris a la Saine.

Le 6. au matin Le Pere Bouuet fut luy méne auec le Canot a vne autre Ance plus au Nord, ou nous auions veu le soir precedent entrer deux bateaux; Il y surprit les Pêcheurs a la pointe du jour, et en amena vn a bord. Ce Pescheur nous dit que le Typhon auoit commencé le 5.e de la 8.e Lune; C'est enuiron le 9. ou le 10. de Septembre, et qu'il auoit duré 3. jours; Que la pointe ou nous étions moüillez s'apelloit * Leaö-tou; Que le Tombeau d'vn Européen venerable étoit a 3. lieuës de la dans la méme Isle; Qu'au reste il auoit veu plusieurs vaisseaux Portugais et Anglois passer a oüest de cette Isle, et que nous pouuions aller moüiller a l'autre ance afin d'étre plus a l'abry du mauuais temps et des vents de dehors. Nous leuames l'ancre et fumes moüiller plus au Nord a 7. brasses fond de vaze a 3/4 de lieuë de terre; Les vents furent toujours de l'Est au Nordest bon frais; Nous afourchames.

Octobre 1698 [fol. 53 vo]

Le Pere Bouuet s'etant informé autant qu'il fut possible du lieu ou nous étions pria M.r De la Roque de luy donner sa Chaloupe pour aller a la ville la plus proche et que dans peu il seroit de retour auec des Pilotes, et méme des Galeres pour nous remorquer s'il étoit necessaire. M.r De la Roque luy dit que peut estre les vents viendroient vers le Nordoüest, que nous apareillerions, et qu'alors il auroit besoin de sa Chaloupe. Cependant le Pere le pressa si fort en luy montrant la necessité absoluë d'auoir des Pilotes du païs qu'a la fin il se rendit.

Nous accompagnames Le Pere Bouuet a Couäng-haï.

Le 7. nous armames la Chaloupe; nous primes pour 5. jours de viures, deux Pierriers et quelques Fuzils en cas de rencontre: car parmy ces Isles il y a quantité de voleurs. Le Pere Bouuet s'embarqua; M.r de Beaulieu, M.r Ly notre Marchand Chinois et [fol. 54] moy * l'accompagnames; Nous auions pour pratique le méme Pescheur que le Pere Bouuet auoit mené le jour precedent. Nous partimes sur le midy et fumes dans vne grande Baye au Nord de l'endroit ou nous étions moüillez, pour y chercher quelques Bateaux qui pussent nous donner des nouuelles de 3. galeres de Coüang-haï, qui étoient par la autour pour soûtenir les Pescheurs de l'Isle contre les Pirates.

Nous trouuames a la 1.re Ance en entrant dans la Baye trois Bateaux qui se mirent a fuir des qu'ils nous eurent aperceus: mais nous les rejoignimes bientôt; ils nous dirent que les Galeres étoient dans vne riuiere au fond de la Baye, et qu'a l'autre bord on pourroit nous en donner des nouuelles plus certaines; nous y trauersames et on nous confirma partout la méme Chose.

Cette Baye a vne grande lieuë de large et pres de deux de profondeur; Elle seroit tres commode pour les vaisseaux: mais il n'y a pas assez d'Eau. Elle est couuerte de bord et d'autre d'vn nombre infiny de bateaux qui sont a la péche de la Sardine; Les Pêcheurs n'ont point d'autres maisons que leurs bateaux; ils y ont leurs Femmes, leurs Enfans, et generalement tout ce qu'ils possedent; Ils vont tous porter leur pesche a vne grande barque ou on sale la Sardine; Ensuite on la transporte a Canton, ou elle vaut 20. a 25. S. Le quintal. Il y

Octobre 1698 a dans l'Isle et sur ces bateaux enuiron 20000. hômes. *' Nous echoüames presqu'au milieu de la Baye sur vn banc de Sable qui trauerse d'vn

[fol. 54 vo] bord a l'autre. Enfin sur les 7. heures du soir nous entrames dans la riuiere, ou nous fimes vne lieuë entre des terres basses, couuertes de bois, et perceés de plusieurs canaux. Notre pratique nous montra vers le Nord 3. hautes montagnes derriere lesquelles il nous dit que nous trouuerions le tombeau de s.t François Xauier.

Sur les 8. heures nous donnames dans vn Canal ou étoit moüillé vne des 3. Galeres. Quand nous fumes a la porteé de la voix notre marchand Chinois demanda a parler au Capitaine, et fit vn détail des qualités du Pere et du sujet qui nous auoit amené.

Honnetetè d'vn Mandarin Chinois au P. Bouuet.

On nous renuoya dans vn autre Canal a la Galere du Commandant, ou nous obseruames les mêmes formalités. Le pere monta ensuite a bord vétu d'vn habit dont l'empereur luy auoit fait present. Le Mandarin le receut auec de grandes marques d'honneur et le conduisit dans la chambre de sa Galere; Il auoit veu autrefois le P. Bouuet a Canton, et luy fit mille amities.

Pendant qu'ils furent en conuersation, nous fumes mettre notre Pratique a terre, et le renuoyames apres l'auoir satisfait. Ce pauure malheureux s'etoit toujours tenu caché au fond de la Chaloupe; Il craignoit d'Estre rotiné pour nous auoir mené la sans ordre.

Ce méme soir sur les 10. heures la Galere du Commandant apareilla; Le Mandarin voulut luy * meme faire toutes les diligences possibles et accompagner le Pere a Coüang-haï residence du Gouuerneur de toutes ces Isles. Nous descendimes auec la mareé et fumes moüiller demi lieuë hors de la riuiere dans vne Ance ou nous passames le reste de la nuit. Le Pere coucha dans la chambre de la Galere que le Mandarin luy ceda par respect.

Octobre 1698 [fol. 55]

Ces sortes de Galeres sont des batimens d'enuiron 60. ou 70 pieds de long; elles ont 50. hommes d'Equipage et sont armeés de 10. Fauconneaux et d'vn Coursier de 2. liures de balle. Elles ont 4. Rames bar bande, et 4. hommes sur chaque Rame; Elles ont 2. voiles quarreés qui sont faites de Nattes cousuës ensemble, et auec lesquelles elles tiennent le vent a merueille; Il y a aussy des demi-Galeres qui sont vne espece de Chaloupes ponteés; Elles ont 14. Auirons et six Fauconneaux. Voila en quoi concistent tous les Batimens de guerre Chinois. Le Mandarin qui commandoit les 3. Galeres que nous trouuames dans la Riuiere, étoit d'vn rang considerable; il auoit le titre de Tsien-tsong, c'est a dire qui commande 1000. hommes.

Nous visitames le Tombeau de s.t François Xauier.

Le 8. a la pointe du jour nous fimes voile auec vn petit vent de Nordnordest. Nous sortimes de la Baye et passames au Nord de l'Isle que nous élongeames de fort pres, La galere prit le large et courut a petites bordeés. Sur le midy nous ariuames au tombeau de s.t François Xauier.

Le Pere Bouuet et le marchand Chinois qui arriuerent comme nous, y rendirent les l.ers honneurs et * firent les genuflexions et autres ceremonies a la Chinoise. Nous chantames ensuite le Te deum et fimes 3. decharges de Pierriers et de toute la mousqueterie pour honorer le saint, et remercier Dieu des graces qu'il nous auoit faites pendant le voyage par son intercession. Nos Matelots étoient d'vne deuotion charmante; chacun outre les prieres publiques fit la sienne en particulier, et nous emportames tous de cette terre sainte comme vne relique pretieuse. Nous y trouuames seulement vne pierre de 5. pieds 10. pouces de haut hors terre, de 2. pieds et demy de large,

[fol. 55 vo]

et de 6. pouces d'Epoisseur; Elle est eleueé sur la pointe d'vn enfoncement agreable que l'Isle forme en cet endroit, et ou nous vimes de loin quelques cabanes de Pescheurs. Cette pierre est graueé des deux côtez en caracteres Chinois et Portugais que je copiay pour lors, et que j'ay depuis traduit assez exactement.

TRADUCTION DES CARACTERES CHINOIS

Vn Docteur de la Compagnie de Jesus nommé François Xauier homme saint et illustre par ses miracles monta au Ciel au commencement de l'hyuer l'anneé du Gin-vou, et la 31.e du Regne de l'Empereur Kia-t Sin.

L'anneé du ki-maö, et la 12.e du Regne de Tsong-tching plusieurs Peres de la méme Compagnie commencerent a venir luy rendre leurs honneurs. Gin-vou, et Ki-maö sont les noms de deux [fol. 57] anneés qui reuiennent l'vne et l'autre apres vne * reuolution de 60 ans, et chacune de ces 60. anneés a semblablement vn nom particulier.

EPITAPHE PORTUGAISE

Aqui foi sepultado San Francisco Xauier da Compañia de Jesus, Apostolo do Oriente. Este Padraõ se leuantou: anno 1688. Icy a été enseuely s.t François Xauier de la Compagnie de Jesus Apôtre de l'Orient. Ce moument fut erigé en 1688.

Au reste nous ne trouuames aucune Inscription ni latine ni japonnoise; nous ne vimes aucun vestige des murailles ny de l'Autel que le Pere Caroccio y auoit eleué en 1688, comme l'a marqué le Pere Le Comte.

Apres auoir resté vne heure a visiter les enuirons de ce fameux Monument, Le Pere Bouuet remonta sur sa Galere et fit voile pour Coüang-haï. Nous le suiuimes auec la Chaloupe; nous eumes toute la soireé vn bon vent de Sudest, et entrames dans le port sur les 5. heures.

Le Pere en debarquant fut voir le Gouuerneur: Il luy montra les lettres de creance qu'il auoit comme Enuoyé de l'Empereur, et luy dit que le vaisseau sur lequel il étoit venu étoit moüillé a l'Isle de Sanciam, et qu'il le prioit d'y enuoyer incessament des Pilotes et quelques galeres pour le conduire dans toutes les Isles de son gouuernement. Que pour luy il iroit droit a Canton pour donner au plutôt * a la Cour des nouuelles de son arrueé. Le Gouuerneur luy repondit que les affaires qui regardoient l'Empereur meritoient attention, et qu'il le prioit de luy donner toute la nuit pour en deliberer: De sorte que le Pere reuint encore coucher pour cette nuit dans la Galere. Octobre 1698 [fol. 57 vo]

Honneurs que Le P. Bouuet receut a Coüang-hai.

Le Gouuerneur vint le soir méme au bord de la mer rendre visite au Pere Bouuet, et les principaux Mandarins luy enuoyerent leurs billets de complimens selon la coutume du païs. Le Gouuerneur enuoya pour l'Equipage de notre Chaloupe vn grand Sac de Ris, vn Cochon, vn Cabrit, et vne grande jarre de vin de Chine.

Le lendemain 9.e a la pointe du jour on amena vn Cheual au Pere Bouuet auec vn Cortege de Domestiques suiuant la coutume du pays. Le Pere se rendit chez le Gouuerneur ou il demeura enuiron vne heure; on luy accorda tout ce qu'il voulut demander. Il reuint ensuite a la Galere pour ecrire a M.r De la Roque et aux autres Peres ce qui s'étoit passé, et les raisons qui l'obligeoient d'aller a Canton. Les principaux Mandarins vinrent toute la matineé luy rendre leurs visites, et flechissoient tous le genou deuant luy en l'abordant.

Pendant qu'il fit ses lettres nous fumes voir la ville auec le Mandarin de la Galere, qui en auoit demandé pour nous permission au Gouuerneur. Nous trouuames vn peuple infiny; Les petits Enfans, Les Artisans, et méme les Femmes nous suiuoient en troupes: Ils n'auoient pour la pluspart jamais veu d'Européens.

Description de Coüang-hai.

Coüang-hay est situé tout au fond du Port a vne porteé de Canon de l'Endroit ou nous auions debarqué; il a pres d'vne lieuë de circuit; mais il n'est pas a la verité tout egalement peuplé; Il y a du côté de l'Est plusieurs Collines qui ne sont pas méme cultiueés: C'est la coutume des Chinois d'enfermer dans le corps de la place les hauteurs qui pourroient la commander. Les murailles en sont hautes d'Enuiron 5. a 6. toises; Elles sont toutes baties de bonne pierre et ont vn bon Rempart, ou on pourroit mettre du Canon de 6. et 7. liures de balle en batterie. Les Portes sont couuertes par de grosses Tours rondes qui empéchent qu'on ne puisse les enfiler. Les ruës, sont droites paueés de grands Carreaux de pierre, et orneés de plusieurs Arcs de triomphe; mais qui n'ont rien de beau pour nous qu'vn goût étranger. Presque toutes les maisons y sont fort basses et mal bâties. Octobre 1698 [fol. 58]

Apres auoir couru pendant deux heures par toute la ville nous fumes prendre du Thé dans la maison du Mandarin de la Galere, et retournames ensuite a notre Chaloupe. En sortant la ville nous rencontrames le Gouuerneur a cheual qui venoit de voir le Pere Bouuet; il étoit accompagné de 12. Caualieres, de 12. Soldats, de Crieurs et autres gens de pied.

Octobre 1698 [fol. 58 vo]

Le Pere part pour Canton.

Le Pere ayant acheué ses lettres partit sur les 10. heures; Il étoit porté par 4. hommes dans * vne chaize fort propre, et auoit en tout vn Cortege de 20. tant Caualiers que gens de pied qui deuoient l'accompagner jusqu'a vn certain terme, ou il en prit d'autres; La Galere le salua de 3. coups de Fauconneau et nous de nos deux Pierriers; en entrant et en sortant de la ville il fut aussy salué de quelques coups de Canon que nous ne pumes bien distinguer: Notre Marchand Chinois le suiuoit toujours et fut auec luy a Canton.

Nous retournames a bord auec deux Batiments du païs.

Il fut basse mer ce jour la a 8. heures du matin; La moitié du port étoit a sec; nous attendimes jusqu'a 2. heures apres midy quelques rafraichissemens que nous auions enuoyé chercher pour le vaisseau. Nous partimes ensuite auec la méme Galere qui auoit amené le Pere Bouuet, et vne demi galere; Elles auoient ordre de nous accompagner jusqu'a Caö-lan residence du Gouuerneur des Isles des viados (ou des Cerfs) pour nous y remettre a vn autre Mandarin. Nous eumes vn bon vent de Nord nordest: nous fimes pres de 7. lieuës et entrames sur le soir dans vne grande Ance a la pointe du Nordoüest de Sanciam, ou nous passames la nuit.

Le 10. au matin la galere nous mena dans la grande Baye a vne Ance, ou elle fit de l'Eau: Le vent étoit bon pour aller a bord: Mais les Chinois trouuoient la mer trop grosse, et nous auions ordre du Pere Bouuet de ne les point quitter.

Octobre 1698 [fol. 59]

Le 11. a la pointe du jour les 2. autres Galeres qui étoient dans l'Isle vinrent nous joindre, et apres que le Mandarin leur eut donné ses ordres, et qu'il les eut renuoyeés, nous leuames le Grapin et fumes a bord. La Galere et la Demi galere moüillerent a l'arriere du vaisseau; M.r De la Roque et le Mandarin se firent beaucoup d'honnétetez et se furent voir l'vn et l'autre a leurs bords.

Pendant que nous fumes a Coüang-haï, tous nos Peres outre le

Pere de Brossia furent au Tombeau; Ils y arriuerent vn jour apres nous et y dirent 8. messes. Ils auoient été par les Canaux ou nous fumes chercher les 3. Galeres et auoient trouué au bout de ces memes Canaux plusieurs Champs de Ris et deux Villages Sĭ-can, et Pou-can, dont les habitans leur firent beaucoup d'amitié.

Comme l'on jugea a propos de passer a l'Est de Sanciam, nous crumes que les Galeres nous seroient inutiles; Nous en retinmes seulement trois hommes, et eumes pour Pilote le Pratique que nous auions eu d'abord pour aller chercher les Galeres. Le Mandarin alla pour vn autre côté porter des ordres au Gouuerneur des Isles des Viados pour nous donner d'autres Pilotes.

Nous apareillames pour Macaö.

Le 13. Sur les 2. heures apres minuit nous leuames l'Ancre d'vn bon vent d'Est Nordest; Nous courumes au Sud jusqu'a 7. lieuës au large, * et sur les 9. heures du matin nous remimes a l'autre bord: mais comme le vent diminua et que le courant nous deriua sous le vent nous fumes obligez de moüiller. Nous auions 23. brasses fond de vaze et a 5. lieuës de terre.— Octobre 1698 [fol. 59 vo]

Toute la journeé et la nuit suiuante les courans porterent a Oüest Sudoüest a faire vne lieuë par heure. Ces courans suiuent le vent selon toutes les aparences et durent toute le mouçon; Si nous n'eussions pas tant couru au large et que nous eussions toujours rangé la terre a 1. lieuë et 1/2 ou 2. lieuës, nous les aurions trouuez bien moins sensibles.

Superstition des Chinois.

Nos Chinois qui virent que nous auions beaucoup perdu ce jour la se mirent en tete la plus plaisante superstition du monde, et dirent que jamais nous ne doublerions l'Isle si on ne faisoit pas tuer trois Canards qui étoient sur le pont et dont ils auoient aparamment enuie de manger leur part. Nous ajoutames peu de foy a tous leurs discours et nous moquames d'eux.

Le 14. a la pointe du jour nous apareillames d'vn petit vent d'Est et mimes la bordeé a terre nous ne pumes gagner que l'endroit ou nous auions été moüillez les jours precedens; nous fimes ensuite deux ou trois autres petits bords le long de la Côte, et moüillames le soir sur les 5. heures par 12. brasses d'Eau * vne petite lieuë a oüest Sudoüest de l'Isle qui est sur la pointe de Leaö-tou. Octobre 1698 [fol. 60]

Le 15. au matin nous fimes voile auec vn petit vent de Nordest.

Nous ne pumes dans toute la journeé gagner que 2. lieuës et moüillames sur les 5. heures du soir a 17. brasses d'Eau fond de vaze; L'Isle d'Ou-tchu nous restoit au Nordest 5.° Est 1. lieuë $^1/_3$; Les Courans portoient toujours de vers l'Oüest.

Le 16. au matin nous recommençames a louier auec le vent de Nordest. A 1. heure apres midy la mareé étant contraire nous moüillames a 21. brasses fond de vaze, l'Isle d'Ou-tchu restoit au Nord nordoüest 5.° Nord 2. lieuës.

Le méme jour sur les 4. heures nous remimes sous voiles; le vent varia a Est Nordest et a Est sudest bon frais; nous fimes au Nordest quart de Nord enuiron 5. lieuës et remoüillames sur les 7. heures du soir par 16. brasses fond de vaze. Les Roches de Paï-Ka nous restoient au Nord nordest 2. lieuës. Ces Roches s'etendent enuiron 1. lieuë de l'Est a l'Oüest; Elles sont pour la pluspart assez hautes et se voyent de 4. lieuës au large.

La nuit du 16. au 17. nous eumes beaucoup de pluye et de gros vents d'Est.

Le 17. a vne heure apres midy d'vn petit vent d'Est Sudest nous apareillames. Nous fimes le Nordest pendant quelque temps: mais
Octobre 1698 [fol. 60 vo] comme * les Courans portoient toujours a Oüest Sudoüest le vent n'étant pas assez fort pour nous soutenir nous fumes obligez de moüiller. Paï-Ka nous restoit au Nordest 5.° Est 1. lieuë et $^1/_2$; nous auions 11. brasses fond de vaze.

Le 18. Nous leuames l'Ancre auec vn vent d'Est toujours tres foible; nous courumes au Sud Sudest jusqu'a $^3/_4$ de lieuë d'Ou-tchu. Nous remimes ensuite au Nord Nordest, et moüillames sur les 5. heures du soir a 9. brasses et $^1/_2$ fond de vaze. Ou-tchu nous demeuroit au Sud Sudoüest 3.° Sud 2. lieuës et $^1/_2$. Le courant nous auoit beaucoup jetté a l'oüest.

Le 19. a 1. heure apres minuit le vent sauta au Nord et au Nord quart de Nordoüest bon frais; Nous leuames l'Ancre et courumes a l'Est Nordest en élongeant les Isles des viados. Nous eumes beaucoup de pluye; Nous fimes 7. lieuës et moüillames le matin sur les 10. heures par 16. brasses fond de vaze; Nous en auions partout trouué depuis 10. jusqu'a 17. méme fond. La pointe de Caölan restoit au Nordoüest 4. lieuës. Nos Chinois voulurent nous mener moüiller sous le vent de cette Isle ou finissoit leur commission, et ou ils auoient ordre de nous remettre a vn autre Mandarin: Mais sur les 3. heures apres midy la mareé étant pour nous nous jugeames a propos de nous en seruir; nous n'étions qu'a 10. lieuës de Macaö, et vn de nos Anglois * qui y auoit été autrefois commençoit a se reconnoitre. [fol. 61]

Nous apareillames; Le vent varia du Nord au Nordest, nous fimes d'abord l'Est Nordest et de l'autre le Nord oüest; Nous gagnames enuiron 2. lieuës et moüillames sur les 11. heures du soir par 16. brasses; La mareé nous étoit contraire et portoit au Sud oüest. Caö-lan restoit au Nord oüest 1. lieuë et $^{1}/_{2}$ et la pointe la plus Sud des Isles des Larrons a Est Nordest 7. lieuës.

Jusqu'au lendemain 20.e a midy les vents furent a l'Est bon frais, vn temps embrumé et la mer fort grosse. a 1. heure apres midy nous apareillames; Nous courumes la bordeé au Nord nordest jusqu'a 9. brasses, et de l'autre coté au Sud Sudest jusqu'a 15. Nous louiames ainsy toute la nuit et moüillames le 21. a 9. heures du matin par 10. brasses fond de vaze; Nous auions gagné au plus 2. lieuës. La pointe de Ma-tchong[1] restoit au Nordest 5.° Nord 4. lieuës et $^{1}/_{2}$; la mareé portoit a Oüest Sudoüest.

La mer étant plus tranquile que le jour precedent nous enuoyames notre Chaloupe a l'Isle de San-cho, pour y mettre a terre notre Pilote et nos Soldats Chinois qui demandoient a s'en retourner.

Sur les 2. heures apres midy au commencement de flot et le vent a Est Nordest, nous leuames l'Ancre; nous courumes d'vn bord au Sudest et le l'autre au Nord jusqu'a 6. brasses. Sur les 2. heures apres minuit le vent ayant calmé nous moüillames * a 8. brasses fond de vaze. La pointe de Ma-tchong restoit au Nord quart de Nordest 5.° est 2. lieuës $^{1}/_{2}$ et la pointe du Sud des Larrons a Est Sudest 4. Lieuës. La mer perdit cette nuit la de 2. brasses, le juzan portoit au Sud Sudest. Notre Chaloupe ne parut point; Elle passa sous le vent de toutes les Isles et gagna Macaö. Octobre 1698 [fol. 61 vo]

Rencontre d'vn Batiment Chinois.

Le 22. au matin il passa vne Somme Chinoise qui venoit de Canton; elle nous rangea a la porteé du pistolet et continua sa route au Sud Sudoüest; Elle alloit aparemment a l'Isle d'Aynam, d'ou les Chinois tirent quantité de Cire, du Sel des planches, des Cocos, et plusieurs autres denreés, Elle depend de la province de Canton.

Sur les 9. heures d'vn bon vent de Nord et de Nord Nordoüest,

[1] Bannisters Bericht fügt hinzu (p. 102): "or as the Portuguese call it, the point of Costa Quebrada."

nous apareillames; Nous courumes a petites bordeés et rangeames les Isles du coté du Oüest a 6. brasses d'Eau et a $^1/_2$ lieuë de terre. Nous vimes sur vn banc entre la pointe de Ma-tchong et les premieres Isles des Larrons plus de 200. Bateaux qui étoient a la pesche. Comme le vent fut toujours bon frais et la mareé assez fauorable, nous gagnames ce jour la Rade de Macaö ou nous moüillames sur les 4. heures du soir a 6. brasses et $^1/_2$ Le milieu de la ville nous restoit au Nordoüest quart d'oüest 5.° Oüest 1. lieuë $^3/_4$, et la pointe de Ma-tchong au Sud oüest 5.° Sud 2. lieuës. Etant encore sous voiles notre Chaloupe étoit venuë * nous rejoindre: Mais comme la mer étoit grosse elle manqua l'abordage, fut obligeé de relacher aux Isles voisines, et ne reuint que le lendemain.

Nous moüillames a Macaö.

Octobre 1698 [fol. 62]

Nous eumes des ce méme jour malgre le mauuais temps des nouuelles par vn petit bateau Chinois qui venoit de la ville. On nous dit que Pere Bouuet étoit reuenu de Canton et qu'il étoit depuis 4. jours a nous chercher aux Isles de Viados auec 4. Galeres de la Caze blanche que le Mandarin Gouuerneur de Macaö luy auoit donneés, croyant que nous passerions en dedans de ces Isles; Enfin qu'il y auoit partout des ordres du Viceroy pour nous bien receuoir.

Le 23. au matin M.r De la Roque enuoya M.r de la Rigaudiere a la ville pour salüer le Mandarin et pour s'informer ou pouuoit estre le Pere Bouuet.

Le 24. sur les 8. heures il vint de la ville vn Canot qui auoit enuie de nous parler: mais comme la mer étoit toujours fort grosse il ne pût gagner et s'en retourna. Nous sçumes depuis que c'etoit le Prouincial des Jesuites et 3. autres Peres de la méme Compagnie qui venoient voir les notres.

Sur les 10. heures il vint vne Chaloupe auec vn present de deux Boeufs et quelques douzaines de Poules qu'vn jeune Capitaine Portugais enuoyoit a M.r De la Roque. C'étoit le méme Capitaine qui refusa de payer le Pain d'or aux hollandois deuant Malaca.

Present d'vn Capitaine Portugais.

Octobre 1698 [fol. 62vo]

Sur les 11. heures le vent de Nord s'etant * vn peu moderé, et la mer étant plus tranquile nous apareillames et fumes moüiller plus pres de Macaö par 5. brasses fond de vaze; nous y afourchames; le milieu de la ville nous restoit a Oüest Nordoüest 1. lieuë; nous ne saluames point.

Sur les 3. heures apres midy le Capitaine Portugais, vn Religieux Augustin, Le Major de la ville, et vn autre officier vinrent voir M.r de la Roque qui les regala de son mieux jusqu'au lendemain, et lors qu'ils s'en retournerent il les fit saluer de 7. coups de Canon.

Present du Mandarin de Macaö.

Notre Canot reuint aussy et fut suiuy peu apres de deux Bateaux du Mandarin de Macaö; Le premier étoit chargé de rafraichissemens qu'il enuoyoit au vaisseau, et dans l'autre étoient des fanaux, des Banderoles, et plusieurs autres marques de dignité pour la suite du Pere Bouuet. Le Mandarin auoit receu M.r De la Rigaudiere parfaitement bien et luy auoit fait mille honnétetés; Il enuoya aussy tôt dans toutes les Isles plusieurs Bateaux pour chercher le Pere.

M.r De la Roque visite le Gouuerneur Portugais et le Mandarin.

Le 25. les Jesuites de Macaö enuoyerent a nos Peres vn gros present de fruicts et de Confitures; Et leur manderent qu'ils auoient eu beaucoup de chagrin de ne les point voir. Sur le midy M.r De la Roque fut a terre suiuy de la plupart de ses officiers; il descendit dans le Port de l'autre coté de la ville; Le Major l'y vint receuoir au bord de la mer, et * le conduisit chez le Gouuerneur Portugais ou il ne put par honnéteté se dispenser d'aller: quoy qu'il eut resolu d'aller d'abord chez le Mandarin Chinois que nous auions beaucoup plus a menager. Cette conjoncture obligea notre premier Directeur de se separer pour prendre le deuant, et nous fumes 4. qui l'accompagnames: mais croyant éuiter vn mal nous tombames dans vn autre.

Octobre 1698 [fol. 63]

Notre Interprete au lieu de nous mener directement chez le Mandarin Gouuerneur de la ville, nous fit entrer chez vn petit Mandarin de la Doüane, qui nous receut a la verité tres bien; nous y restames pres de demy heure; on nous y seruit du Thé, et du vin et quelques fruicts du pays. De la nous fumes chez le p.er Mandarin ou M.r de la Roque a cause de notre meprise ariua presqu'aussy tôt que nous; Le Mandarin le fit mettre a sa gauche au haut de la salle, (c'est le côté d'honneur chez les Chinois) il nous fit mille honnétetéz, nous marqua qu'il étoit rauy de voir des françois, et qu'il auoit eu toujours beaucoup d'estime pour notre nation. En sortant il remercia M.r De la Roque de sa visite et luy dit qu'il auroit l'honneur de l'aller voir a son bord.

Macaö est situé sur la pointe d'vne grande Isle par 22.° 13.' de latitude Nord, et par 134.° 56.' de longitude. Il fut donné aux Portugais par les Chinois, pour auoir chassé certains Pirates qui rauageoient les Côtes de la Prouince de Canton, et qui faisoient ordinairement leur retraite dans le méme endroit ou est presentement batie la ville. Le Terrein qu'ils ocupent est vne petite Langue de terre d'enuiron 3. lieuës de circuit, separeé du reste de l'Isle par vne muraille dont l'entreé est gardeé exactement par les Chinois pour empecher le transport d'aucune marchandise tant d'vn coté que d'autre.

Octobre 1698 [fol. 63 vo]

Description de Macaö.

Le port est fermé par plusieurs Isles; Les vaisseaux y sont a l'abry de tous vents; Il y a tres peu d'Eau, et les batimens y échoüent a toutes les mareés. Il n'y auoit pour lors que le vaisseau de guerre qui étoit arriué de Goä depuis 3. mois, et qui deuoit repartir au commencement de januier. Il y auoit trois ou 4. autres petits Batimens qui chargeoient pour Jaua et Timor. On attendoit aussy de Manilhe 3. vaisseaux Portugais et Espagnols. Ceux cy depuis quelques anneés ont été tolerez par les Portugais a cause de la grande quantité d'argent qu'ils aportent: Car il y a tel Batiment Espagnol qui a quelquefois jusqu'a vn million de Piastres.

La ville a ésté tres long temps sans aucune deffense: mais depuis que les Hollandois l'eurent * assiegeé, Les Chinois permirent aux Portugais de s'y fortifier. Ceux cy y ont eleué les Forts de Notre Dame Dumont, de notre Dame de Guïa, de notre Dame de Bom porto, de S.t Jacques et s.t Philippe qui defend l'Entreé du Port, est le plus considerable; Il a 3. batteries l'vne sur l'autre presque toutes tailleés dans le Roc; Les Canons en sont la pluspart de Fonte de 18. 36. et 48. liures de balle. Au reste la ville n'est ceinte de murailles que du côté du Nordest seulement; les ruës ne sont nullement droites, mais hautes, basses, mal perceés, et etroites. Il y a vn Euesque et en tout 10. Eglises; Il y a des Jesuites, des Dominicains, des Franciscains, des Augustins, et des Religieuses de s.te Claire.

Octobre 1698 [fol. 65]

Les Chinois ocupent vne grande partie de la ville et y ont des Pagodes; chacune des deux nations a son Gouuerneur et sa jurisdiction:

Mais les Chinois dominent toujours, et on peut dire que les Portugais sont en quelque maniere leurs Esclaues: Car premierement ils payent vn Tribut annuel a l'Empereur; De plus ils payent au Hou-pou ou Mandarin de la Doüane le mesurage de leurs vaisseaux, qui est vn espece de droit d'Ancrage, et Enfin ils ne peuuent auoir des viures que ceux que les Chinois leur fournissent: de sorte qu'en vn seul jour ceux cy peuuent toujours se rendre maitres de la Place. Il est vray * que l'Empereur a eu égard aux pertes qu'ils ont faites, et qu'il a beaucoup diminué de ses droits; Le Tribut annuel de la ville monte aujourd'huy a enuiron 18. ou 20000. Ecus.

Octobre 1698 [fol. 65 vo]

On ne compte pas presentement dans Macaö 400. Portugais mais il y a bien 7. a 8000. Femmes. La garnison des forts est pour la pluspart de Cafres, de Negres et de toute sorte de gens ramassez; —

Decadence de Macaö.

L'extreme pauureté a obligé plusieurs des principaux habitans de se retirer dans les Indes et d'abandonner leurs familles; on ne voit plus que misere, que gemissemens que consternation ou regnoient autrefois le Luxe, La magnificence, et les plaisirs au plus supreme dégré; On dit qu'vn Gouuerneur le jour des Nopces d'vn de ses Enfans fit depuis sa maison jusqu'a l'Eglise couurir les ruës de tapis magnifiques, et les tapis de poudre d'or.

Ce port autrefois si fameux et si opulent est entierement ruiné depuis la persecution du Japon, et est presentement a charge a la Couronne de Portugal. Les Forbans Anglois leurs ont pris depuis quelques anneés plusieurs vaisseaux et vn entr'autres au detroit de Malaca il y a enuiron 4. ans, qui portoit vn general auec quantité d'Effets et 30. soldats pour la garnison de Macaö. Le vaisseau Portugais tira d'abord quelques coups de Canon; mais a la fin il se rendit, et fit peu de resistance; Les Anglois le pillerent, prirent tout ce qui pouuoit les accomoder * et le laisserent ensuite continuer sa route. Le General mourut peu de temps apres de chagrin d'auoir perdu tout son bien sur ce vaisseau, et au desespoir des reproches qu'on luy fit de ne s'etre pas deffendu auec vn si nombreux Equipage.

Octobre 1698 [fol. 66]

Les Marchands Chinois qui trafiquent au Japon disent que la persecution y dure toujours et qu'on recherche les Chretiens auec plus d'exactitude que jamais. S'il s'en trouue vn dans vne maison, les habitans des deux maisons voisines sont crucifiez et le Chrétien brulé vif: C'est pourquoy chacun ayant interest de les declarer il est vraisemblable que le Christianisme sera bientot entierement detruit dans tout cet Empire.

Le 26. au matin nous jettames a la mer vn Matelot qui étoit de la Religion; il eut le bonheur auant mourir d'abjurer et de receuoir les Sacremens.

Le Pere Bouuet moüille en Rade auec 4. Galeres du pays.

Sur les 10. heures le Pere Bouuet vint moüiller en rade auec 4. Galeres. Notre Canot fut le prendre a son bord; On mit les Soldats sous les Armes et toutes les flammes au bout des verges pour le receuoir auec magnificence; il dit la messe en a͞riuant. Les nouuelles qu'il apportoit de Canton étoient que l'Empereur auoit subjugué le Caldan Roy d'Eluth dans la Tartarie Occidentale; qu'il étoit a faire la visite de cette nouuelle conqueste,

Nouuelles qu'il apporta de Canton.

Octobre 1698 [fol. 66 vo] et qu'on l'attendoit a Pekin incessament; Que les * inondations dans plusieurs prouinces ayant causé vne grande sterilité il auoit ouuert ses magazins a tous ses sujets et méme aux Corésiens ses vassaux; Enfin qu'il étoit aimé et en veneration dans tout son Empire.

Le Pere auoit aussy trouué vne Lettre du Pere de Fontaney datteé du mois de may de la méme anneé 1698. Ce Pere marquoit que l'Empereur protegeoit toujours la Religion auec la méme bonté; Qu'il l'auoit enuoyé a Canton l'anneé precedente pour tacher d'auoir des nouuelles du Pere Bouuet; Que le pere Visdelou étoit allé visiter les endroits ou les canaux auoient creué afin de remedier aux inondations; et que les Peres Thomas et Gerbillon deuoient accompagner l'Empereur dans la Tartarie Occidentale.

A l'egard des affaires du Vaisseau Le Pere Bouuet nous dit que le premier Courier pour Pekin étoit party le 14. octobre auec toutes les dépeches necessaires pour vne prompte expedition; Qu'a Canton il auoit obtenu tout ce que nous pouuions esperer; Que le Hou-pou qui est le premier Doüanier de la prouince luy auoit donné des Pilotes, et l'auoit asseuré que nous passerions par toutes les Doüannes sans étre visitez et que nous ne payerions aucun droit jusqu'a ce qu'on eut receu des ordres positifs de la Cour.

Le Houpou auoit eu beaucoup de peine a se resoudre; Il demanda

Octobre 1698 [fol. 67] plusieurs fois au Pere * Bouuet: Mais mon Pere est ce vn Vaisseau marchand. Est ce vn Vaisseau de Tribut comme ceux des Roys de Siam, de la Cochichine, et du Tonquin? Car il est inoüy, disoit il, qu'vn vaisseau ait jamais entré dans les ports de la Chine sans payer ou les droits ou vn tribut. Le Pere luy repondit que le Vaisseau sur lequel il étoit venu étoit vn Vaisseau d'honneur que le Roy luy auoit bien voulu donner pour repasser la Chine; Qu'au reste tout le monde sçauoit qu'il venoit en qualité d'Enuoyé de l'Empereur, et qu'il se chargeoit de tout ce qui pourroit arriuer.[1]

Le Mandarin de Macaö vient a bord.

Le méme jour 26. sur le midy le Mandarin de Macaö vint rendre visite a M.r De la Roque et au Reuerend Pere Bouuet; Le Pere le fit saluer par sa Galere de trois coups de Fauconneau. M.r de la Roque le regala a la Françoise, et luy fit voir l'exercice du Mousquet, sur quoy il prit pretexte de dire que les Portugais luy auoient mal parlé de nous; que nous étions d'vne nation qui ne respiroit que la guerre et le brigandage; que nous n'étions venus a la Chine que pour chercher vn Endroit propre a nous fortifier; mais qu'il n'en auoit rien voulu croire: parce qu'il sçauoit que les Portugais auoient leurs raisons pour tâcher a nous détruire. Le Pere Bouuet par ciuilité donna sa Galere au Mandarin pour retourner a la ville; Il la prit et salüa en debordant de 3, coups de * Fauconneau; Nous luy repondimes de 3. coups de Canon. Sur le soir les autres Galeres entrerent dans le port.

Octobre 1698 [fol. 67 vo]

Le 27. au matin M.r De la Roque et le R. P. Bouuet furent a l'Isle verte rendre visite au Pere Cicery Jesuite Italien Euéque de Nankin, l'Isle verte est dans le Port de Macaö du côté du Nordoüest de la ville; Elle apartient aux Jesuites qui y ont vne maison de plaisance.

Present du Mandarin.

Sur les 10. heures le Mandarin enuoya a bord vn present d'vn diner Chinois tout preparé; Il y auoit plus de 100. petites porcelaines couuertes de Volailles, de Gibier, de Poisson, de Fruits, et de Confitures.

Nous apareillames pour Canton.

Nous apareillames pour Canton le 28. a 5. heures du matin auec le Flot et vn petit vent de Nord; Nous courumes au large et remoüillames sur les 8. heures a 6. brasses d'Eau; La ville nous restoit a Oüest nordoüest 4.° Oüest 2. lieuës et 1/2. Le Courant porta au Sud

---

[1] Bannisters Bericht sagt anstatt dieses Abschnitts (p. 109/110): "The Hoppo had been much puzzled about the marks of distinction and dignity demanded by Father Bouvet for the ship. The Chinese had never before received any strangers, except either merchant vessels, which are here daily, or vessels carrying tribute, like the kings of Siam, Tonquin and Cochin China, who do homage to the Emperor one in three years. Even these tributes, however, are no longer rendered with the exactness of former days. The King of Siam does not send his tribute regularly; the Japanese never, at present."

depuis 8. heures jusqu'a 2. heures apres midy afaire $^2/_3$ de lieuë par heure. Sur le midy il sortit du port vne Galere qui deuoit nous accompagner jusqu'a l'Embouchure de la Riuiere de Canton; Le Pere n'en voulut pas prendre d'auantage. Sur les 2. heures apres midy le Juzan ayant beaucoup moly, et le vent ayant franchy au Sudest nous leuames l'Ancre et courumes au plus pres pour ranger
Octobre 1698 [fol. 68] Lan-taö, haute terre * remarquable par 3. grandes Montagnes qu'on voit de fort loin. Nous moüillames sur les 7. heures et $^1/_2$ du soir a 13. brasses d'Eau fond de vaze. Le milieu de Lan-taö nous restoit a Est Sudest 5.° Est 2. lieuës et $^1/_2$, Et l'Isle de Lin-ten au nord quart de Nordest 2. lieuës. Le Flot dura encore 2. heures et $^1|_2$.

Ce méme jour en consequence de la Deliberation du 28. du mois precedent, le s.r Benac demanda vne assembleé generale du Conseil pour declarer la disposition qu'on auoit donneé au Pere Bouuet de regler les presens et de la maniere qu'ils pourroient estre faits, aussy bien que de la Cargaison et du dessein qu'il auoit temoigné etre a propos de prendre pour la disposition des marchandises pour Pekin en prenant pretexte que les dites marchandises auoient été acheteés pour le compte de l'Empereur. Les officiers et les autres Directeurs protesterent et dirent que n'ayant pas été apellez au premier Conseil, ils ne vouloient rien signer, et que ceux qui l'auoient fait en repondroient seuls a la Compagnie; Ce fut alors que le Pere Bouuet rejetta toute la faute sur le s:r Benac, qui s'etant dit representer luy seul la Compagnie ou elle n'etoit pas, auoit declaré etre en pouuoir d'agir sans le consentement des autres Directeurs; D'vn autre côté le Conseil des quatre qui s'etoit tenu le 28. Octobre ne s'étoit terminé que sauf
Octobre 1698 [fol. 68 vo] a prendre vne deliberation par les formes * dans vne assembleé generale du Conseil apres estre arriué a Canton. Et le Pere auoit rendu cette condition inutile lorsqu'il fut de Coüang-haï a Canton, ou auant de reuenir il fit tous ses pacquets pour la Cour et disposa toutes choses d'vne maniere a ne s'en plus de dire.

Le 29. a 5. heures du matin nous apareillames d'vn vent de Nord nordest. Nous tombames de 13. brasses a 9. et a 5. nous auions trop rangé la bande du Oüest: Car de ce côté la le fond est plat partout a 2. 3. et 4. lieuës au large jusques a la bouche du Tigre. Nous fimes tout au plus vne lieuë et moüillames sur les 8. heures a 5. brasses fond de vaze.

Nous remimes sous voile sur les deux heures apres midy; Le

vent varia au Sud sudest et au Sud oüest; Nous rangeames Lin-ten du côté de l'oüest a vne petite lieuë depuis dix jusqu'a 15. brasses fond de vaze. Nos Pilotes Chinois auoient enuie d'en passer a l'Est si le vent eut resté vers le Nord. Nous moüillames le soir sur les 7. heures par 6. brassses et 1/2 Fond de Sable fin. Lin-ten restoit au Sud sudest 2. lieuës, et la bouche du Tigre au Nord nordoüest 6. lieuës; Nous vimes en cette endroit des Marsoüins blancs; Les Mareés y gissent Nord nordest et Sud sudoüest.

Le 30. a 6. heures du matin nous leuames l'Ancre d'vn vent de Nord nordest; nous * courumes le bordeé par 5. 6. 7. et 8. brasses. Octobre 1698 [fol. 69] Nous fumes du côté de l'Oüest jusqu'a 19. pieds d'Eau; Ce côté n'est pas sain, et il ne faut le ranger que le moins que l'on peut. Nous moüillames sur les 10. heures a 8. brasses fond de vaze; Lin-ten restoit au Sud quart de Sudest 3. lieuës et 1/2 et la bouche du Tigre au Nord nordoüest 3.° oüest 4. lieuës et 1/2.

Nous remimes sous voile sur les 5. heures et 1/2 au commencement du Flot, et auec vn vent de Nord et de Nordest. Nous gagnames 1. lieuë et 1/2 et remoüillames sur les 8. heures a 7. brasses vaze. La bouche du Tigre restoit au Nordoüest quart de Nord 3. lieuës.

Le 31. sur les 6. heures nous apareillames; nous Louiames auec vn bon vent de Nordest, et entrames sur les 9. heures dans la

Paysage de la Bouche du Tigre.

bouche du Tigre: Notre Galere qui auoit pris le deuant nous rejoignit et nous salua de 3. coups de Fauconneau; Nous luy repondimes de 3. coups de Canon. Nous rangeames a Stribord en entrant quelques roches a fleur d'Eau, et de la fumes passer a la porteé du pistolet d'vne longue rangeé de pieux, ou les Pêcheurs étendent leurs filets. Nous trouuames partout 8. 9. et 10. brasses d'Eau et moüillames sur les 10. heures par 11. brasses a 1/2 lieuë de terre Nous afourchames Sudest et Nordoüest comme gist le Canal: parce que les Courans y sont fort rapides.

Il se forme des deux bords en cet endroit deux * grands Enfoncemens ou on voit quantité de Villages, de Pagodes, et de Sepultures qui font vn aspect tres agreable. Octobre 1698 [fol. 69vo] Nous auions deuant nous des deux côtés de la petite passe du Tigre (comme au detroit des Dardanelles,) deux forteresses qui sont a vn quart de lieuë l'vne de l'autre, et qui defendent l'Entreé.

Dés que nous eumes moüillé les Mandarins des Forteresses et celuy de la Galère vinrent saluer le Pere Bouuet. Parmy plusieurs bateaux qui étoient a bord il s'en trouua vn de la Doüanne; Le Doüanier monta et sans faire aucune ciuilité fut éfrontement presenter au Pere Bouuet la Commission qu'il auoit pour entrer dans les batimens étrangers qui passoient. Le Pere qui n'auoit point été auerty fut fort étonné de voir l'impudence de cet homme, et luy demanda s'il sçauoit a qui il parloit; il repondit qu'oüy fort fierement. Le Pere luy dit de se rembarquer du plûtôt et d'aller aprendre les ciuilités de son païs, il auoit deja congedié en reuenant de l'Isle verte vn semblable bateau que le Doüanier de Macaö Enuoyoit pour suiure le vaisseau jusqu'a Canton.[1]

M.r De la Roque donna ordre de ne laisser entrer aucune personne dans le vaisseau sans le connoitre, Et sur ce que le Pere Bouuet se plaignit qu'a Macaö des gens mal intentionnés auoient dit que le vaisseau étoit a des particuliers, il le fit publier vaisseau du
Octobre 1698 [fol. 70] Roy, et que ceux qui diroient le contraire seroient punis comme * rebelles aux Ordres de Sa Majesté; Cela se fit du consentement méme des Directeurs par vn aueu qu'ils en donnerent par Ecrit au Pere Bouuet.

Le soir sur les six heures le Pere partit dans vne Demi galere pour Canton; il mena auec luy le Pere de Brossia et notre Peintre Italien qui étoit charmé de quitter la Mer. Nous les saluames de 7. coups de Canon, et les forteresses les saluerent de 9. Notre Galere
Nouembre 1698 s'en retourna le lendemain a Macaö. Le premier Nouembre a la pointe du jour nous jettames a la Mer vn Matelot mort d'apoplexie. Sur les 7. heures au commencement du Flot et d'vn vent de nord nordest nous leuames l'Ancre; Nous courumes du côté de Stribord jusqu'a 5. brasses; mais lorsque nous fumes entre les deux forts nous fumes obligez de cajoler: parce que le Canal est étroit et le Courant rapide; Nous y trouuames 15. 18. et 20. brasses d'Eau; De la nous fumes ranger l'Isle du Tigre a vne prorteé de fuzil par 10. et 12. brasses. M.r Basset vint nous joindre dans vne Demi galere aupres de cette Isle; C'est vn Missionnaire François qui passa a Siam auec M.r de Chaumont en 1685; Il en sortit dans le temps de la reuolution et passa quelque temps apres a Canton ou il désert actuellement

---

[1] Bannisters Bericht fügt hinzu (p. 116): "He was very near being caned."

deux Eglises; Il étoit rauy de voir vn vaisseau François a la Chine.

Du Nord de l'Isle du Tigre jusqu'a l'Embouchure * de la Riuiere Le Chenal est extremement etroit; Le fond est plat des deux côtez et méme a sseche de basse mer en quelques endroits. Nous louiames a petites bordeés par 4. 5. 6. et 8. brasses d'Eau et moüillames a 1. heure apres midy a 8. brasses Fond de sable gris. La Passe du Tigre restoit au Sud sudest 5.° est 2. lieuës et $^1/_2$; et vne haute tour qui est a l'embouchure de la Riuiere au Nord Nordoüest 4.° Oüest 3. lieuës et $^1/_2$.

Nouembre 1698 [fol. 70 vo]

Le 2. a 7. heures et $^1/_2$ du matin auec le flot et vn vent de Nordest nous leuames l'Ancre; Nous suiuimes le Chenal par 4. 5. 6. et 7. brasses; Nous fimes jusqu'a 5. et 6. bordeés dans vne heure: parce que plus on aproche et plus le Chenal est étroit. La tour restant au Nord-oüest 5.° 1. Lieuë et la pointe de l'Est a Est Nordest 5.° nord a peu pres méme distance, nous ne trouuames que 18. pieds d'Eau. Il y auoit pour lors $^1/_3$ de flot. Le fond augmenta Ensuite peu a peu, et nous fimes nos bordeés plus longues.

La Riuiere a vne grande Lieuë de large a son embouchure; La bande de l'oüest en entrant es escarpeé; Le fond y est plat, et méme il y a plusieurs Roches sous l'Eau. l'autre côté jusqu'a Canton est vne terre extremement basse toute perceé de Canaux et couuerte de Ris: Mais a 2. et 3. lieuës de la Riuiere de côté et d'autre les terres sont eleueés et la pluspart couuertes de bois.

A vne lieuë et demie de l'entreé on trouue vne Riuiere assez large qui porte bateau jusqu'a Fó-kien a 8. journeés dans les terres; Nous la laissames a Stribord, et de la nous suiuimes toujours la Côte de l'Est jusqu'a 3. lieuës dans la Riuiere ou nous passames sur vne barre de sable a 17. pieds d'Eau de pleine mer, laissant a babord vn Islot de ris tout plat. Nous acostames ensuite vne grande Isle a babord, et fumes moüiller a 1. lieuë de la, l'Ancre de flot a 6. brasses et $^1/_2$ et celle de juzan a 5. fond de sable et sable vazard. Nous étions en cet endroit a 4. lieuës de l'Embouchure de la Riuiere et a 3. grandes lieuës de la ville de Canton; on pourroit dans les grandes mareés en aprocher dauantage: mais les Chinois ne le permettent pas.

Nouembre 1698 [fol. 71]

Nous moüillames dans la Riuiere de Canton.

Il y auoit vn vaisseau Anglois moüillé vne demi quart de lieuë au dessus de nous; Il nous salua de 5. coups de Canon; nous luy rendimes coup pour coup, et il nous remercia d'vn. Il étoit party de Londres le 18. de Mars; il ariua en 4. mois a Batauie sans auoir relâché nulle part, et il étoit en Riuiere depuis deux mois, Il auoit couru risque de se perdre au Détroit de Banca; Il auoit porté 50000. Ecus en argent comptant, des draps, des Montres, quelques miroirs, du Corail, et des Crystaux.

Batimens Anglois qui étoient alors a la Chine.

Nouembre 1698 [fol. 71 vo] Il y auoit 3. autres Batimens Anglois qui * étoient depuis 2. mois a Emoüy, et il s'en étoit perdu vn 4.e aux enuirons de l'Isle Formose, ou le Pere Auril Jesuite et le premier marchand se noyerent en voulant se sauuer auec trop de precipitation. De tous ces batimens il n'y en auoit qu'vn pour le compte de la Compagnie des Indes d'Angleterre; Les autres étoient Interlopes.

La Riuiere dans l'endroit ou nous étions moüillez n'a pas vne porteé de Canon de large; elle est douce de basse et de pleine mer. Nous auions d'vn côté vne grande plaine de Ris, de l'autre des Coseaux cultiuez jusques sur le sommet, et partout le plus beau pais du monde. Les montagnes sont tailleés par degrez et niueleés pour receuoir egalement les Eaux qui tombent du Ciel. Le Ris, l'Orge, Le Coton, L'Indigo, les Cannes de sucre, Les fruicts et toutes sortes de Legumes y croissent en abondance; La terre produit trois fois l'anneé, jamais elle ne repose, et les Chinois ou naturellement ou par artifice l'obligent nonseulement fournir les viures necessaires pour leur Subsistance: Mais encore pour celles de plusieurs prouinces du Nord.

Description de la Riuiere de Canton.

A vn quart de lieuë de nous il y auoit vn gros village nommé Hoäng-pou, ou les Doüaniers ont vn bureau pour la visite des Chaloupes et autres Batimens qui vont et qui viennent de Canton. Vn

Nouembre 1698 [fol. 72] peu au dessus * de ce village il y a vne haute Tour semblable a celle qui est a l'entreé de la Riuiere. Ces Tours furent baties par le dernier Regulo de Canton pour seruir de vigie pendant les incursions des Tartares; Elles sont de briques auec des Chaines de Pierre de taille; Elles sont de figure octogone, et ont par dehors 9. Etages. La pluspart de celles que l'on voit dans toutes les prouinces de l'Empire sont eleueés par des Bonzes qui les font plus ou moins hautes a proportion des

Tours Chinoises.

Aumônes qu'ils ramassent pour cela: De sorte qu'on en voit a 9. a 7. a 5. et a 3. Etages diminuant toujours ainsy en nombre impair.

Le 3. nous n'eumes aucunes nouuelles de Canton.

Le 4. a 11. heures du soir le Pere Bouuet vint a bord dans vne grande Barque, ou il auoit tout son Equipage de Mandarin; Il portoit pendant la nuit deux fanaux a poupe, Et le jour vn pauillon jaune au haut d'vn Mât sur l'auant de la Barque; Le jaune est la couleur de l'Empereur. Le Pere en qualité d'Enuoyé portoit ces 4. Caracteres Chinois.

欽 Kin — Grand homme enuoyé de la
差 Tchai — Cour auec circonspection
大 Ta
人 Gin

Auant de partir il auoit enuoyé demander au viceroy vn homme pour nous faire trouuer * dans les villages voisins vne maison ou nous pussions mettre des viures nos voiles et nos malades: mais le viceroy luy fit repondre que puisqu'il prenoit la peine d'y aller luy méme, il n'étoit pas necessaire d'enuoyer personne, et que ses ordres seroient receus partout.

Nouembre 1698 [fol. 73vo]

Nous primes vn Hopital a terre.

Le 5. au matin M.r De la Roque et le Pere furent choisir vne maison au village de Cang-teng-tchuën, qu'on jugea le plus commode; Il est au Sud de l'endroit ou nous étions moüillez, et a petit quart de lieuë dans les terres; Ils y prirent vne espece de Pagode ou Temple que les principaux du lieu auoient fait batir a la memoire de leurs Ancêtres, et ou ils faisoient des Sacrifices a certains jours de la Lune. On la Loüa 4. Taëls par mois qui font 20. tt de notre monnoye, en faisant valoir les Ecus 72 S. comme lorsque nous partimes de France. Nous mimes des ce méme jour nos malades dans la Pagode; nous en auions 8. la pluspart du Flux de Sang.

Enfin comme le Pere étoit venu pour donner vne bonne disposition a toutes choses, il fit publier de concert auec M.r De la Roque vn ordre pour ceux qui descendroient a terre, afin de garder partout vn air graue et modeste parmy les Chinois.[1]

L'Apres midy tous nos Peres s'embarquerent pour Canton auec leurs balots de Liures et d'Instrumens de Matematique. Ils étoient

[1] Bannisters Bericht fügt hinzu (p. 123): "It was expressly forbidden them to look hard at the women they should meet."

Nouembre 1698 [fol. 74] tous vétus, et la téte raseé a la * Chinoise; M.r Basset s'en fut auec eux; il ne nous auoit pas quitté depuis l'Isle du Tigre. Nous les saluames de 7. coups de Canon; L'Anglois les salua de 5. et Hoäng-pou de trois. Les 5. 6. et 7. nous desenuerguames nos voiles, et des-agréames le Nauire; nous fimes aussy commencer vn four a terre pour faire du pain frais a l'Equipage et du biscuit pour le retour du vaisseau.

Le 7. Le P. Bouuet enuoya deux Barques a bord: mais les Doüaniers en passant y mirent vn Garde: De sorte qu'elles n'oserent rien charger, et s'en retournerent a vuide. Le lendemain il en vint deux autres auec permission du Houpou; Et elles chargerent les fours suiuans vne partie des marchandises qui étoient destineés pour Pekin.

Le 10. il vint vne autre Barque qui emporta le reste des Balots du Pere Bouuet, et les presens de la Compagnie pour le Tsongtou[1], pour le Viceroy, et pour les Mandarins de la Doüane.

Des ce temps la Les deux Commis de la Compagnie des Indes Orientales presenterent vne requeste a nos Directeurs sur les articles de leur Concordat; Ils demandoient d'auoir vn Bureau a Canton dans
Nouembre 1698 [fol. 74vo] la maison de la Compagnie, d'y être nouris, d'auoir participation * du Commerce et de toutes les negociations qui se feroient, et en partant vne facture de tout ce qui s'embarqueroit sur le vaisseau. Les Directeurs leur repondirent que l'intention de la Compagnie n'auoit point été qu'on leur donna aucune connoissance du commerce, Et par consequent aucun logement dans sa maison; Qu'ils n'empecheroient pas qu'ils s'informassent par ailleurs de toutes les negociations qu'on pourroit faire, et qu'a l'egard de la facture on la leur donneroit comme il étoit porté par les ordres, s'attachant en tout au sens Litteral du Concordat. Cette requeste fut suiuie de plusieurs autres qui n'eurent aucun Effet, et ausquelles on ne repondit que verbalement. C'étoit purement la faute de M.rs les Directeurs de la Compagnie des Indes de n'auoir pas auant partir specifié toutes ces circonstances; On peut voir dans leur Concordat cy joint qu'ils ont passé trop legerement sur cet article.

---

1 Bannisters Bericht sagt hier (p. 124), ein offenbarer Fehler des Abschreibers "Isontea" anstatt "Tsontou".

ARTICLES CONUENUS ENTRE LES DIRECTEURS DE LA COMPAGNIE ROYALE DES INDES ORIENTALES ET MONSIEUR JOURDAN POUR LE VOYAGE DE LA CHINE.

I.er De joüir de tous les priuileges de la Compagnie tant pour la sortie des marchandises que l'on chargera sur le vaisseau pour enuoyer a la Chine, que pour les droits d'Entreé a son tour sur celles qu'il raportera: Ce * que le dit Sieur Jourdan se chargera de faire omologuer au Conseil sous le bon plaisir de la Compagnie. Nouembre 1698 [fol. 75]

II. Qu'il sera donné par le dit Sieur Jourdan que son vaisseau fasse son retour directement des Ports de la Chine au Port Loüis pour y étre dechargé, a laquelle decharge pourront assister les proposez de la Compagnie, et les Marchandises seront enuoyeés a Nantes et consigneés dans les magasins de la Compagnie suiuant les ordres qui en seront donnez par M.r Jourdan, lesquelles seront mises dans vn Magasin séparé dont il aura le Clef.

III. Que lors de l'arrirueé de ces marchandises si la Compagnie reçoit ses vaisseaux des Indes elle conuiendra auec le dit Sieur Jourdan du jour de la vente qu'elle fera de ses marchandises, lesquelles seront vendues par la Compagnie a la maniere accoutumeé conjointement auec celles du dit Sieur Jourdan et de concert aue luy et les quelles seront egalement et conjointement exposeés, et les ventes des marchandises du dit Sieur seront controlleés et le compte tenu, et l'Argent ou lettres de change sera receu par les gens proposez par le dit Sieur Jourdan.

IV. Que pour cet effet la Compagnie annoncera la vente au jour que l'on conuiendra de concert auec le dit Sieur Jourdan, et que la charge imprimeé des dites marchandises contiendra * toutes celles tant du dit Sieur Jourdan que de la Compagnie confusement, et en cas que la Compagnie n'ait point de marchandises a vendre lors de l'arriueé du vaisseau du dit Sieur Jourdan, la Compagnie est conuenuë auec luy que ces marchandises seront venduës trois mois apres l'arriueé de son dit vaisseau au plus tard. Nouembre 1698 [fol. 75 vo]

V. Sur le montant de laquelle vente il sera payé par le dit Sieur Jourdan a la dite Compagnie 5 pour % par reconnoissance et par forme de redeuance pour la communication de son priuilege sur les profits du dit voyage Seulement pour toutes choses.

VI. Il sera loisible a la Compagnie de mettre et preposer sur le Nauire deux Commis pour icelle qui pourront prendre connoissance des Negociations, sans que les preposez du dit Sieur Jourdan puissent s'y oposer, ny les en empécher, les quels Commis pendant l'aller et le retour seront nourris a la table du Capitaine aux frais du dit Sieur Jourdan.

VII. Il est accordé au dit Sieur Jourdan de pouuoir si bon luy semble auant ou apres le retour du susdit vaisseau en enuoyer vn second aux mémes lieux et conditions susdits sans que sous quelque pretexte que se puisse étre esperer sous son nom ou sous aucun autre de proposer d'enuoyer vn 3.e Nauire directement ny indirectement.

Nouembre 1698 [fol. 76]

VIII. Ne pourront ny le premier ny le second des dits vaisseaux en allant ny reuenant toucher en aucune Côte des Indes pour y faire directement ny indirectement aucune ouuerture d'Ecoutilles, ny commerce quelconque a peine de tous dépens, dommages et Interests.

IX. Pourront toutes fois l'vn et l'autre des dits deux Nauires toucher au Cap de Bonne Esperance, Isles s.[te] Helene, Ascension, Mayotes, Anjoüan ou Madagascar pour y prendre leurs rafraichissemens, et sans toutesfois y pouuoir faire de commerce, trocqs, ventes ny achats sous le mémes peines.

X. Donnera le dit Sieur Jourdan ou ses proposez auant de partir de France a la Compagnie facture articuleé specifiquement par prix, quantité, et qualité par luy signeé et affirmeé veritable de toutes les marchandises et Effets qu'il chargera pour la Chine.

XI. Seront les proposez du dit Sieur Jourdan pareillement tenus auant que le Nauire parte de la Chine pour retourner en France de bailler aux Commis preposez par la Compagnie pareille facture specifique, articuleé, signeé et affirmeé des Chargemens pour France.

XII. Et sera le present Concordat sous le bon plaisir du Roy homologué par arrest du Conseil par lequel il plaira a Sa

Majesté de statuer que ce Concordat * ne pourra nuire ny prejudicier a la dite Compagnie Royale des Indes ny étre tiré a consequence, ny exemple contre les priuileges qu'il plaira au Roy en tant que besoin seroit de confirmer en tout leur entier et contenu &c. Ce qui a été conuenu entre la Compagnie Royale des Indes et le Sieur Jean Jourdan de Groucé a Paris le 4. januier 1698. Fait quatruple et signé de tous les Directeurs.

Ayant resté jusqu'au 16. sans sçauoir de quelle maniere se termineroient les affaires auec Houpon au sujet du reste des Effets qui deuoient étre vendus a Canton, M.r De la Roque assembla ses Pilotes pour sçauoir en quel temps au plus tard nous pouuions partir de la méme mouçon pour retourner en Europe. Notre vieil Anglois qui depuis Malaca auoit toujours été chargé de la Route dit que si on vouloit passer par le Détroit de la Sonde il falloit partir en Januier ou au commencement de Feurier pour le plus tard: parce que dans les mois de Feurier et de Mars on trouue des Courans qui portent a l'Est et ordinairement beaucoup de calme; Que si nous voulions passer par l'Est de Borneö et debouquer par Timor nous poûrions rester jusqu'au commencement d'Auril, et que nous serions encore a temps de doubler le Cap de Bonne Esperance.[1] Nôtre autre Pilote Anglois nous auoit quitté a Macaö, ou il attendoit vn Embarquement pour retourner aux Indes.

Apres cette Deliberation M.r De la Roque * pour se decharger aupres de la Compagnie de tous les Euenemens qui pourroient arriuer au cas qu'on fut obligé d'hyuerner, Ecriuit aux Directeurs qu'ils prissent leurs mesures pour dépecher le vaisseau pour le commencement de Feurier; S'ils étoient dans la resolution de le faire partir: Parceque suiuant les ordres de la Compagnie M.r De la Roque ne pouuoit partir sans leur consentement.

Nouembre 1698 [fol. 77]

---

1 Bannisters Bericht fährt hier weiter fort (p. 124/5): "We followed the opinion of the English pilot, as none of the officers nor other pilots would take charge of the ship as things stood. Our own pilot was left at Macao.

M. de la Roque then wrote to the directors to be prepared for his sailing in February, if they meant him to do so. He had bound himself to act upon their decision, and this course guarded him against all results."

Present de la Compagnie au Tsong-tou.

Le 17. Le P. Bouuet fut rendre visite au Tsong-tou et luy fit porter les presens de la Compagnie. Ce Mandarin qui est Oncle du Prince heritier, auoit veu le Pere a la Cour, et auoit beaucoup de consideration pour luy; Il renuoya pour la Compagnie vn autre present qui consistoit en vn vaze et deux petites Cassolettes d'or, le tout fort leger, vn grand vaze de Cuiure ouuragé a la Mozaïque de plusieurs pieces de rapport, 15. Coupes, Fioles, et Figures humaines d'vne pierre de Soufre rouge tres estimeé a la Chine, deux petites Coupes d'vne composition blanche façon d'Agathe, 4. Bassins et deux grands vazes de Porcelaine antique, 10 pieces de Soye, et plusieurs Feüilles de peintures Chinoises sur du Satin blanc.[1]

Leangtaö ami du P. Bouuet.

Outre le Tsong-tou, Le P. Bouuet auoit dans ses interets Le Leang-taö qui est vn des principaux Mandarins de Lettres de la prouince; Les Directeurs luy enuoyerent vn present pour l'engager a leur donner sa pro-
Nouembre 1698 [fol. 77 vo] tection; Ils en enuoyerent aussy au Mandarin de Macaö en * reconnoissance des honnetetés qu'il nous fit.

Difficultez du Viceroy au sujet du vaisseau.

Le Viceroy ne voulut receuoir aucun present; Il étoit fort embarassé sur l'arriueé du Pere Bouuet; Il luy demanda plusieurs fois quel étoit le mistere de ce vaisseau; si les marchandises qui deuoient aller a Pékin, étoient vn Tribut ou des presens pour l'Empereur, et d'ou vient qu'il n'étoit pas party d'abord pour la Cour.

---

1 Bannisters Bericht fährt hier fort (p. 125/7): "The directors of the company also made presents to Leangtao, a mandarin of literature, one of the chiefs of the province, and a great friend of Father Bouvet. With regard to the viceroy and the mandarins of the customs, they refused to accept any presents till they should have learned how the arrival of Father Bouvet was taken at court, and how the Emperor would treat the ship, whether like one bringing tribute, or like a merchant ship. Father Bouvet always insisted she was a ship of war, with which the king honoured him upon his return to China. It was in recognition of this character the viceroy granted M. de la Roque a congcouen, and treated him as a French mandarin of war.

The 22nd, four of our seamen deserted. They were Dutch, who had entered the ship at the Cape of Good Hope. Father Bouvet applied to the viceroy to have them apprehended; whereupon orders were issued to search for them in all quarters. Much trouble was taken by the Chinese in this matter; and next day the men were compelled to come in of themselves. None of the inhabitants durst harbour them.

The 1st of December, one of our seamen was seized for selling to the Chinese etuis silver-handled knives and other trifling articles missed from a bale some months

Le Pere luy répondit comme il auoit déja fait aux Mandarins de la Doüane, que le vaisseau étoit vn vaisseau du Roy, et que les François ne payoient point de Tribut; Que le s.[r] Benac étoit vn marchand passager sur le vaisseau, et qu'il étoit venu pour tenter le Cōmerce de la Chine; Qu'au reste il n'étoit pas party pour Pekin: parce qu'il craignoit que ne sçachant point les Coutumes du pays nous ne fissions quelque incongruité.

Les Doüaniers troublent le Commerce de la Compagnie.

Les Houpou ou Mandarins de la Doüane d'vn autre coté qui voyoient qu'on vouloit les frustrer des Droits, chercherent tous les moyens de troubler notre Commerce; Ils deffendirent aux Marchands de rien vendre ny de rien acheter des François; Et le vaisseau fut jour et nuit entouré de Bateaux pour obseruer si nous ne transporterions aucune marchandise.

Les Houpou sont ordinairement deux officiers de la maison de l'Empereur, gens de fortune a qui il donne ces Employs comme par * gratification; Ils ont vn rang considerable dans la prouince, et ne restent jamais qu'vn an en charge. Le premier Houpou cette anneé la étoit vn homme de consideration; il prit d'abord affection pour les François et en parla toujours en de bons termes; mais on le negligea; Le second étoit vn Tartare homme brutal et fort interessé. Nouembre 1698 [fol. 78]

Ire Entreé de M.[r] De la Roque dans Canton.

Le 22. M.[r] De la Roque fit sa premiere entreé dans Canton; en debordant du vaisseau nous le saluames de 7. coups de Canon; L'Anglois le salua de 5. Son Canot étoit peint de neuf auec vn tendelet fort propre, et tous ses Matelots habillez d'vne Indienne de méme couleur, Il descendit a Tien-tçe-ma-téou, endroit ou debarquent les Ambassadeurs Etrangers, Les Enuoyez et autres qui viennent pour les affaires de l'Empereur; Il étoit accompagné de la pluspart de ses officiers, et precedé par 8. soldats tous vetus d'habits rouges uniformes. Le P. Bouuet, Le P. Brossia, et Mr Basset vinrent au deuant de luy et le conduisirent a vn Cong-coüen que le viceroy luy fit donner par distinction comme Mandarin de guerre Françoise.

before, of the value of four or five hundred livres. He was punished in irons for a few days. Upon his repeating his depredations, he was more severely ironed hand and foot. He was a regular professional thief, and admitted that he deserved hanging. At length he contrived to escape, and we could never recover him".

Les Cong-coüen sont a proprement parler ce que nous apellons vn hôtel; Le Pere Bouuet en qualité d'Enuoyé auoit
[fol. 78vo] *Cong-coüen Tribunaux.* le sien auec vn Tribunal de 60. a 70. hommes. Les * Chinois apellent Tribunal vn certain nombre de gens de pied et de Caualiers qui accompagnent les Mandarins par la ville auec plusieurs marques differentes de leur dignité. Les vicerois et autres Mandarins du premier Ordre de la Prouince ne marchent jamais qu'auec vn train de 150. ou 200. hommes; Ils menent méme auec eux des Boureaux pour faire mourir vn homme sur le champ, s'il se presentoit quelqu'occasion de rebellion; Car autrement aucun Mandarin de l'Empire n'a pouuoir de faire mourir vn criminel qu'auparauant sa sentence n'ay été confirmé par l'Empereur. Ces Corteges sont magnifiques et impriment du respect et de la crainte au peuple. La moitié de nos peres logeoient dans Le Cong-coüen du P. Bouuet ou on leur fournissoit des viures et des meubles aux dépens de l'Empereur; Les autres logeoient dans vne Eglise que le Pere De Fontaney auoit acheteé l'anneé precedente dans la nouuelle ville de Canton.

Le méme jour 22. il nous deserta 4. Matelots Hollandois de ceux que nous auions pris au Cap de Bonne Esperance; Le P. Bouuet fut prier le Viceroy de vouloir les faire chercher, et aussytôt on enuoya partout des Ordres pour les ramener morts ou vifs; On n'eut pas beaucoup de peine; Car des le lendemain ils furent obligez de se venir
Nouembre 1698 rendre d'Eux * mémes, personne n'osant le retirer.

Decembre 1698 [fol. 80] Le 3. Decembre jour de s.t François Xauier, Les Peres Jesuites regalerent dans leurs maisons; Ils firent aussy a bord grande Feste; La pluspart de l'Equipage accomplirent le voeu que nous auions fait sur les côtes le l'Isle de Sumatra, et plusieurs contribuerent pour le Monument qu'on auoit promis d'Eleuer sur le tombeau du saint. Le frere Belleuille fit le modele d'vne Piramide et d'vn autel en forme de Mausoleé; Le tout deuoit étre de marbre ou de quelque Pierre qui pût resister aux injures du temps; Cet ouurage eut été magnifique: mais il ne fut pas executé, parce que le Pere Turcolti Jesuite Italien auoit dessein de batir bientôt vne Eglise dans le méme endroit.

Le P. Bouuet qui auoit paru jusqu'alors fort indeterminé pour les affaires qui concernoient la Doüanne fut enfin obligé d'Ecrire au Houpou; Il obtint de luy qu'il receuroit vne declaration particuliere des Marchandises que le Sieur Benac vouloit debiter a Canton et qu'il permettroit de les debarquer. Le Pere luy manda que le s.r Benac auroit l'honneur de l'aller voir pour luy ofrir les presens de la Compagnie; qu'il payeroit les droits des marchandises dont je viens de parler, et qu'il vouloit entout se conformer aux Coutumes du pays.

A l'Egard des marchandises destineés * pour Pékin elles étoient toujours dans des Barques de Charge le Long du vaisseau en attendant les reponses de la Cour; Le Pere ne voulut jamais permettre qu'elles fussent debarqueés dans les magazins de la Compagnie; parce disoit-il que cela leur eut donné vn air de publicité qui n'eut pas fait honneur a la Nation et qu'on les eut pû regarder comme vn Tribut. Decembre 1698. [fol. 80 vo]

Le 4. Le Houpou fit arréter a Canton vn Chrétien Chinois nommé Denis, qui auoit fait jusqu'alors toutes les affaires de la Compagnie; Ce Chinois étoit bon homme; Il auoit demeuré longtemps a Siam dans le Seminaire des François, Ecriuoit et parloit fort bien la Langue Portugaise et La Latine; Le Houpou l'accusoit d'auoir enleué des marchandises de notre vaisseau, d'auoir fait loüer vne maison aux Directeurs sans son consentement, et de leur auoir fait faire 8. a 10000. pieces de velours et autres Etoffes de Soye: Ce qui étoit en partie tres faux, et le tout mal fondé. Le S.r Benac fut trouuer le P. Bouuet, et le pria de demander raison de cette injure qui retomboit sur la Nation. Le Pere repondit qu'il falloit aller doucement dans ces sortes d'affaires, que cependant il en parleroit; Il promit beaucoup et ne fit rien, soit qu'il ne voulut pas auoir obligation au Houpou, ou qu'il eut d'autres raisons particulieres.

On tenta plusieurs fois de faire sortir ce pauure Chrétien, et méme on donno quelqu'argent aux Ecriuains de la Doüane: Mais ce fut inutilement; Il demeura oprimé et chargé de fers sans auoir commis d'autre crime que celuy de nous auoir rendu seruice. Decembre 1698 [fol. 81]

Batiment Portugais pris par les forbans.

Il arriua a Macaö a peu pres dans ce temps la vn petit batiment qui venoit de Manilhe; Il aporta la nouuelle de la prise recente d'vn batiment Potugais de 20. Canons, qui fut pris auec 150000. Piastres a 10. lieuës au Nord de Manilhe pendant que la moitié de l'Equipage étoit a terre, par vne Chaloupe qui n'étoit armeé que de 23. hommes. Cette nouuelle mit Macaö dans la derniere consternation et dans le desespoir de pouuoir jamais se retablir.

Le 9. Le sieur Benac seul fut voir les Houpou, comme le Pere Bouuet en étoit conuenu quelques jours auparauant. On le fit d'abord entrer dans vne salle ou il resta vne heure; ensuite il fut introduit au Tribunal ou il trouua les deux Mandarins dans leurs fauteüils entourez des Ecriuains et autres gens de la Doüanne. Lorsque notre Directeur parut les deux Mandarins se leuerent et le firent seoir dans vn rang de Chaizes au dessous de leurs fauteüils. Vn moment apres on luy aporta vne tasse de The a la Tartare, c'est a dire fait auec du laict: mais il la refusa, * et dit que puisque les Mandarins n'en prenoient point aussy. Cette maniere de presenter du Thé sans en prendre ne se pratique qu'auec vn Inferieur; Le sieur Benac enrageoit de se trouuer a telle feste; — Parce que le Pere luy auoit fait entendre et promis que cette visite se feroit non pas en plein Tribunal mais comme d'Amy a Amy.

Visite du 1.er Directeur aux Mandarins de la Douane.

Decembre 1698 [fol. 81 vo]

Il fit beaucoup d'excuses de ce qu'il n'étoit pas venu plutôt les saluer, que c'étoit la faute des Interpretes qu'on n'auoit pas bien entendus; Il fit en gros vne Declaration de marchandises qu'il vouloit debarquer, et a la fin il leur presenta vne liste des presens qu'on deuoit leur enuoyer, et qu'effectiuement on leur porta le méme jour. Les Mandarins le remercierent de ses honnétetés et dirent qu'ils acceptoient volontiers les presens comme des choses curieuses qui venoient d'vn pays Etranger.[1]

Le 11. Les Directeurs arréterent deux Interpretes a 2. pour °/₀ de Courtage de tout ce qui seroit veudu et acheté par leur Entremise. Ces Interpretes étoient des gens deuoüez au Houpou, et cependant

[1] Bannisters Bericht schildert die Begebnisse der beiden letzten Absätze folgendermaßen (p. 128): "The 9th, M. de Benac visited the mandarins of the customs, as Father Bouvet had arranged. He declared to them his desire to conform to all the laws of China; and excused himself for not calling on them sooner, casting the blame upon the interpreters, who had not been understood. He made a general declaring of the goods he wished to land and sell in Canton. He concluded by laying before them a list of the presents intended for themselves. The mandarins thanked him for his politeness, and accepted his presents; they said, as curiosities from a 'foreign country'. These presents were brought to them the same day. The director meant his visit to be simply an expression of personal consideration; but the mandarins have no idea of lowering their dignity with merchants, and received M. de Benac in great ceremony in their council hatt, seated. This made him excessively angry with Father Bouvet, who had promised him that things should he managed quite otherwise."

on fut dans la necessité de les prendre. Ce n'est pas assez a la Chine de sçauoir les langues pour étre Interprete, Il faut encore étre adroit, industrieux, fourbe et vn peu fripon; Ils repondent de toutes les fautes que font les Etrangers, et si * a la moindre chose ils n'auertissent pas les gens de la Doüanne, en leur donne 50. Houpades ou coups de Bambou[1], dont chacun fait vne entaille sur les fesses de ces malheureux.

Decembre 1698 [fol. 82]

Le 12. le sieur Francia comme premier marchand porta au Tribunal de la Doüanne vne declaration Speciale et traduite en Chinois de toutes les marchandises qu'on vouloit debarquer. Lorsqu'il entra les Mandarins ne se leuerent point de leurs fauteüils, ils luy firent seulement marquer vn siege, et ensuite on luy presenta du Thé.

Formalité qu'on obserue au Tribunal de la Doüane.

La Declaration qu'il presenta auoit été precedeé d'vn Chéoupoën, ou billet noir qu'il falut enuoyer au Tribunal de la Doüane pour demander audience. Les billets de cette couleur sont de billets de soumission et vne formalité qu'obseruent les Marchands; L'Anglois en auoit donné vn semblable; on dit cependent que nous aurions pû et luy et nous absolument nous en dispenser, et plusieurs Anglois ne l'auoient point donné.

Le sieur Francia pour signer, fut obligé de prendre vn nom Chinois, que le Pere Bouuet luy donna.

方 Fán
柔 Geòu } Fán-geòu-fă.
發 Fă

Les Directeurs ne signerent nulle part: Parce que le Pere Bouuet ne voulut point * qu'ils signassent en qualité de Directeurs, mais comme Marchands, et eux ne le voulurent point faire. Le pere qui pour sauuer les Droits faisoit passer le vaisseau pour vn vaisseau du Roy, ne pouuoit faire paroitre vne Compagnie ny par consequent des Directeurs.

Decembre 1698 [fol. 82 vo]

Le 13. et le 14. se passerent sans qu'on eut permission de la Doüane pour dabarquer les marchandises; Le Houpou auoit encore quelque dificulté auec le Pere Bouuet, et voulut sçauoir absolument si les marchandises qui restoient a bord étoient pour l'Empereur et de quelle maniere il traitoit de cette affaire; Si les Balots qui'l auoit

---

[1] Bannisters Bericht fügt hinzu (p. 129): "hard enough sometimes to kill a man."

fait transporter dans son Cong-coüen étoient des marchandises ou des presens. Le Pere se trouua embarassé de deux côtez: parce que les Directeurs le pressoient de terminer, ou bien qu'ils seroient obligez de prendre d'autres mesures: De sorte qu'a la fin le Pere s'expliqua auec le houpou.

Le 15. La Chape ayant été expedieé le Sieur Francia vint a bord pour dépecher le debarquement des marchandises et le lendemain il les fit decharger dans la maison de la Compagnie; Les Doüaniers les virent debarquer, les accompagnerent jusqu'a Canton, marquerent tous les Balots l'vn apres l'autre, et scellerent ensuite la porte du magazin ou ils furent mis.

On decharge vne partie des marchandises.

Decembre 1698 [fol. 83]

Le 17. Sur les 10. heures du matin les deux Houpou vinrent a la maison de la Compagnie auec tout leur Tribunal; et voulurent eux mémes étre presens a l'ouuerture des premiers Balots. On leur dressa des tables et des fauteüils; Les Ecriuains eurent aussy leurs Tables particulieres pour prendre compte de tout. Lorsque chacun eut pris son rang, les Interpretes se prosternent deuant les Mandarins, firent les trois battemens de téte suiuant la coutume du pays, et ensuite on commença a ouurir les Balots. Les premiers se trouuerent des Tableaux et Portraits qu'ils regarderent longtemps; Ils virent ensuite quelques Caisses de Crystaux dont ils ecriuirent le nombre, les qualitez et la grandeur auec vne exactitude incroyable. Sur les 2. heures apres midy les Mandarins remonterent en chaize; Les Directeurs leur auoient fait preparer vn Diner magnifique a la Chinoise: mais ils s'en excuserent et dirent que c'étoit a eux a commencer. Effectiuement ils donnent toujours la Comedie et regalent les marchands étrangers auec qui ils ont a faire: Ce qu'ils n'obseruerent point auec nos Directeurs, prevoyant bien qu'il n'y auroit pas beaucoup a mordre pour eux. Les Ecriuains s'accommoderent du Diner qu'on auoit preparé pour les Mandarins et resterent * jusqu'au soir a visiter quelques autres Caisses de Cristaux et des Draps.

Les Mandarins de la Douane viennent a la maison de la Compagnie.

Decembre 1698 [fol. 83vo]

Les Ecriuains reunirent encore le Lendemain pour visiter le reste des Balots qui auoient été debarqués; Ils aunerent les Draps et compterent les Crystaux piece a piece auec la méme exactitude que le jour precedent. C'est vn suplice pour Européens d'auoir a faire a des gens aussy phlegmatiques et aussy fourbes que le sont les Chinois.

Le 20. ils arriua de Manilhe vne Somme Chinoise d'enuiron 200 Tonneaux; Il y en auoit pour lors plusieurs deuant Canton prêtes a mettre a la voile pour Batauie, pour Siam, et la Cochinchine.

Commerce des Hollandois a la Chine.

Celles qui étoient pour Batauie étoient toutes chargeés pour le compte des Hollandois et portoient la pluspart leur pauillon; Ils font ainsy leur Commerce par toute la Chine par le moyen des Chinois mémes; Ils en tinrent tout ce qu'il y a de plus beau et de plus curieux, et a tres bon marché, sans étre exposez aux Auanies que reçoiuent continuellement les Marchands Etrangers dans les ports de cet Empire.

Le 22. Le second Directeur partit pour Macaö; il y fut pour acheter vn petit batiment de 8. Canons et de 150. Tonneaux, qu'vn Portugais vouloit vendre. Comme * il n'étoit pas possible selon toutes les apa- Decembre 1698 [fol. 84]
rences que l'Amphitrite pût partir plutôt qu'au mois d'Octobre de l'anneé suiuante, le s.r Benac vouloit mettre dans ce petit batiment vne Cargaison de 35. a 40000.tt et l'enuoyer en France pour donner des auis certains a la Compagnie de tout ce qui se passoit, et pour presser le départ d'vn second vaisseau qu'il auoit demandé de concert auec le Pere Bouuet auec 200000.tt d'argent comptant dans les lettres qu'ils Ecriuirent du Cap de Bonne Esperance.

Le 24. on presenta vne requeste au Houpou pour auoir la Chape ou permission de vendre et acheter. Le Houpou répondit qu'il ne la donneroit point qu'auparauant on n'eut dechargé toutes les marchandises qu'on auoit declareés: Ce qui étoit fort dificile: parce que le reste étoit pour la pluspart mélé auec les marchandises qui deuoient aller a Pekin, et qu'on ne pouuoit les separer dans le vaisseau: Cependant il le falut faire.

Le 30. On dechargea 18. ou 20. Bariques d'Eau de vie qui étoient du contenu de la facture des marchandises qui deuoient étre venduës a Canton. Le 31. Le s.r Benac vint a bord pour y faire separer le reste de celles qui auoient été declareés.

Nous restames jusqu'au commencement de l'anneé 1699. Sans receuoir aucune nouuelle * de Pekin. Le Pere Bouuet attendoit et Januier 1699 [fol. 84 vo]
remettoit toujours les Directeurs de 8. jours en 8. jours; Enfin le 2. januier ils furent ensemble luy representer le tort qu'il faisoit a la Compagnie d'auoir ainsy exposé le vaisseau a vn retardement si considerable; Que le temps qu'ils luy auoient donné étoit expiré il y

auoit vn mois; Qu'ils ne doutoient point qu'il n'eut receu de nouuelles; et qu'ils étoient dans la resolution de declarer toutes leurs marchandises au Houpou, et de les vendre ou troquer, afin de pouuoir depêcher le vaisseau.

Le Pere Bouuet leur representa encore que l'Empereur auoit tardé cette anneé la plus que dans tous ses autres voyages; que c'étoit vn malheur qu'on n'auoit pû preuoir, et que cependent il falloit attendre jusqu'au bout puis que les demarches étoient faites; Que s'ils étoient absolument dans la resolution de disposer des Effets de la Compagnie, ils n'auoient qu'a sortir tout d'vn coup de la Chine sans pretendre d'y faire jamais aucun commerce, et qu'on ne se joüoit pas ainsy des Princes. Les Directeurs furent obligez de se payer de raison, et d'attendre jusqu'a la fin.

Le 3. Januier nôtre second Directeur reuint de Macaö, ou ses negociations n'auoient pas eu de succez; Le Gouuerneur auoit defendu de vendre aucun Batiment au François comme vne chose contraire
Januier 1699 [fol. 85] aux Ordres du Roy de Portugal et au Commerce de la ville. Les * Directeurs s'y prirent mal: Car ou ils eussent dû s'adresser au Gouuerneur méme afin de preuenir cette deffense par quelque present, ou bien faire acheter le Batiment sous le nom de quelque marchand Chinois.

Le Houpou va a Macaö.

Le 6. Le premier Houpou fut a Macaö pour tirer les droits des Batimens qui venoient de Manilhe, Chinois, Portugais, Armeniens, et Anglois. Ces dernieres vont de Madras a Manilhe sous la Baniere Portugaise, et viennent ensuite a Macaö auant de retourner a la Côte de Coromandel changer leur argent en or.

Ce méme jour le s.[r] Benac fit de nouuelles instances au P. Bouuet pour faire decharger dans la maison de la Compagnie les marchandises qui étoient destineés pour Pékin, luy remontrant qu'elles n'étoient nullement en seureté dans les Barques ou elles étoient depuis 2. mois le long du vaisseau exposeés aux injures du temps, et aussy pour étre toujours prêts a trauailler au Nauire, suposé qu'on le fit partir auant la fin de la mouçon. Le Pere ne voulant point laisser ces marchandises a la disposition des Directeurs n'auoit garde de les laisser debarquer dans les magazins de la Compagnie: Mais il offrit de les faire mettre dans des Barques mandarines ou dans quelque maison de la ville ou * elles seroient gardeés par des Soldats Chinois, A quoy les Directeurs ne voulurent nullement consentir: Parce que c'étoit abandonner les Effets au gré du Pere et s'en desaisir contre les ordres de la Compagnie. Janvier 1966 [fol. 85 vo]

Le 7. On dechargea le reste des marchandises qui auoient été declareés a la Doüane; Et le 9. Les Douaniers vinrent faire l'ouuerture des Balots comme ils auoient fait la premiere fois.[1]

Le 15.[2] Le p.er Houpou reuint de Macaö.

Le 17. Le s.r Francia fut au Tribunal de la Doüane demander la Chape pour la liberté du Commerce ayant alors debarqué toutes les marchandises comme l'auoient souhaité les Mandarins.

Premieres nouuelles venuës de Pekin.

Le 19. il arriua enfin des nouuelles de la Cour; Il y auoit 3. lettres du Pere de Fontaney datteés du 25. Nouembre pour les Peres François, et en méme temps vne pour M.r De la Roque, et la 3.e du 5.e decemb. adresseé aux mémes Peres: Parce qu'on croyoit le Pere Bouuet déja party pour Pékin. Ces Lettres marquoient que l'Empereur n'étoit pas encore de retour, qu'il deuoit arriuer le 16.e Decembre, et que 8. jours apres pour le plus tard les reponses positiues partiroient; Qu'Il auoit déja paru bien satisfait de ce que les François étoient venus dans ces Etats; Que * le Prince heritier auoit dit que c'étoit vne chose considerable que le Roy de France eut donné vn de ses vaisseaux et vn de ses Mandarins pour ramener le P. Bouuet a la Chine, et que l'on deuoit en être reconnoissant. Enfin ces Lettres marquoient qu'aucun des Peres n'auoit été cette anneé là en Tartarie, Et que le Pere Gerbillon étoit bien malade. Janvier 1699 [fol. 86]

Les Directeurs ont la liberté du Commerce.

Le 20. Le Houpou deliura vne Chape qui donnoit liberté entiere aux Marchands de la ville de commercer auec les François. Le peuple qui nous croyoit chargez d'argent aporta de toutes parts vne si grande quantité de marchandises qu'en 15. jours il eut été facile de faire la Cargaison: Mais les Directeurs qui ne pouuoient encore juger de

---

[1] Bannisters Berieht fügt hinzu (p. 132): "The goods from Pekin were still in the Chinese boats by the shore, because Father Bouvet would not allow them to be sent to the Company's warehouse, but to a house taken for the emperor. On the other hand, M. de Benac would not consent to these goods being at the command of Father Bouvet; so between them, all was at the mercy of the weather."

[2] Bannisters Bericht sagt (p. 133): "The 18th".

la suite des affaires ne se presserent pas de rien acheter; Les Chinois ne s'accommodoient pas volontiers de nos marchandises, et d'ailleurs la Chape fut interrompuë par les secondes nouuelles de Pékin.

Le 25. a midy il arriua vn Courrier qui precedoit 3. Enuoyez de la Cour qui arriuerent la nuit suiuante: Le 1.er étoit Incama officier Tartare de la maison de l'Empereur, et les deux autres le Pere Suärez Portugais, et le Pere Visdelou; ils étoient venus de Pekin en 32. jours[1] qui étoit justement te terme * qui leur auoit été prescrit pour se rendre.

Arriueé de 3. Enoyez de l'Empereur.

Januier 1699 [fol. 86 vo]

L'ordre pour les Postes dans la Chine est admirable; Il est vray qu'elles ne sont établies que pour les affaires d'Etat: mais cela est d'vne ponctualité charmante; on fait ordinairement auec les Cheuaux de Poste 70. Lieuës en 24. heures, et chaque poste de 6. a 7. lieuës toutes de 3600. pas Geometriques. Dans les endroits qui sont impraticables pour les cheuaux il y a des chaises a porteurs auec lesquelles on fait 30. lieuës en 24. heures; et par Eau on fait souuent plus de diligence qu'auec les Cheuaux. Il y a 20. ans qu'vn Enuoyé vint de Pekin a Canton en 16. jours; quoy qu'il y ait pres de 600. lieuës; Il aportoit au roy de cette prouince vn Cordon de Soye, auec lequel L'Empereur le prioit de se pendre.

Le 26. a la pointe du jour Le Viceroy et tous les autres principaux Mandarins de la ville furent au Tien-tçe-ma-teou receuoir les Enuoyéz; En arriuant ils se prosternerent deuant eux comme representans la personne de l'Empereur; Ils se tournerent ensuite du côté du Nord, et fraperent trois fois la téte contre terre; ils se releuerent et firent trois fois la méme chose, le tout pour demander auec respect la santé de sa Majesté Imperiale. Apres cette Ceremonie les Enuoyés furent conduits chacun dans vn Cong-coüen particulier qui leur auoit été preparé. Le Pere Visdelou vint en passant a celuy du Pere Bouuet, ou M.r De la Roque et la pluspart des officiers du vaisseau l'attendoient. Il fut receu auec plaisir de tout le monde, et de son côté il étoit rauy de voir des François. C'est vn bel homme de petite taille, d'vn Esprit aisé, d'vne conuersation agreable, et en tout d'vn genie extraordinaire; Il nous dit que l'Empereur auoit été 103. jours dans son voyage; qu'il auoit auancé jusqu'a 500. lieuës dans la Tartarie Occidentale; et qu'enfin il y auoit subjugué tous ses Ennemis;

Januier 1699 [fol. 87]

[1] Bannisters Bericht sagt (p. 134): "thirty days."

Qu'il étoit tres content de l'arrіueé du P. Bouuet, et qu'il eut méme souhaité de voir des François, si on ne luy eut marqué que le vaisseau deuoit partir vers le mois de mars.

Le Pere Suärez est vn petit homme de peu de mine, mais grand Politique: On pretend que le Pere Grimaldi President du Tribunal des Matematiques auoit beaucoup contribué a enuoyer ce Pere Portugais pour voir la suite de toute cette affaire; Il étoit, disoit-on, jaloux que nos Peres fussent venus auec tant d'Eclat; mais la veritable raison est que l'Empereur qui sçait les differens des deux factions auoit * enuoyé expres celuy cy pour sçauoir le pour et le contre des negociations du Pere Bouuet.

Januier 1699 [fol. 87 vo]

Le 27. Les Directeurs furent voir le Pere Visdelou au sujet des affaires de la Compagnie.

Visite des Directeurs au Pere Visdelou au sujet de leurs affaires.

Le Pere leur dit que L'Empereur remettoit les droits; Qu'il leur accordoit vn Etablissement et la permission d'acheter vn maison dans la ville de Canton; Qu'il auoit aussy accepté les marchandises qu'on luy auoit offertes, mais que ne voulant pas les acheter publiquement il enuoyeroit aux Mandarins des ordres secrets pour les prendre en leur nom; Qu'a l'egard de la facture qui auoit été enuoyeé a Pekin auec le prix a l'augmentation de 50. p. °/o ils n'auroient eu garde de la montrer a l'Empereur, et que d'ailleurs il n'étoit pas juste de donner des marchandises de cette nature a si bas prix. C'étoit deffaire entierement tout ce que le Pere Bouuet auoit fait: De sorte qu'alors nous nous trouuames aussy peu auancez que le premier jour, Et le pere Visdelou n'asseuroit encore rien de positif. Il n'étoit pas question que de faire vne decharge generale des marchandises pour en separer les presens qui auoient été determinez pour l'Empereur et c'étoit cela seul qui faisoit agir les Enuoyez: Car ce Prince étoit, disoit-on, dans vne impatience terrible de voir des Ouurages des François dont on luy auoit dit * des merueilles. Les presens pour l'Empereur de la maniere que le Pere Bouuet les auoit changez contenoient plus de 200. Articles de ce qu'il y auoit de plus beau et de plus rare dans la Cargaison; Il y en auoit aussy de considerables pour le Prince heritier, Pour le Seigneur Sozan, pour les Ministres d'Etat, pour vn officier de la Chambre, pour vn Eunuque, pour des Pages, et quelques autres officiers de l'Empereur, tous gens a la deuotion des Peres Jesuites.

Janиier 1699 [fol. 88]

Difficulté du Sieur Benac a donner les presens pour l'Empereur.

Le Pere Bouuet en rompant le voyage de Pékin que la Compagnie auoit reglé, disoit-il, sans le consulter, auoit promis a Mr Benac que lors que les marchandises seroient accepteés, et que le vaisseau auroit été expedié, il iroit auec des presens a Pekin pour y negocier luy méme l'Etablissement que la Compagnie demandoit. Le s.[r] Benac qui croyoit trouuer la pierre philosophale dans ce voyage particulier auoit volontiers renuersé les Ordres de la Compagnie, et auoit toujours consenty aux dispositions que le P. Bouuet donna a toutes choses: Mais lorsqu'il vit ses projets changer tout d'vn coup de face, il ne fut plus le méme; Ils reprocha aux Peres qu'on l'auoit trompé, et declara qu'il n'abandonneroit point les presens, qu'il ne fut luy méme a Pékin les presenter comme c'étoit l'intention de la Compagnie. D'vn autre * côté les autres Directeurs s'oposoient a la quantité des presens que le P. Bouuet demandoit, disant qu'ils excedoient de plus de 12000.[tt] ceux que la Compagnie auoit prescrit: mais toutes ces opositions n'étoient plus de saison, et il fallut par force en passer par la; D'ailleurs cette quantité de presens ne seruit pas peu pour la remise que nous fit l'Empereur generalement de tous les droits, que sans cela nous eussions bien eu de la peine a payer: Car du train que prenoient les Doüaniers la Caisse toute entiere n'y eut pas suffi.

Janvier 1699 [fol. 88 vo]

Le 29. les Directeurs donnerent au Houpou 600. Taëls a compte des droits qui leur étoient dûs pour les marchandises qui étoient a Canton; Il auoit déja eu outre cette somme pour enuiron 300. Taels de marchandises. Les Directeurs firent là vne demarche sans consulter les Peres; s'ils ne se fussent pas tant pressez ils auroient epargné ces 600. Taëls a la Compagnie: puisque les droits deuoient tous étre remis.

Nouuel an des Chinois.

Le 31. Commença l'anneé des Chinois; Le nouuel an est parmy eux vne féte considerable et en quelque maniere la seule; Les Boutiques furent toutes fermeés, celles des riches jusqu'au 15. de la Lune, et celle du commun au moins deux ou trois jours. Ce n'étoit partout que rejoüissances, que Comedies, que Feux d'Artifice, et illuminations. C'est dans ce temps là que le peuple fait des * presens aux Mandarins et les Mandarins aux Tribunaux dont ils dependent; Le Tsong-tou, Le Viceroy et les principaux de chaque prouince enuoyent a l'Empereur leurs

Januier 1699 [fol. 89]

billets de compliment, qui sont toujours accompagnés de sommes considerables: De sorte qu'vne bonne partie de l'argent de l'Empire va pour lors a Pékin. L'Anneé des Chinois commence toujours par le premier jour de la Lune dans laquelle le soleil entre dans Pisces, et comme c'est ordinairement enuiron le 19. Feurier, ce changement ne peut arriuer que depuis le 20.e januier jusqu'au 20.e de feurier a peu de chose pres. Le 1.er jour de la 10.e Lune les Tribunaux des Matematiques portent a l'Empereur en ceremonie vn kalendrier pour l'anneé suiuante, et d'abord que l'Empereur l'a ratifié on le publie par tout l'Empire; cela est fort exact, et de deux ans en deux ans ou de trois ans en trois ans il y a vne aneé de 13. lunes pour s'accommoder au cours du Soleil.

Decharge generale des Marchandises.

Le 4. Feurier on fit vne décharge generale dans la maison de la Compagnie de tous les Effets qui auoient dû aller a Pékin; Les Doüaniers ne mirent leurs scellez en aucun endroit et ne toucherent rien; Ils anoient neantmoins partout des gens postez pour voir si l'on ne detourneroit point quelques Balots ne desesperant pas encore d'en tirer leur part comme ils auoient fait des autres. Feurier 1699

Remerciment fait au viceroy par M.^r^ De la Roque.

Le 5. Mr de la Roque fut auec le P. Bouuet et 4. de ses officiers chez le Viceroy pour remercier de la bonté que l'Empereur auoit euë de remettre les Droits; Ils se rendirent vers les 9. heures chez le Leang-taö, ou l'on conuint des ceremonies et de la ils furent tous ensemble chez le Viceroy ou ils furent receus dans vne salle d'Entreé par 8. Mandarins de lettres de principaux de la prouince qui leur donnerent le haut bout. Le P. Bouuet a la gauche et M.^r^ De la Roque a la droite; Ils attendirent là pres de 3. heures: parce que le Tsong-tou qui arriuoit de la Campagne étoit pour lors en conference auec le Viceroy. Sur le midy on les fit entrer; Ils passerent plusieurs cours et arriuerent enfin a l'appartement du Viceroy qui s'étoit auancé seul sur l'entreé de la porte Le P. Bouuet se presenta le premier, fit son compliment et se prosterna ensuite trois fois du côté du Nord pour remercier l'Empereur, faisant a chaque fois les battemens de téte ordinaires. M.^r^ De la Roque s'auança ensuite, et regardant aussy du côté du Nord, it flechit par trois fois le genou jusque sur le talon gauche, la téte pancheé, et fit en cette posture son compliment que le Pere Bouuet interpreta en langue Chinoise. Feurier 1699 [fol. 89 vo]

Janvier 1699 [fol. 90]

COMPLIMENT DE M.R DE LA ROQUE AU VICEROY DE CANTON, TRADUIT MOT A MOT DU CHINOIS.

La haute sagesse de l'Empereur couure les quatre parties du monde; cela est connu depuis longtemps a nôtre Royaume de France quoy qu'Eloigné de la Chine 7000. Lieuës. Le P. Bouuet enuoyé par l'Empereur en France nous en a encore instruit plus en detail. La vertu de sa Majesté imperiale est semblable a celle du Ciel et de la Terre, Sa clarté égale la clarté du Soleil et de la Lune. Ce Prince a été doué du Ciel d'vn genie extraordinaire et d'vne prudence a qui rien n'échape; Il surpasse en science tous les Siecles passez; Il n'y a point de mistere de la Philosophie qu'il ne penetre a fond; il n'ignore rien de ce que renferme l'Astronomie et la Geographie, il possede parfaitement la Geometrie et la Musique. De plus apres auoir Etoufé la rebellion des 3. Reuoltez Ousanguey Roy de Yunnan, Ken Roy de Fo-kien, et Chanda Roy de Canton, il a detruit le Caldan ce fameux voleur, et par là a asseuré le bonheur d'vne profonde paix au dedans et au dehors de la Chine. Dans la verité ce sont là des choses ou les Anciens Empereurs et Roys n'ont pû atteindre. Outre
[fol. 90 vo] cela sa Majesté a permis la Religion Chretienne * a ses sujets par ses sages Edits; Elle entretient les Prêtres qui la publient; elle leur donne des emplacemens pour bâtir des Eglises au vray Dieu. Toute la France depuis le Roy jusqu'au dernier de ses sujets est infiniment sensible a ces sortes de bienfaits qui sont eleuez comme le Ciel et grands comme la terre. Le Roy qui est le premier Monarque d'occident m'a enuoyé expres pour ramener le Pere Bouuet a la Chine; L'Empereur par vne grace singuliere a bien voulu reflechir sur le profond respect que nous luy portons, et il a remis les Droits du vaisseau, Tout autant que nous sommes sur le vaisseau nous luy en sommes infiniment redeuables.

Apres cette ceremonie le Viceroy se retira dans vne autre salle plus enfonceé, ou nos Messieurs le suiuirent vn moment apres; ils le trouuerent dans vn grand fauteüil, d'ou il se leua pour les receuoir; Il fit seoir M.r De la Roque et ses officiers a la droite, et le P. Bouuet et les Mandarins a la gauche; Il garda toujours sa place au haut bout auec vn grand serieux; Il dit que l'Empereur remettoit les droits du vaisseau; qu'il étoit fort aise de nous voir sur ses terres, qu'il auoit vne estime toute particuliere pour notre nation, et qu'il nous accordoit vn Etablissement et la Liberté entiere du Commerce.

M.r De la Roque le remercia de noueau de toutes les bontés de l'Empereur, et luy en particulier de la bonté qu'il auoit euë de luy faire donner vne maison distingueé dans la ville. Apres quelques autres complimens nos Messieurs prirent congé du Viceroy et sortirent; Il se leua seulement de son fauteuil et se tint de bout jusqu'a ce qu'il les eût perdu de veuë. Quand ils furent dans la salle ou on les auoit receus le matin, les Mandarins qui les auoient toujours accompagnez leur firent seruir a diner, et sortirent vn moment apres: parce qu'ils étoient obligez de se rendre chez le Tsong-tou. Le Leang-taö resta seul et regala nos Messieurs jusqu'a Soleil couché. Feurier 1699 [fol. 91]

Le meme soir l'Enuoyé Tartare fut rendre visite a M.r De la Roque; Il n'y étoit point encore venu: parce qu'il falloit qu'auparauant M.r de la Roque eut été faire cette visite chez le Viceroy pour remercier l'Empereur.

La remise des droits pour laquelle M.r De la Roque remercia étoit encore fort incertaine et equiuoque. Le 1er Mandarin de la Doüane consentoit bien a vne remise generale: mais le second ne voulut jamais demordre, et dit que ces droits ne s'entendoient que pour le mesurage du vaisseau et qu'il vouloit en auoir vne explication positiue de la Cour.

Cette visite chez le Viceroy fut vn noueau * coup de desespoir pour le S.r Benac; Il auoit pretendu deuoir faire le remerciment comme representant la Compagnie, et que M.r De la Roque n'étant que pour le commandem.t du vaisseau en particulier, il ne deuoit point paroitre dans les negociations publiques; Il protesta de noueau qu'il ne donneroit point les presens qu'on n'eut fait reparation d'honneur a sa charge, ou qu'il étoit prét a s'en demettre. Ces disputes durerent jusqu'au 9. et penserent eclater[1]; L'Enuoyé Tartare murmurait déja. A la fin les choses se pacifierent; Le Pere Bouuet donna au s.r Benac des decharges par Ecrit pour le justifier aupres de la Compagnie de la disposition qu'on auoit prise pour les marchandises qui deuoient aller a Pékin, pour les presens et pour le retard Feurier 1699 [fol. 91 vo]

---

[1] Bannisters Bericht sagt (p. 136): "This visit was conducted in great form. M. de Benac had claimed the privilege of heading it as chief of the Company, and exclusively representing it wherever it was absent. He complained bitterly that the Fathers had deceived him, by promising not to deliver the presents; and demanded an apology. He pushed matters so far and so absurdly about the presents, that it was proposed to shut him up as insane, to prevent the scandal he seemed likely to commit."

du vaisseau, en disant que tout s'étoit fait a la demande du Pere. Le s.r Benac de son côté donna les presens.

Le 11. et le 12. le Pere Bouuet vint choisir les presens pour l'Empereur et pour les Princes.

Le Viceroy traite M.r De la Roque.

Le 12. M.r De la Roque auec le Pere Bouuet et la pluspart de ses officiers fut souper chez le Viceroy; Les Mandarins de lettres les receurent comme la premiere fois; Le Viceroy garda aussy toujours le haut bout dans son fauteüil et mangea seul a vne table; Tous les autres étoient par ordre en deux rangs a vne petite table quarreé: De sorte qu'il y a auoit 8. a 9. Tables. M.r De la Roque * et ses officiers furent ce jour là a gauche et le Pere Bouuet et les Mandarins a la droite. La Comedie accompagna le repas, et le tout dura depuis 4. heures apres midy jusqu'a 9. heures du soir apres quoy chacun se retira.

Feurier 1699 [fol. 92]

Le 16. Le Pere Visdelou fit élargir Denis ce Chrétien Chinois que le Houpou auoit fait arréter il y auoit deux mois; Ce pauure homme auoit été fort mal traité pour nous auoir rendu seruice.

Il entre vn Batiment Espagnol.

Le 17. il monta en Riuiere vn petit Batiment Espagnol d'Enuiron 80. Tonneaux, qui fut moüiller aupres de l'Anglois. Il aportoit de Manilhe la pension des Missionnaires Espagnols qui sont dispersez dans les Prouinces de la Chine, et auoit pour son commerce vn fond de 100000. Ecus. Le Roy d'Espagne entretient dans cet Empire 25. ou 30. Religieux Franciscains, Dominicains et Augustins, et leur donne a chacun regulierement vne Pension de 100. Ecus. Outre cela il sort tous les ans de Manilhe pres de 10000. Ecus pour fonder des Eglises et des Seminaires en differentes Prouinces. Les Batimens Espagnols ne montent en Riuiere que depuis 4. ou 5. ans; auparauant ils restoient tous a Macaö.

Les Enuoyez venoient tous les jours dans la maison de la Compagnie pour faire embaler les presens; l'Enuoyé Tartare y trauailloit * luy méme du matin jusqu'au soir. On ne s'epargne pas quand il s'agit des affaires de l'Empereur; Les Ouuriers et les Materiaux tout est compté pour rien, et tout se fait auec vne exactitude et vne propreté charmante.

Feurier 1699 [fol. 92 vo]

Le 21. le Pere Visdelou vint voir le vaisseau; M.r De la Roque regala de 9. coups de Canon.

Le 22. Le Viceroy receut les presens de la Compagnie qu'il auoit refusé jusqu'alors; Il prit seulement vn Miroir, vn Lustre, vne Pendule, et vn Fuzil Et renuoya plusieurs petits Articles qui consistoient en Tableaux, Etuis, Liqueurs et autres choses semblables qui n'étoient pas aparemment de son gout.

Depart des Enuoyés pour la Cour auec tous les presens.

Le 24. Tous les presens pour l'Empereur et pour les Princes étant expediez et embarquez, l'Enuoyé Tartare fit sur les 10. heures du soir auertir les Peres qu'il étoit prét a partir. Cette precipitation et vne heure si induë allarmerent vn peu le Pere Bouuet; Il auoit vn grand nombre de balots et de Caisses, ou il auoit pour l'Empereur quelques presens particuliers du Roy. Il se donna neantmoins tant de mouuement qu'il fit generalement tout transporter pendant le reste de la nuit. Les autres Enuoyez Le Pere Visdelou et le Pere Suärez firent aussy toutes leurs diligences pour disposer chacun des Barques qui leurs étoient destineés afin qu'on ne pût les charger d'aucun retardement, qui est * vn crime capital dans les affaires qui concernent l'Empereur. L'Enuoyé Tartare auec toute sa precipitation emportoit a la Compagnie pour 200. Taëls de marchandises sans se vanter de rien. Ces sortes de tours sont ordinaires aux plus honnétes gens de la Chine.

Feurier 1699 [fol. 93]

Le 25. des la pointe du jour Le Tsong-tou, le Viceroy, et tous les autres Mandarins de lettres et de guerre qui vinrent visiter les Enuoyez dans leurs barques. Sur le midy ils s'assemblerent par ordre en habit de ceremonie au milieu de Tien-tçe-ma-téou, et là se prosternant tous ensemble du côté du Nord ils suplierent les Enuoyez de vouloir bien quand ils seroient arriuez a la Cour leur mander la santé de l'Empereur; ils firent les trois battemens de téte, se releuerent, et firent 3. fois la méme chose. En méme temps on hissa les Pauillons dans toutes les Barques; Les Enuoyez qui étoient descendus pour assister a la ceremonie se rembarquerent; Les Barques leuerent le Piquet et defilerent par ordre. J'en comptay en tout 57. qui occupoient sur la Riuiere vne grande demi lieuë.

A la téte de cette flote marchoient premierement 4. Barques qui portoient les presens de l'Empereur; Elles auoient vn Pauillon jaune a poupe. l'Enuoyé Tartare marchoit ensuite auec trois Barques pour sa cuisine et son bagage. Le Pere Visdelou suiuoit l'Enuoyé Tartare

Feurier 1699 [fol. 93vo] et auoit aussy trois * Barques. Le Pere Parrenin étoit auec luy. Le Pere Bouuet auoit auec luy le Pere Barborier et suiuoit le Pere Visdelou auec six Barques de charge. Les Peres Geneix, Regis, Pernon, Prémare, Dolzé, Le Frere Belleuille et le Peintre Italien marchoient ensuite et auoient vne Barque mandarine de deux en deux. Apres ces Barques suiuoient 20. Barques de charge, ou étoient en partie les presens pour les Princes, Pour les Ministres, et autres. Le Pere Suärez marchoit a la queuë et faisoit l'arriere garde auec 12. autres Barques de charge.

Les Barques Mandarines sont de grands Batimens plats qu'on pourroit proprement appeller des maisons flotantes, tant les apartemens en sont vastes, commodes et bien meublez; Elles sont de toutes grandeurs; Le Pere Le Comte en fait la description dans ses memoires.

Le Pere Baborier et le Pere Prémare deuoient rester a Nan-tchang-fou, et les Peres Parrenin et Regis a Nankin. Le Pere Bernon, Geneix, Dolzé, Le Frere Belleuille et le Peintre Italien étoient apellez a la Cour par l'Empereur. Le Pere de Brossia resta a Canton superieur de l'Eglise vacante que le Pere de Fontaney auoit acheteé l'anneé precedente, et le Pere Domenge fut nommé pour rester Aumònier
[fol. 94] sur le vaisseau. Tous ces Peres auoient leurs talens particuliers; ils * auoient dés longtemps partagé Les sciences entr'eux, et pretendoient épuiser tout ce qui nous reste a sçauoir de ce vaste Empire.

Le Pere Regis auoit en partage La Geometrie et l'Astronomie des Chinois.

Le Pere de Brossia La Physique et la science des choses naturelles.

Le Pere Geneix La Musique.

Le Pere Prémare la Poësie Chinoise et les Caracteres.

Le Pere Dolzé La Theologie des Chinois et leurs differens cultes.

Le Pere Pernon l'histoire generale de La Chine. Ce Pere auoit vn talent particulier pour toucher les instrumens de musique.

La Pere Baborier l'histoire particuliere des Empereurs de la Chine.

Le Pere Parrenin les Mecaniques et l'Art militaire.

Le Frere Belleuille La Peinture, La Sculpture et l'Architecture qu'il possedoit parfaitement; il sçauoit outre cela mille Secrets curieux et differens tours de Gobelets qui diuertiront l'Empereur.

Le 1.er mars le vaisseau Anglois descendit la Riuiere et apareilla pour Batauie; il eut toutes les peines du monde a terminer auec les Mandarins de la Doüane, qui luy susciterent mille chicanes pour en tirer encore quelque somme d'argent auant son depart, et peut estre n'eut il pas été si tost expedié sans la recommandation * du Pere Visdelou a qui les Mandarins n'osoient manquer de parole. M.r De la Roque enuoyoit par ce vaisseau M.r De Sabreuois en France pour informer la Cour des negociations de cette nouuelle compagnie; il marquoit qu'il partiroit au mois d'octobre, et demandoit (en cas qu'il y eut guerre en Europe) vne Fregate d'auis, a laquelle il donnoit rendez-vous au Fayal pour le mois d'Auril de l'anneé suiuante. Mars 1699

Le Vaisseau Anglois apareille pour Batauie.

Mars 1699 [fol. 94 vo].

Le 2. Les Directeurs étans debarassez de toutes les dépeches et papiers qu'ils enuoyerent aussy en France par le Vaisseau Anglois, commencerent a faire vn inuentaire general des Effets de la Compagnie; Le Leäng-taö prit apres le départ des Peres pour 14. ou 15000.tt de marchandises pour lesquelles il deuoit faire venir des Vernis et des Soïeries de Nankin. Au reste aucun Chinois n'osoit aporter ny sortir des marchandises de la maison de la Compagnie a cause des Doüaniers, qui auoient toujours des Espions deuant et derriere.

Le 9. Les Directeurs donnerent au Houpou vne declaration en general de toutes les marchandises qui auoient dû aller a Pékin; ils auoient demander plusieurs fois a voir les Balots article pour article: mais on leur representa que cela ne se pouuoit sans courir risque de casser plusieurs glaces. De quelque manière que les choses dussent tourner ils ne vouloient rien perdre et * pretendoient auoir de l'Empereur vne remise sur leur ferme a la concurence des droits du mesurage du vaisseau et de toutes les marchandises. La ferme des Doüanes de la Prouince de Canton montoit cette anneé la a 40000. Taëls. Mars 1699 [fol. 95]

L'Empereur étoit pour lors dans la Prouince de Nankin; il s'auançoit toujours vers les prouinces meridionales, et le bruit courut longtemps qu'il viendroit jusqu'a Canton.

Le 14. Auril les Espagnols ayant voulu passer quelques vaisselles de Toutenague et de Cuiure sans payer les droits, furent arrétez par les gens du Houpou, on en mena au Tribunal de la Doüane vn des principaux qui étoit sergent major de la Hourque de la nouuelle Espagne; On le maltraita fort et méme on luy donna quelques coups de Bambou, Auril 1699

Insulte faite aux Espagnols par les Chinois.

et le Capitaine luy méme eut peine a s'en garantir. Les Espagnols étoient bien piquez de cet affront et promettoient fort de s'en vanger a Manilhe: Mais peut étre n'y seroient ils pas bien venus: Car on dit qu'il y a dans cette ville ou aux enuirons 25. a 30 000. Chinois.

Le 15. nous eumes vn gros coup de vent mélé de pluye et de grosse gresle, il se perdit ce jour la plus de 200. Bateaux sur la Riuiere.

Auril 1699 Le 22. Il nous mourut vn Matelot.

[fol. 95 vo] Le 26. l'Espagnol descendit la Riuiere et apareilla pour Manilhe; En passant il nous salüa de 5. coups de Pierrier; nous luy repondimes de 3. coups de Canon, et il remercia d'vn. Ce Batiment portoit ses marchandises a la Hourque de la nouuelle Espagne qui deuoit a la s.t Jean partir de Manilhe pour Acapulco.[1]

Le Batiment Espagnol retourne a Manilhe.

May 1699 Le 2. may le Pere de Brossia receut vne lettre de Pekin du Pere de Fontaney par laquelle il marquoit que le Prince Sozan releuoit d'vne grande maladie, et qu'étant persuadé qu'il deuoit sa guerison au Dieu des Chretiens, il étoit venu dans leur Eglise se prosterner au pied des Autels. Ce Seigneur auoit été depuis peu en quelque maniere disgracié: mais il étoit toujours consideré comme vn homme qui auoit rendu de grands seruices a l'Etat.

Le 8. il moüilla a l'Entreé de la Riuiere vn vaisseau que les Doüaniers crurent françois; Ils nous asseurent qu'ils auoient veu vn pauillon blanc: Ce qui nous donna lieu d'y enuoyer; nôtre Canot y fut. C'étoit vn vaisseau More de 20. pieces de Canon, d'enuiron 300. Tonneaux et de 200.

Il entre un vaisseau More.

---

1 Bannisters Bericht fügt hinzu (S. 139/140): "The night of the 27th, some Chinese made a hole in the wall of our hospital, and carried off the men's muskets with the surgical instruments. M. de la Roque went up to Canton to demand justice of Leangtao. The mandarin was a warm friend of Father Bouvet, and had promised us his good offices in all difficulties. He accordingly set inquiries on foot, and sent an inferior mandarin to the spot. They arrested the suspected culprit, whom they took to Canton in chains. The matter was actively searched into; but the stolen articles were never got back.

Towards the end of this month, M. de Benac caused the mirrors, which were not in good order, to be carried back to the house, but in the company of M. Basses. The Company's third director went to reside in it with some workmen, and they began to perfect them next month. M. de Benac was much disposed to take a house within the walls of Canton, to be out of the jurisdiction of the Custom's mandarin, but as the success of our affairs was still doubtful, he delayed this step."

hommes d'Equipage. Il étoit party de Surate il y auoit pres de 3. ans; il auoit été pris et rançonné par vn Forban Anglois, et il venoit pour lors de Manilhe ou il auoit * trouué vn autre Batiment May 1699
More appartenant au méme Marchand; Il en étoit party le 19. du [fol. 96]
mois precedent et étoit chargé de Myrrhe, d'Encens, de Casse, et de bois de senteur auec beaucoup d'argent comptant; il ne voulut pas entrer en Riuiere sans sçauoir de quelle maniere il traiteroit auec le Houpou, et pour cet effet le Capitaine étoit allé a Canton.

Il y auoit dans ce Batiment deux marchands Portugais passagers, vn Prétre et quelques Matelots, la pluspart de ceux qui auoient été pris par le forban Anglois en sortant de Manilhe au mois de Decembre de l'anneé precedente. Le Prétre Portugais vint coucher a nôtre bord et fut le lendemain a Canton chercher vn passeport pour s'en aller a Macaö; Il nous conta toute son infortune, et nous dit d'entre autres choses que dans le Corsaire qui les auoit pris, il auoit trouué vn François Catolique qui luy donna 80 Ecus pour prier Dieu de luy donner les moyens de retourner dans son pais.

Le 11. Le More monta en Riuiere et moüilla vn peu au dessus de nous; il nous salua de 5. coups de Canon; nous luy repondimes de 3. et il remercia de trois autres.

Le 14. Le Houpou vint faire mesurer le vaisseau More; Il y fut salué en abordant * de 3. coups de Canon. M.r de la Roque luy fit May 1699
aussy honneteté par occasion, et le salua de 7. coups. Les Chinois [fol. 96 vo]
mesurent les vaisseaux Etrangers par coudeés, en multipliant la Longueur du pont par sa largeur. Il en couta au More 8500.tt pour le mesurage de son vaisseau, et a proportion il nous en eut bien coûté 10. a 12000.tt. Et lors qu'Ensuite il s'agit de payer les Droits d'vne grosse quantité de marchandises que les Doüaniers taxent a leur fantaisie, je laisse a juger si l'on doit venir a la Chine sans argent.

Le 25. il se noya a Canton vn Matelot qui seruit dans la maison de la Compagnie.

Le 26. Nous reçumes des lettres du Pere Parrenin et du Pere Regis qui marquoient que les Enuoyez auoient joint l'Empereur a 17. lieuës de Nankin, que ce Prince auoit tres bien receu le Pere Bouuet; qu'il étoit tres content des presens, et que le Tartare, Le Pere Suärez, et le Pere Visdelou auoient en ordre de les faire transporter jusqu'a Pékin

Le 10. juin il nous mourut vn homme. Juin 1699

COPIE DE DEUX LETTRES QUE LE PERE DE BROSSIA RECEUT DES PERES BOUUET, ET GERBILLON LE 18. JUIN.

Juin 1699 [fol. 97]

Lettre de Pere Bouuet.

A la veuë de Tchang-tchéou Prouince de Nankin le 12.e Auril 1699.

Mon Reuerend Pere

Lettre du Pere Bouuet au sujet de la reception que luy fit l'Empereur.

Je supose que vôtre Reuerence aura receu la lettre que je me donnay l'honneur d'Ecrire en passant par Chaö-tchéou. L'occasion que nous fournit le Neueu du Tsong-tou de Canton a qui nous Ecriuions pour luy donner auis ainsy qu'il l'a souhaité de la disposition de l'Empereur a son Egard, est trop belle pour la laisser passer sans vous faire sçauoir de nos nouuelles.

Ayant apris vers Chaö-tchéou que l'Empereur deuoit venir dans les Prouinces meridionales je ne pus me dispenser d'abandonner les Peres qui alloient auec moy a la conduite des gens du Viceroy et du Leang-taö, pour aller a grandes journeés joindre l'Empereur.

Le Pere de Visdelou qui auoit pris sur sa Barque Le Pere Parrenin et le Pere Regis les laissa en passant a Nankin. Nous priames le Pere Prémare et le Pere Baborier qui nous suiuoient de loin auec les autres Peres de rester quelque temps a Nan-tchang-fou, et d'aller a peu de temps de la occuper l'vn sçauoir le Pere Prémare l'Eglise de Kien-tchang, et l'autre sçauoir le Pere Baborier l'Eglise de Ting-tchéou
Janvier 1699 [fol. 97 vo] jusques a la mouçon prochaine suiuant la conuention arreteé auec le * Pere Visiteur.

Il y a aujourd'huy 3. semaines que nous arriuames a Yang-tchéou, c'est a dire a enuiron 20. journeés de Pékin la venuë de l'Empereur nous ayant obligé d'y sejourner quelques jours jusqu'a son arriueé. Ce fut en cette grande ville que nous luy offrimes les presens, et il parut en faire toute l'Estime qu'ils meritoient. Cela joint au fauorable accueil qu'il me fit trois jours auparauant étant allé au deuant de luy deux journeés d'Yang-tchéou, cela dis-je me guerit entierement de la vaine craints qu'on m'auoit inspiré que Sa Majesté ne fut facheé contre moy a cause du long delay de mon départ de Canton.

Pour comble de consolation les Peres Pernon, Geneix, et Dolzay auec notre frere Belleuille et Mr Gherardini étans arriuez 10. jours apres nous a deux lieuës d'Yang-tchéou le méme jour que l'Empereur en partit pour Tching-kiang nous les conduisimes le Pere Gerbillon et moy en la presence de sa Majesté qui étoit dans le Kin-chan, (c'est vn Islot au milieu du Kiang ou du grand fleuue qui paroit vn lieu enchanté tant pour la beauté des aspects qui s'etendent de tous côtez a perte de veuë, que pour le multitude et longueur des Balcons ou Galleries a balustrade de marbre qu'on y a bâties tout au tour). La maniere pleine de bonté dont l'Empereur * les receut tous cinq a la veuë des Princes ses Enfans et de plusieurs seigneurs de la Cour nous fit juger a tous qu'il ne gouta point de plaisir plus sensible dans ce lieu delicieux que celuy qu'il fit paroitre de nous y voir tous en sa presence; aussy des que nous nous fumes retirez il le quitta en ordonnant en méme temps qu'au lieu de continuer notre route vers Pekin nous le suiuissions tous six auec le Pere Gerbillon, et pour cet effet il nous fit aussytôt donner de nouuelles Barques. Hier il nous fit aller deux fois en sa presence; La premiere fois il nous y retint plus de deux heures de temps; chacun eut lieu de se conuaincre par ses propres yeux de la verité de la pluspart des choses qu'ils auoient oüy dire autrefois et tous demeurerent également charmez de l'air majestueux et de l'affabilité de ce grand Prince autant que de son habileté en toutes sortes d'Arts. Je laisse aux Peres méme le soin de vous faire tout le détail du bon accueil qui leur a été fait. A l'heure qu'il est je suis auec Mr Gherardini et notre frere Belleuille sur vne Barque ou l'Empereur passe tous les jours vne partie de la journeé; Ils trauaillent tous deux a leur coup d'essay pour la portraiture * l'Empereur qui est sensible aux beautés de la Peinture les regarde deja tous deux comme d'excellens Sujets, et Mr Gherardini est aussy enchanté des manieres du Prince.

* Juin 1699 [fol. 98]

* Juin 1699 [fol. 98 vo]

Encore que nous ne doutions nullement que le Tsong-tou, Le Fouyën, Le Leang-taö, et les autres Mandarins a leur exemple ne continüent a traiter M.[rs] les officiers du vaisseau et autres employez de la Compagnie de la méme maniere qu'ils faisoient auant notre départ, nous serions bien aises d'etre informez exactement de tout pour en rendre compte a l'Empereur, ainsy que nous auons déja fait par le passé. C'est ce que vous pouuez donner a entendre au Tsong-tou, au Viceroy, et au Leang-taö en leur faisant sçauoir que nous auons informé sa Majesté des obligations particulieres que nous leurs auons, Nous et tous les François qu'ils ont fauorisez en tout ce que nous pouuions esperer de leur part.

C'est particulierement au Tsong-tou que nous auons rendu cette justice, a cause que c'est principalement a luy que nous nous sommes redeuables d'vn traitement si fauorable.

Je suis auec vne parfaite estime et vn respect égal

Mon Reuerend Pere

Vôtre &c.

Juin 1699 [fol. 99]

Lettre du Pere Gerbillon.

A Sou-tchéou le 13.e Auril 1699.

Mon Reuerend Pere,

Encore que je n'ay jamais eu l'honneur de voir Votre Reuerence j'ay tant oüy parler de son merite et de sa vertu que je me fais vn vray plaisir d'auoir quelque part dans son amitié. C'est pour la luy demander et pour l'asseurrer de mes respects que je luy ecris d'icy ou je suis a la suite de l'Empereur, et ou les Peres Bouuet, Geneix, Pernon, Dolzay, Le Frere Belleuille, et M.r Gherardini ont aussy suiuy l'Empereur dont ils ont été receus auec plus de plaisir et d'honneur que vous ne sçauriez vous imaginer. Sa Majesté a temoigné vne satisfaction si grande de les voir et d'entendre parler de leurs talens, que je ne l'ay jamais veu plus content. Les presens que le Pere Bouuet luy a presentez tant ceux que le roy luy auoit donnéz que ceux de M.r Jourdan et de M.rs ses associez ont aussy été tres agreablement receus, et ont éfacé par leur beauté et par leur magnificence tout ce qui a jamais été aporté des pays étrangers en cette Cour. Je laisse a vos chers compagnons et au Pere Bouuet de vous Ecrire le détail. Nous auons lieu d'esperer que tout cela contribuera beau-
Juin 1699 coup a augmenter la bienveillance de l'Empereur * a notre egard,
[fol. 99vo] et le disposer a fauoriser les desseins que nous auons pour l'agrandissement du Christianisme dans cet Empire, et a proteger d'vne maniere particuliere les François qui voudront venir trafiquer a la Chine. Comme je n'ay pas l'honneur d'étre connu de M.rs De la Roque et Benac, je ne veux pas les importuner par mes lettres, je vous prie seulement de les asseurer de mes tres humbles respects et de leur dire que j'ay bien de la joye que mes petits soins leur ayent procuré aupres de l'Empereur et du Prince heritier ce qu'ils desiroient pour la liberté du Commerce. Je me feray toujours vn vray plaisir de seruir tous nos François qui viendront a la Chine. Vous pourez aussy dire au Tsong-tou et au Viceroy que j'ay dit a l'Empereur qu'ils auoient si bien traité tous nos Peres et méme tous les

François qu'ils ne pouuoient se lasser de se loüer d'eux et que la sagesse et la grandeur d'ame auec laquelle ils gouuernent la Prouince de Canton, auoit encore rehaussé l'ideé que nos François auoient déja de la haute sagesse et la grandeur de l'Empereur.

Dans la disposition ou est l'Empereur a nôtre égard nous pouuons esperer qu'il fauorisera beaucoup nos desseins pour la Religion; Ainsy quand vous aurez besoin de quelque recommandation aupres des Mandarins adressez vous a nous.

Je suis &c.

Mon Reuerend Pere

Vôtre &c.

Je marqueray icy deux circonstances d'ne 3.e lettre que le sieur Benac receut du Pere Visdelou peu de jours apres les precedentes. Juin 1699. [fol. 100]

L'Enuoyé Tartare puny pour auoir laissé les Peres en chemin.

I.r Que le Tartare qui auoit cru faire sa Cour en arriuant plûtôt que les Peres auoit été tres mal receu pour les auoir quitté et pour auoir abandonné les presens. Que joignant a cela plusieurs vexations qu'il auoit faites sur la route l'Empereur l'auoit condamné a perdre tous les Employs qu'il auoit dans le Palais, et a y seruir de valet de pied pendant vn certain temps. 2.° Que la maniere dont les presens furent receus étoit bien differente de celle dont on reçoit d'ordinaire tous les presens des autres Etrangers; Que comme l'Empereur étoit alors en marche, il les auoit fait étaler a Yang-tchéou dans de grandes Salles, ou il les fit admirer a toute sa Cour, au lieu que s'ils eussent été portez a Pékin, ils eussent tout d'vn coup entré dans le Palais sans que qui que ce soit eut pû pour ainsy dire les voir.

Le Marchand de Tsongtou commençoit pour lors a traiter de l'Achat general de toutes les glaces; Le Leang-taö prenoit toûjours aussy quelques marchandises; mais cela alloit fort lentement, et ils ne butoient en aparence qu'a lasser les Directeurs pour auoir a l'extremité leurs marchandises pour * rien, lors que la nouuelle mouçon presseroit le depart du vaisseau. Juin 1699 [fol. 100vo]

Le 27. Le Nauire More fut s'echoüer dans vn bras de la Riuiere pour carener; Les Doüaniers se vangerent bien sur luy du peu de profit qu'ils faisoient auec nous; ils luy firent payer 50. Taels pour auoir permission d'echoüer et 50. autres pour pouuoir seulement auoir vne Tente a Terre, sans compter mille autres auanies.

Juillet 1699 Le 5.e Juillet il nous mourut vn homme.

Le 12. il entra en riuiere deux sommes Chinoises qui venoient de Batauie chargeés de poiure. Nous aprimes par ces Batimens que sur la fin d'auril il auoit entré a Batauie 11. Vaisseaux Hollandois venans d'Europe, et que le 30e du méme mois le vaisseau Anglois sur lequel passoit M.[r] De Sabreuois en étoit party pour le Cap de Bonne Esperance: mais que comme la saison étoit auanceé on ne croyoit pas qu'il pût doubler, et que peut étre il seroit obligé de rester a L'Isle Bourbon ou a l'Isle maurice. Nous sçumes aussy qu'il auoit passé depuis peu a Batauie 4. vaisseaux Anglois pour Emouÿ.

Juin 1699 Le 17. nous aprimes qu'il étoit arriué a Macaö vne fregate de
[fol. 101] Goä qui amenoit vn nouueau General; Celle cy auoit payé le Pain d'or aux Hollandois deuant Malaca.

Le 19. il mourut a Canton vn ouurier de la Compagnie.

Le 24. il arriua deux nouueaux Houpou de Pékin; Ils ne deuoient entrer en exercice de leur charge que le 10. du mois suiuant; en attendant ils disposerent tout et prirent connoissance de ce qui se passoit.

Le 25. il nous mourut vn homme.

Nouuelles d'Emouy.

Le 30. Mr Basset receut vne lettre d'Emouÿ par laquelle on luy marquoit que les Peres Pelisson, Fouquet, Dantrecol, Les freres Fraperie et De Rodes venoient sur deux Batiments de Madras, et qu'ils deuoient arriuer incessament. Il receut par meme voye 2500. Taëls des pensions de leur Seminaire qu'ils n'auoient point toucheés depuis 4. ans a cause de la guerre. Mr Basset receut en méme temps d'autres lettres de Siam, qui outre les nouuelles de la negociation du Pere Tachard, marquoient qu'il étoit arriué vn grand tremblement de terre a Batauie; Que ce tremblement auoit enseuely beaucoup de monde, renuersé
Juillet 1699 plusieurs maisons, et vne partie de la * forteresse, bouché le cours de
[fol. 101vo] la Riuiere en plusieurs endroits, et qu'on auoit fait venir de Bantam 3000. Pionniers pour trauailler a remettre tout en Etat.

Aoust 1699 Le 4. Aoust il nous mourut deux hommes.

Ce méme jour nous leuames nos Ancres et remoüillames auec des Cables neufs pour preparer a receuoir le coup de vent de l'Oequinoxe; Nous empénelames celle de l'Est auec vne Ancre a toüer: parce que c'est de ce côté la que les vents sont plus a craindre.

Le 6. il nous mourut encore vn homme; Nos gens tomboient tous les jours malades a cause des grandes chaleurs.

Le 10. a l'heure de le pleine Lune selon le calcul Chinois les nouueaux Houpou entrerent en charge; les anciens apres auoir payé l'argent de leur ferme au Pou-tsien-tçe[1] Tresorier general de la Prouince de Canton, disposerent leurs affaires et partirent pour aller a Pekin solliciter de nouueaux Employs.[2] Le premier des nouueaux Houpou étoit Tartare parent du Toutou de Canton; il étoit bon homme et tres affable; Le sieur Francia fut a son Tribunal luy faire compliment, et le prier de vouloir bien honorer les François de sa protection.

Noueaux Houpou.

Le 24. au soir nous tirames 15. coups de Canon; Nous fimes 3. decharges de mousqueterie, et illuminames tous nos Mats et Vergues pour celebrer la féte du Roy. Aoust 1699 [fol. 102]

Le 27. nous eumes des lettres de Pékin qui marquoient que l'Empereur ayant resolu d'Enuoyer en France vn Enuoyé auec des presens pour le Roy, il auoit ordonné au Pere de Fontaney de se preparer pour retourner auec le vaisseau; qu'il auoit voulu d'abord y renuoyer le Pere Bouuet; mais que ce Pere s'en étoit excusé a cause ses longues fatigues de son dernier voyage: Que l'Empereur auoit marqué qu'il vouloit que le vaisseau partit au commencement de la Mouçon, et que pour cet effet il enuoyeroit des Ordres au Tsongtou pour nous faire promptement expedier. Que le Pere Visdelou deuoit aussy venir a Canton pour presser toutes choses Qu'ils deuoient partir tous deux de Pekin a la fin de Juillet, et qu'ils esperoient arriuer a la fin de septembre.

Le Pere de Fontaney destiné pour venir en Frauce.

---

[1] Bannisters Bericht schreibt (p. 143): "Poustching-Slee".

[2] Bannisters Bericht fügt hinzu (p. 143/4): "M. Francia went to the tribunal of the new hoppos to pay his respects, and ask their countenance in favour of the French. The directors did not condescend to go themselves — they thought it would be degrading; but I cannot conceive how they will escape embarrassment when another ship arrives. They must unquestionably pay the full duty, and then, out of necessity, be more manageable. The Chinese mandarins will not be trifled with; sooner or later, they make people pay for any insolence. There was an example of that at Emouy in the case of a son, or nephew of an English governor of Bombay. The mandarins of Emouy caused him to have fifty blows on his back, in spite of great offers of money and great entreaties."

Le Pere Visdelou auoit demandé par Politique a se retirer de Pékin: parce que comme il étoit fort aimé du Prince heritier, il craignoit que les Seigneurs de la Cour ne fussent jaloux de voir vn Etranger si * auant dans les bonnes graces de ce Prince; Il deuoit apres notre départ aller a Fo-kien et de Fo-kien a Nan-kin pour y faire des établissemens; il pretendoit surtout établir vn beau College dans cette derniere ville.

Le Pere Visdelou quitte la Cour.

Aoust 1699 [fol. 102vo]

Septembre 1699

Le 2. et le 6. Septembre il nous mourut deux hommes.

Le 9. au soir sur les 6. heures 3/4 Nous eumes vne Eclipse de Lune, qui n'aura point été veuë en France.

Ce méme jour nous aprimes qu'il étoit arriué a Macaö vn vaisseau de la nouuelle Compagnie d'Angleterre venant d'Europe. Le 12. M.r De la Roque y enuoya sa Chaloupe faire compliment au Capitaine Anglois et luy offrir ses seruices; elle en fut de retour le 20.

Depuis le 13. Septembre les vents commencerent a regner depuis l'Est jusqu'au Nord nordoüest bon frais beau temps; il sembloit que la mouçon se determinât a changer, et effectiuement les vents regnerent depuis presque toujours au Nord. Nous n'eumes point d'Houragan; il s'étoit passé pendant les mois de Juillet et d'Aoust en pluyes et en pluyes et en orages.[1]

Septembre 1699 [fol. 103]

Le 22. Nous sçeumes que les Peres * étoient partis de Pékin le 28. Juillet et que le Tsong-tou auoit ordre de nous expedier. Le Viceroy eut aussy ordre de payer a la Compagnie ce que l'Enuoyé Tartare deuoit pour les marchandises qu'il auoit emporteés, et il le fit dire aux Directeurs.

Octobre 1699

Le 7.e Octobre sur vn bruit qui courut qu'a Macaö il étoit arriué vn vaisseau François, M.rs Geraldin et Saliot furent au deuant auec des Pilotes du païs: mais peu de jours apres nous sçumes que c'étoit vn vaisseau Anglois qui venoit de Madras, et qu'il y auoit dessus Six Missionnaires Le Pere Beauuolier jesuitse François, M.rs Bénard, Herué, et d'Henry aussy François, et de la mëme communauté que M.r Basset, M.r Mouliners Allemand, et M.r Appiani Italien. On pretend que ce dernier auoit ordre du Pape a visiter les Missions de la Chine, du Tonquin, de la Cochinchine et de Siam.

---

1 Bannisters Bericht fügt hinzu (p. 145): "The hoppo went to Macao to prevail upon the English ship to come up the river. He apprehended she might escape him and go to Emouy, where four were taking in cargoes already."

Le 10. Notre Ecriuain mourut apres 8. mois de maladie.[1]

Le 11. Les Directeurs enuoyerent a bord 8. Charpentiers Chinois, du Bray, du Plomb, et toutes les choses necessaires pour commencer a trauailler a mettre le vaisseau en Etat.

Arriueé des P. P. Fontaney et Visdelou a Canton.

Octobre 1699 [fol. 103vo]

Le 11. au soir le Pere Fontaney et le Pere Visdelou arriuerent a Canton; ils y furent receus splendidement, et eurent tous deux des trains plus magnifiques que n'auoient eu jusqu'a present les autres Peres; ils ne sortoient l'vn et l'autre ordinairement que dans des Chaizes decouuertes et toutes doreés. Le Pere de Fontaney logea dans le méme Cong-coüen ou auoit logé le Pere Bouuet. Le Pere de Visdelou eut aussy le sien en particulier: mais il le quitta au bout de deux jours et fut demeurer au Tien-tchu-tang auec le Pere de Brossia pour y étre plus commodement.

Il y auoit longtemps que nous respirions pour l'arriueé de ces Peres; Les affaires de la Compagnie étoient dans vn si pauure Etat, qu'eux seuls étoient capables de les remettre vn peu en train: Le Tsong-tou deuoit d'vn côté, Le Leangtaö de l'autre, et cependant on ne voyoit point d'argent.[2] La pluspart des marchandises du païs rencherissoient tous les jours et les Directeurs n'auoient presque encore fait aucun achat considerable.

Il entre vn Batiment Anglois

Octobre 1699 [fol. 104]

La nuit du 11. au 12. Le vaisseau de * Madras monta en Riuiere et vint moüiller vne petite demi lieuë au dessus de nous. Le 12. au matin M.r de la Roque fut chercher le Pere Beauuollier et l'amena a bord. Le Capitaine Anglois les salua de 7. coups de Canon, le Pere étoit en chemin de la Chine depuis 12. ans; il auoit parcouru la Moscouie, La Pologne, La Turquie, et La Perse, et auoit eu mille auentures extraordinaires dans les Cours de differens Princes; Il aporta des Bulles au Pere Turcolti Jesuite Italien nommé Euesque

---

[1] Bannisters Bericht fügt hinzu (p. 145): "The directors caused him much anxiety for no just reasons. This was their way with us all."

[2] Hier fährt Bannisters Bericht fort (p. 146): "When all should have been well settled, there occurred more difficulty than ever. M. de Benac positively refused two artisans demanded by Father de Fontaney for the Emperor's service. He even carried his insanity so far as to send a formal written declaration to Father de Fontaney, charging him with being the cause of insults which the Chinese might use to him. At the same time, he requested Father de Fontaney not to interfere with the company's affairs."

Dies bringt Frogers Bericht in ähnlicher Fassung, p. 121.

de Couëi-tchéou Prouince ou il n'y a encore jusqu'a present aucun Chrétien. Sur le midy l'Anglois apareilla et vint moüiller au dessus de nous; il nous salua en passant de 7. coups de Canon; nous repondimes d'autant, et il remercia d'vn. C'étoit vn Batiment de 200. Tonneaux et de 12. pieces de Canon. Il apartenoit au Gouuerneur et a quelqu'autres particuliers de Madras; Il étoit chargé de differentes drogues pour la teinture, et auoit 100000. Ecus d'argent comptant, pour changer en or. La Compagnie des Indes d'Angleterre permet aux particuliers de faire commerce dans toute l'Asie et
Octobre 1699 [fol.104vo] par * ce moyen elle a toujours de belles et bonnes marchandises que ces mémes particuliers luy apportent dans ses magasins pour vn profit tres modique sans étre obligeé de faire des frais pour les aller chercher.

J'insereray icy vne petite relation qu'vn des Peres de Pékin enuoya au Pere de Brossia, ou l'on verra en détail tout ce qui s'est passé depuis le depart du Pere Bouuet, la reception que luy fit l'Empereur, la suite du voyage jusq'a Pékin, et les ocupations presentes des Peres qui auoient été apellez a la Cour.

Au Pere de Brossia

A Tchang-tchun-yuën a 2. lieuës
de Pékin le 23e Aoust 1699

Mon Reuerend Pere,

J'ay attendu jusqu'a present a vous marquer les particularités de nôtre voyage: parce que nous auons été dans vn mouuement continuel. A present que nous sommes a Tchang-tchun-yuën qui est le Versailles de l'Empereur de la Chine, nous auons vn peu de loisir pour respirer et pour nous entretenir auec nos amis.

Vous nous aués veu partir auec nos 25. Barques de Canton; Ainsy
Octobre 1699 [fol. 105] je n'ay rien a vous dire sur cette petite flotte que vous aués veuë vous méme, j'ay toujours eu l'auantage d'auoir jusqu'a Chaö-tchéou dans la Barque qui m'étoit destineé M.r Lirot qui est vn aimable homme; nous ne nous sommes point ennuyez sur la route quoy que nous ne fussions que deux; Pour moy du moins je m'accommodois fort de sa Compagnie; je parlois quelquefois Chinois auec vn Valet qu'il auoit, et qui s'étoit vendu pour auoir de quoy enterrer son pauure pere. Nous auons marché nuit et jour en changeant d'Equipage de 18. en 18. lieuës pour aller plus vite. C'est vne chose surprenante de voir comme on trouue facilement les 4. et 500. Hommes

pour releuer les Matelots fatiguéz qu'on renuoye. Le lieuë en lieuë il y a sur le bord des Riuieres vn Tangpou, c'est vn corps de garde ou il y a des Soldats; partout ils se mettoient en haye, battoient de leur Tambour, et tiroient 3. coups de leurs gros mousquets quand nous passions. Nous sommes venus chercher tout autre chose a la Chine que ces honneurs, et ce qui nous console c'est qu'vn Missionnaire n'est guere * sensible a tout cet apareil, qui fait rire plûtôt qu'il ne flate le coeur. Pendant plus de 50. lieuës en remontant la Riuiere de Canton nous n'auons veu sur les bords que des montagnes incultes et de tres hauts rochers: mais qui ne laissent pas de nous donner du plaisir: car plus de 15. lieuës de long ce n'étoient que des masses éfroïables de marbre de toute espece; il y auoit de ces rochers de marbre d'vne hauteur surprenante qui étoient tout a pic sur le bord de la Riuiere, et qui sembloient inuiter a couper là des piramides de 200. pieds qui se seroient trouueés toutes dresseés et placeés.

Octobre 1699 [fol. 105vo]

Au milieu de ces belles pieces il y auoit de grands creux dans le fond desquels il y auoit vn petit marmouset dont la veuë nous auroit diuerty, s'il n'auoit pas été l'objet du culte des Chinois. Nous vimes encore dans vn endroit fort desert de ces Montagnes vne belle solitude de Bonzes toute propre a seruir de retraite aux seruiteurs du vray Dieu. Nous auons trouué de 15. lieuës en 15. lieuës des bourgs qui vaudroient de bonnes villes en Europe pour le nombre de leurs habitans.

Nous ariuames a Chaö-tchéou le 3.e ou 4.e jour de notre départ; a 30. lieuës au dessus * nous changeames de Barques, les Eaux étant trop basses pour pouuoir y passer auec les nôtres.

Octobre 1699 [fol. 106]

Nous arriuames a la source du Hoangpou qui est votre Riuiere de Canton le 10.e mars. C'est là qu'il fallut tout transporter par terre en passant la fameuse montagne ou deux Riuieres prennent leur source, c'est a dire la vôtre et celle qui va a l'oposite: c'est a dire au Nord: Le Gouuerneur de Nan-hiong nous enuoya offrir 400. Portefaix, qui sur le champs se trouuerent tous prêts.

La chose que j'ay la plus admireé, c'est la docilité de ces pauures gens qui se suiuoient les vns les autres auec autant de modestie et d'ordre qu'il y en a dans nos processions bien regleés, a la reserue qu'ils alloient fort vite, aïant vne journeé de 8. lieuës a faire sans reposer et sans manger. Ce chemin est paué de marbre tout du long, et on y rencontre tant de monde que dans les ruës des villes les plus frequenteés.

A Nan-ngan nous fumes logez dans vn Cong-koën sur la Riuiere, et l'on nous y aporta tous nos Effets sans qu'il y manqua vn cheueu. Nous nous rembarquames sur des Barques qui deuoient nous conduire jusqu'a Nan-tchang-fou. Comme nos Peres enuoyez nous auoient quitté
Octobre 1699 [fol.106vo] pour suiure de pres Le * Tartare, nous fumes obligez d'aller encore nuit et jour: Ce qui ne plaisoit pas a vn de nos maitres de Barque plus mutin que les autres; Il crût auoir trouué le moyen de nous retarder en disant que son gouuernail auoit rompu et qu'il ne pouuoit repondre de la Barque dans ces Endroits, qui a la verité étoient dangereux, a moins que son gouuernail ne fût racommodé. Je me doutay que c'étoit vn jeu joüé. Nous allames faire la visite de sa Barque et de son Gouuernail; Nous trouuames qu'il n'y auoit aucun mal qu'il ne pût racommoder sur le champ, et que c'étoit luy méme qui auoit leué les planches. Il en fut quitte pour vne correction paternelle et vne demi douzaine de coups de Baton que nous luy fimes donner par vn Soldat de nôtre garde. Depuis ce temps là nous allames bien: Vne fois cependant nous donnames vers minuit sur vn rocher auec tant de rapidité que je crus ma barque en pieces; Elle fit beaucoup d'Eau sur le champ: mais peu de temps apres nous nous trouuames en Etat de continuer nôtre route; nous faisions alors 30. et 36. lieuës dans vn jour. Nous ne vimes rien depuis Nan-
Octobre 1699 [fol. 107] hiong * jusqu'a Nan-tchang-fou que la pêche des oyseaux et grande quantité de Barques sur la Riuiere.

Le 17. Mars nous arriuames a Nan-tchang-fou ou le Leäng tao nous fit vn grand present de viures dont nous n'auions pas besoin. On nous offrit et méme on nous fit amener 3. barques pour les 5. apellez, qui nous surprirent pour la grandeur, Elles n'étoient gueres moins grandes que l'Amphitrite, mais plates et toutes en chambres doreés, peintes et boiseés tres joliment: Nous crûmes que ces masses n'étoient pas propres a aller vîte; nous en demandames trois mediocres, ou nous nous trouuames logez fort au large. Nous trouuames a Nan-tchang-fou, ordre du Pere Bouuet d'y laisser les Peres Baborier et Prémare; nous leur portames enuie voyant qu'il alloient entrer dans la Vigne du Seigneur pendant que nous serions balottez çà et là. Nous ne trouuames point le Pere Noël a Nan-tchang-fou; Il étoit en mission: mais nous auions veu en passant a Can-tchéou le Pere

Amiani qui nous fit mille honnetetez, et vn beau present de confitures &c.

Nous passames le Lac de Nan-tchang-fou * toujours au plus pres, c'est a dire a 3. aires de vent; Ensuite le vent nous deuint tout a fait contraire: ce qui nous obligea de louuoyer pendant plus de 10. jours sur le Kiang qui est le grand fleuue de la Chine long de 600. lieuës qui partage la Chine en deux de l'Occident a l'Orient et qui est deux fois aussy large que le Rhin: mais si profond que le prouerbe Chinois dit que la mer n'a point de bornes et le Kiang point de Fond; nous le passames plus de 200. fois en Louuoyant: mais a 40. lieuës de Nang-tchang-fou les flots deuinrent si gros que nous fumes obligez pour euiter le danger de relâcher dans vne petite Riuiere, qui se trouua tout a propos pres de nous.

Octobre 1699 [fol. 107vo]

Le 26. mars nous vimes 2. villages flotans vers la fourche du Kiang; je comptay plus de 20. maisons sur l'vn des deux; Il y auoit la maison d'vn Mandarin auec vn Etendart a sa porte qu'il fit deployer quand il vit nos barques. Le Kiang au reste est a mon auis vn des plus beaux fleuues du monde sans rochers et d'vne profondeur Efroyable toujours couuert de Barques a en compter 25. ou 30. a la veuë, et cela toujours grandes qui * montent et qui descendent a tous vents. Le 31. nous vimes encore 3. autres villages flotans; et tout le long de ce grand fleuue nous n'auons veu que de fort beau pais bien cultiué et tout couuert de monde. Le 1.r Auril nous arriuames a Nankin ville de 13. lieuës de tour encore a present. On nous dit chez M.r l'Euéque d'Argolis, qu'il y auoit plus de deux millions de familles: ce que j'ay de la peine a croire; Le peuple y est plus poly et mieux fait qu'ailleurs. Nous y fimes vne recrûë de 8. Valets: parce que les nôtres nous auoient demandé de retourner chez eux quand ils se virent dans leur prouince. Ce qui nous determina a en prendre a Nankin, c'est qu'ils parlent mieux qu'ailleurs et sçauent mieux viure. Vn Chariot passeroit sur les murailles qui ont 13. lieuës de tour, et ces murailles sont en si bon Etat qu'il n'y manque pas vne pierre, pas méme vne piece d'ornement dont elles sont couuertes. La Tour de Porcelaine fut bruleé l'anneé passeé, je veux dire la charpente interieure; tout est racomodé a neuf et bien doré. On compte les grandes Barques du port par milliers, et c'est vn mouuement effroyable que celuy de cette ville pour étre celle du monde qui a le plus de commerce. Nous y aprimes que

Octobre 1699 [fol. 108]

Octobre 1699 [fol. 108vo] l'Empereur * n'étoit qu'a 40. Lieuës et que nos Peres étoient passez il y auoit 3. jours. Nous ne demeurames que 4. jours a Nankin afin de rejoindre nos enuoyez qui nous pressoient par leurs lettres. Je partis de Nankin auec la Colique, vn petit flux de sang et vne fieure lente; La joye que j'eus le 9.e Auril de trouuer le Pere Gerbillon suspendit pour ainsy dire la violence de mon mal; Ils nous dirent qu'ils auoient ordre de l'Empereur de nous venir prendre, et que le Tartare auoit été mal receu parce qu'il nous auoit quittez: quoy qu'il dit a l'Empereur que nous n'étions pas Loin.

Le 10. Nous allames faire nôtre Co-téou a l'Empereur qui étoit au Kin-chan, qui est vne Bonzerie au milieu du Kiang sur vne belle montagne. Le Cloitre de ces Bonzes est tout entouré d'vne grande Gallerie qui enferme toute le Montagne auec vne ballustrade de marbre blanc mais qui n'est pas poly.

A vne grande distance de l'appartement de l'Empereur nous trouuames bien des gens qui ne disoient mot, et qui saluoient le Pere Gerbillon sans parler; Nous passames deuant le 14. et 15.e Prince fils de l'Empereur mais en courant, C'est la ciuilité du pai's. On nous fit attendre enuiron vn petit quart d'heure auant que de paroitre deuant l'Empereur, qui parut Enfin dans vn Balcon sur vn fauteüil

Octobre 1699 [fol. 109] de * Bambou assez simple et habillé modestement accompagné de 3. Eunuques qui sont les Gentils-hommes de sa Chambre, Il nous laissa faire notre reuerence; Ensuite il nous fit aprocher tout pres de luy a pouuoir luy mettre en main ce que nous tenions dans les nôtres, par exemple vne mignature de N. F. Belleuille. L'Empereur demanda le nom de chacun de nous, l'age, les talens. Il me demanda la latitude de Nankin; Si j'auois fait des obseruations sur la route; je luy repondis le mieux que je pûs en Chinois, et il me demanda ou j'auois apris ce que je sçauois de la Langue. Il parut surtout extremement gouter Mr Gherardini quand on luy dit combien il étoit habile. Il se fit aporter vn Etui de Matematique pour examiner si la perspectiue de nôtre frere Belleuille étoit selon les regles qu'on luy a expliqueës et parut en étre content. Nous fumes en sa presence enuiron 3/4 d'heure, apres quoy nous nous en retournames en courant de côté comme les cheuaux d'Espagne pour ne luy pas tourner le dos tout a fait. Pendant l'audience il parla beaucoup en Tartare au Pere Gerbillon, et luy dit qu'il voyoit bien qu'on auoit cherché a le contenter tout a fait; qu'on lui auoit amené des gens d'usage, que la veille il auoit veu arriuer nos Barques * et demanda si elles n'étoient pas du second ordre auec les Etendars d'apellez a la Cour. Octobre 1699 [fol. 109vo]

Le 12.e nous montames sur la Barque de l'Empereur; il nous fit entrer dans son Cabinet ou nous demeurames plus de deux heures et demis, il vit ce que chacun sçauoit en particulier il entendit nôtre musique, mais il est plus curieux des regles de notre chant que de l'execution; Il voudroit perfectionner la Chinoise qui est fort imparfaite.

Le 13. il nous appella encore sur sa Barque le soir et entendit encore nôtre musique en faisant cent questions curieuses. Ce méme soir il sortit de sa barque et sur le bord de l'Eau il se fit apporter vn Demi cercle pour prendre la hauteur de l'Etoile polaire; il me fit plusieurs questions sur les Etoiles ausquelles je repondis ou de moy méme, ou par l'organe du Pere Gerbillon; L'Empereur se familiarisa extremement dans cette recontre, demeura longtemps apuyé sur l'épaule du Pere Gerbillon, et me demandant qu'elle étoit vn Etoile qui étoit pres du Canis-major, et moy conceuant q'uil me parloit d'vne autre que je montray, il me prit par le bras et dirigea mon doigt sur l'Etoile dont il vouloit parler. Je luy dis ce que je sçauois la dessus et il parut content, surtout parce qu'il remarqua * que je [fol. 110]
prenois plaisir a luy voir tracer sur la terre la situation des Etoiles du pole. Il me demanda combien l'Etoile polaire étoit éloigneé du Pole; je luy dis, il parut en douter, et se fit aporter vn instrument, qu'il dit auoir receu du Pere Verbiest, et vit là que ce que je disois étoit vray; cela le contenta, et il finit par prendre l'heure qu'il étoit aux Etoiles, et demanda si elle s'accordoit auec celle de ses Pendules.

L'Empereur ordonna alors que nous le suiuissions, il étoit aparemment bien aise que nous vissions a loisir les deux plus belles prouinces de son Empire, qui sont celle de Nankin, et de Tché Kiang. Il eut la bonté de nous ordonner de marcher deuant sa barque et de ne nous pas éloigner de luy. A Su-tchéou il nous enuoya des Mandarins pour nous faire voir la beauté du pays; ils nous menerent sur vne Montagne ou il y auoit vne grande Tour. Nous montames sur cette tour, et nous vimes a perte de veuë tout a l'entour vn jardin vniuersel couuert de toutes sortes de fruits, des champs de toutes couleurs, des bosquets çà et là, vne ville plus grande que Paris a nos Pieds, et toute la Campagne partageé de Canaux, comme le corps de l'homme est partagé de veines; Sous le ciel il n'y a rien de si beau * asseurement: Cette Tour est dans vne Pagode, ou les Bonzes nous reçeurent fort ciuilement et nous firent seruir la colation.

Octobre 1699 [fol. 110vo]

Nous continuames notre route sur le beau Canal qui est de plus de 300. lieuës, et nous allames a Hang-tchëou capitale du Tché-Kiang, ou nous trouuames encore vne ville plus grande que Su-tchéou, toutes les ruës couuertes d'vn dais perpetuel de toutes sortes de couleurs, et cela plus de deux lieuës de long pour receuoir l'Empereur. Cette féte dura 8. jours; l'Empereur nous enuoya encore des Mandarins pour nous faire voir le Si-hou qui est vn Lac enchanté; partout il y auoit des sales magnifiques pareés pour receuoir l'Empereur, et il y auoit ordre de nous faire tout voir.

Le Pere Gerbillon ménagea vne audience de l'Empereur a chaque Missionnaire qui se trouua sur la route, et l'Empereur parla a chacun en particulier, reçut leurs petits presens, et leur en fit a tous. En passant a Hang-tchéou il vit le portail de nôtre maison ou il y a en grosses lettres d'or Tien-tchu-tang. Il enuoya de luy méme voir en quel état étoit cette Eglise, et comme on luy eut rapporté qu'elle n'étoit pas encore tout a fait acheueé, il enuoya vne Somme * d'argent pour aider le Pere Laurificé a l'acheuer. Ce Pere a été le plus fauorisé; Le Fils ainé de l'Empereur luy donna vn de ses habits, et dit au Pere Gerbillon en presence du Pere Laurificé qu'il vouloit toujours étre des amis du dernier, Le recommanda au Viceroy, et luy ordonna de luy donner vn Caö-chi.

Octobre 1699 [fol. 111]

L'Empereur étant de retour a Nankin enuoya vn officier dans les deux Eglises Catoliques qui y sont, et apres auoir entendu dire qu'il y auoit deux Peres nouueaux venus auec le Pere Bouuet, il demanda ce qu'ils sçauoient faire, et incontinent il leur ordonna de le suiure a Pékin, et dit aux officiers qui étoient dans sa chambre, en voila encore deux bons que j'ay attrapez; Le Pere Gerbillon entendit ces mots quand il sortit.

Ma fieure lente me duroit toujours et j'auois a craindre de deuenir Etique; Enfin a force de remedes on me tira d'affaire; Si on m'auoit donné de bonne heure ceux qu'on me donna sur la fin, qui sont les Pâtes et el Quinquina, la maladie n'auroit aparemment pas été si longue: mais comme au commencement on pensoit a me les donner et que l'Empereur le sçeut il dit qu'il ne croyoit pas qu'il me * les fallut donner, que cela m'afoibliroit trop, qu'il valoit mieux attendre, et que le Pere Cima Augustin medecin me vît et me donnât quelqu'autre chose. Octobre 1699 [fol. 111vo]

Si je m'étois bien porté j'aurois été trop heureux dans le plus beau voyage qu'on puisse faire au monde de la maniere la plus commode; mais Dieu ne veut pas qu'en ce monde il y ait vn parfait plaisir que celuy de le seruir.

Enfin apres 3. mois et demi nous arriuâmes le 13.e juin a Pékin; j'étois entierement guery Dieu mercy, et depuis ce temps je me suis toujours bien porté. Etant a Pékin je fus obligé d'aller presque tous les jours au Palais pour rectifier des instrumens de Matematique, l'Empereur en a plus de Cent; et pour repondre aux questions de l'Empereur qui en demande l'usage, soit pour faire voir qu'il entend ces matieres, soit pour éprouuer si j'en sçais l'vsage.

8. jours apres nôtre arriueé l'Empereur témoigna qu'il seroit bien aise qu'vn de nous allât demeurer auec les Peres des autres Eglises; nous nous offrimes tous; Le Pere de Fontaney destina le Pere Regis, jugeant que ceux qui sçauoient de la musique deuoient étre ensemble. Il demeure donc au Tong-tang * auec le Pere Thomas, Le Pere de Cima Augustin, et Notre Frere Baudin Italien. Le Pere Visdelou demanda en méme temps la permission de se retirer vers quelque port de mer pour le bien de nos affaires: ce qui luy fut accordé. Octobre 1699 [fol. 112]

Le 24. juin nous reçumes ordre de nous préparer a aller a Tchang-tchun-yuën, ou nous sommes encore logez chez le grand-oncle de l'Empereur auquel nous auons été recommandez par l'Empereur méme.

Tchang-tchun-yuën est vn grand Palais pour l'Etenduë tout entouré de murailles gardeés par des Soldats qui sont dans des corps de garde de 50. Toises a 50. Toises. Les dedans ne sont que de petites montagnes artificielles les vnes pres des autres sans ordre imitant la nature, des grandes pieces d'Eau çá et la, de grandes Salles propres, gayes, mais sans magnificence extraordinaire. Ce qui y est de plus beau ce sont les ouurages de Vernis du Japon, les Poutres de Cedre, le marbre: mais surtout les Rochers artificiels qui y sont fort frequens.

Le Pere Gerbillon et M.r Gherardini sont tout a fait au gout de l'Empereur; il les a fait boire dans sa propre tasse apres luy. Ce Prince s'est tout a fait humanisé pendant le temps que M.r Gherardini a fait son portrait en grand et en * petit; Il leur enuoya presque [fol. 112vo] tous les jours a manger de sa table; il y a quelques jours qu'ayant pesché en leur presence, il prit deux plats de poisson a l'Epreuier et il ordonna sur le champ qu'on nous apellât au Palais pour les manger, et ordonna luy méme la maniere dont il vouloit qu'ils fussent preparez. C'est vn Prince qui tout seuere qu'il est, et redoutable a tous les grands de l'Empire, sçait faire plaisir quand il veut; mais cela est rare, et il ne fait rien que par reflexion, étant fort maitre de luy.

Il y a 3. jours que luy raportant quelques instrumens nouueaux que j'auois rectifiés, et dont il me demanda les usages, il leua en ma presence le plan de sa grande salle dans toutes les regles d'vn faiseur de Cartes. Il est surprenant qu'vn Prince qui a tant d'affaires sçache ces choses auec tant de justesse. Aussy faut-il l'auoüer que c'est vn Esprit excellent et tres vif, qui ne jouë jamais, qui ne voit jamais ses femmes de jour, rarement la nuit; 3. ou 4. fois le mois a ce que disent les Eunuques, et qui ne perd point de temps, qui aime a sçauoir; mais surtout a ce qu'on sache qu'il sçait. En sortant de sa salle
Octobre 1699 [fol. 113] nous vimes qu'on * auoit vne nouuelle importante a luy communiquer; c'étoit l'agonie de la Reyne qu'il aima le plus; Elle est morte; l'Empereur est inconsolable; il pleure et ne veut voir personne. Aujourd'huy nous allons tous les Peres demander l'Etat de sa santé; c'est la coutume du Pais.

Je ne vous dis rien de Pékin qui est le plus grand village de l'Empire; il y a de belles murailles, vn monde infiny, et voila tout. A la verité le Palais a pres de 2. lieuës de tour; il y a du grand mais ce n'est pas selon nos ideés, vous pouvez demander toutes choses aux R. R. P. P. de Fontaney et Visdelou qui ne sont pas si serrez que le Pere Bouuet.

Le Pere Geneix qui a été incommodé sur toute la route de la poitrine a Enfin obtenu d'aller du côté du Tché-Kiang, ou l'air est moins sec qu'icy, pour s'y guerir, l'Empereur y a consenty. Le Pere Parrenin est toujours aussy melancolique et hypocrite qu'il l'a toujours été; Il se Mandarinise furieusement; je veux dire que sa face est pleine Lune, et son ventre son auant coureur d'vne demi lieuë; il ne
Octobre 1699 [fol.113vo] peut soufrir que nous riions; mais on ne * peut le voir ny viure auec luy sans rire, raillerie a part c'est vn aimable homme qui ne sçait ce que c'est que de faire du mal a personne, bien moins a luy méme.

Il faut finir mon cher Pere, je n'ay pas le temps d'en dire dauantage; la Poste va partir; je me recommande a vos SS. SS. et suis auec respect &c.

Il entre vn vaisseau Anglois.

Le 17. Le Vaisseau de la nouuelle Compagnie d'Angleterre qui étoit depuis le commencement de Septembre aux Isles de Macaö entra en Riuiere et fut moüiller au dessus de nous. L'Anglois de Madras et le More le saluërent, le premier de 7. coups de Canon et l'autre de 3; Il leur rendit coup pour coup. Le Marchand de ce vaisseau auoit dez Macaö fait toutes ses conuentions auec le Houpou; il auoit 400000.tt argent comptant et peu de marchandises.

La nuit de 10. au 11.e Nouembre il entra vne somme qui venoit de Manilhe; il y auoit dedans quelques Espagnols, et elle étoit presque toute chargeé pour leur compte. Nouembre 1699

Le 10. et le 20. il nous mourut 2. hommes.

Le 27. les premieres sommes Chinoises * commencerent a descendre pour Batauie.[1] Nouembre 1699 [fol. 114]

Il sembloit que tout dût se racommoder a l'arriueé des Peres, et méme on auoit déja fait quelques auances de part et d'autre: Cependant les affaires se broüillerent encore plus que jamais.[2] Le premier Directeur refusa de pleine autorité deux ouuriers que le Pere De Fontaney demandoit pour l'Empereur; il enuoya a ce Pere vn grand procez verbal par lequel il le chargeoit de toutes les insultes qui pourroient luy arriuer du côté des Chinois, et en méme temps le prioit de ne se méler nullement de ses affaires. Il étoit encore alors dans la resolution d'acheter vn Batiment Portugais, de le charger pour France, et de nous renuoyer a vuide: mais il n'osa l'entreprendre, et

---

[1] Hier schiebt Bannisters Bericht ein (p. 148): "The 27th, Chinese junks began to fall down the river for Batavia. Most of them sailed under the Dutch flag, being laden upon Dutch account. Holland thus trades with all China by means of the Chinese themselves. They thus obtain everything of the finest quality and of the rarest kinds. They do this at a cheap rate, and without exposure to the exactions which foreign merchants suffer every day in the ports of this empire. Moreover, they thus escape all hazard of losing the money they advance to the Chinese for goods, inasmuch as these Chinese give them security for such advances by drawing upon other Chinese settlers in Batavia and Bantam."

[2] Cf. Anm. 2 zu p. 111.

il fit fort bien: Car a la moindre fausse demarche on étoit déterminé a se saisir de luy pour le mettre en lieu de seureté.

Decembre 1699 Le 1.er Decembre les Directeurs commencerent a nous enuoyer des Barques pour faire nôtre Eau; Nous la primes jusqu'a 5. lieuës au dessus de Canton: parce que comme depuis quelque temps il n'auoit pas plû, la Riuiere dans l'Endroit ou nous étions moüillez, étoit saleé.

Decembre 1699 [fol. 114vo] Le 7. sur les 4. heures du matin le vaisseau More descendit la Riuiere; il nous salüa en passant de 5. coups de Canon, nous repondimes d'autant, et il remercia de 3. Il étoit chargé de Cuiure, de Toutenague, de Vifargent, de Vernis, de Porcelaine, et beaucoup d'or; il eût bien voulu ne s'en aller qu'auec nous: mais la saison le pressoit. Il courut peu de temps apres vn bruit qu'il auoit été pris encore vne fois par les Forbans: mais nous n'en sçumes point les circonstances. Le 10. Les Peres de Brossia et Domenge partirent de Canton pour Nankin. Le Pere Pellisson nouuellement arriué d'Emouy restoit superieur en la place du premier. Nous aprimes dans ce méme temps que le Pere Geneix étoit mort sur la fin de Septembre, il fut regretté de tout le monde: parce que c'étoit vn saint homme et veritablement zelé pour sa Mission.

Le 12. Enfin nous commençames a charger quelques Tonneaux de Toutenague et 100. Barses de Thé.

Nous commençames a charger.

Decembre 1699 [fol. 115] Le 13. Le principal des ouurieres que le s.r Benac auoit refusé, s'euada et * s'en fut chez Le Tsong-tou, d'ou il partit peu de temps apres pour Pekin auec vn second qui le fut joindre. Cette Euasion qui s'étoit faite selon toutes les aparences a la sollicitation des Peres, remuä vn peu l'Esprit de nôtre Directeur; il chercha de nouuelles dificultés pour ne point charger, et étoit neantmoins toujours dans l'aprehension d'Estre enleué: Car il n'ignoroit pas qu'il se fût déja tenu plusieurs assembleés pour cela, et que la chose n'auoit été difereé que parce que les Jesuites, quoy que consentans, ne vouloient point signer.

Le 21. Le Pere de Fontaney vint voir le vaisseau, il étoit dans vne Barque Mandarine auec tout son train et deux Barques de bagage. Nous le receumes auec beaucoup de marques d'honneur, et le Lendemain lors qu'il s'en retourna, M.r De la Roque le fit saluer de 9. coups de Canon. Ils prirent ensemble leurs dernieres mesures pour le départ du vaisseau.

Declaration du Tsong-tou aux Directeurs.

Le 24. Le Tsong-tou enuoya aux Directeurs 25000.tt qu'il deuoit du reste, et leur fit dire en méme temps que l'intention de l'Empereur étoit que le Vaisseau François partît incessament, et qu'ainsy ils n'auoient qu'a disposer si bien leurs affaires * qu'il pût descendre la Riuiere le 15. la Lune suiuante; Que si les Mandarins ou quelques Marchands particuliers leurs deuoient, il les feroit payer; Qu'enfin les Anglois faisoient ordinairement leur Commerce en 3. mois, et que depuis 14. ils deuoient bien auoir fait le leur.

Decembre 1699 [fol. 115vo]

Cette declaration du Tsong-tou rompit toutes les mesures du s.r Benac qui comptoit de ne nous faire partir qu'au commencement de Mars de l'anneé suiuante, et qui pour cet Effet diferoit toujours de prendre en payement du Leang-taö 40. Tonneaux de Cuiure, qu'il auroit eu d'abord a 3. Taëls et 1/2 le Pic, et qu'a la fin il fut obligé de prendre a 5. Ce Mandarin étoit tres mecontent de luy, et se plaignit qu'il lui auoit vendu toutes les marchandises qu'il auoit prises a 100 pour °/o plus cher qu'au Tsong-tou, Mais si le Sieur Benac le trompa il sçeut bien aussy le tromper a son tour; Car il desauoüa enuiron 2000. Taëls sur le Compte qu'on luy fournit des marchandises qu'il auoit acheteés.

Le 26. Le Pere de Fontaney partit pour aller prendre congé du Tsong-tou * et le remercier des bontés qu'il auoit euës pour les François, Et luy demander sa protection pour ceux qui resteroient a Canton.

Decembre 1699 [fol. 116]

Le 31. Nous chargeames quatre Barques de marchandises; Les Directeurs trauailloient incessament a faire leurs achats. Les Soyes encherissoient tous les jours: Parce que depuis peu il étoit arriué a Macaö vn Batiment Espagnol de 52. pieces de Canon auec 500000. Piastres. Ce Batiment amena de Manilhe l'Euêque d'Ascalon Augustin Espagnol, et quelques autres Missionnaires pour la Chine.

Le 2. Januier nous eumes de recruë 5. Matelots Portugais et Cafres de l'Equipage du Vaisseau Anglois, qui s'étoit perdu sur l'Isle Formose l'anneé precedente; Nous donnames aussy passage pour Batauie a 10. Mores du méme Equipage et a 6. Chinois. Les Directeurs auant de descendre la Riuiere donnerent a tous les officiers, Mariniers, Soldats et Matelots vn mois sur leurs gages.

Januier 1700

Le 6. Nous chargeames deux Barques de marchandises.

[fol. 116vo]

Nous commençames a descendre la Riuiere.

Le 7. nous leuames nos Ancres et fumes moüiller a vne petite demi lieuë en descendant la Riuiere aupres d'vne vieille batterie ou nous auions 9. brasses d'Eau Fond de sable dur. M.r De la Roque fit cette premiere demarche pour faire voir aux Mandarins que nous étions prets a partir incessament. Nous embarquames ce méme jour nos malades et tout ce que nous auions au village de Cang-teng-tchuën.

Le 8. au soir nous trauersames a l'autre côté de la Riuiere pour nous mettre en parage de sortir a pleine mer vne barre que nous auions a passer; Le vent étoit pres et fort foible: De sorte qu'étant au gré du courant nous deriuames insensiblement a la Côte; nous nous fiöns sur vn petit vent qui venoit de la Terre mais la mareé ëtant plus forte nous tombames tout d'vn coup sur vn pointe d'vne vieille batterie, ou nous trouuames heureusement 5. brasses d'Eau tout au pied. Vn retour de mareé nous remit vn peu au large, et nous fumes moüiller de demi porteé de Canon de la entre cette
Januier 1700 [fol. 117] méme * batterie et vn Bureau de la Doüane a six brasses d'Eau fond de vaze fort pres de terre. M.r De la Roque auoit enuie de passer la Barre dés le Lendemain; mais cet accident l'en empêcha, et il ne voulut point repareiller sans auoir des bateaux du païs pour nous remorquer.

Le 14. il nous mourut vn Matelot.[1]

Le 17. Le Pere de Fontaney se rendit a bord auec tout son bagage, et les Balots des presens de l'Empereur pour le Roy. Le lendemain au matin il reuoya sa Barque Mandarine, et ne se reserua de tous ses domestiques Chinois qu'vn Siang-Cong, ou espece de Secretaire qui étoit curieux de voir la France.

Le 20. nous passames la Barre auec vn petit vent de Nord; Nous n'y trouuames jamais moins de 19. pieds d'Eau. Cette Barre s'etend d'vne petite Isle qui est presque au milieu de la Riuiere a la pointe d'vne autre grande Isle qui en est a l'Est. On range la grande au $^1/_3$ du Canal entretenant toujours le Sudest quart de Sud, jusqu'a ce qu'enfin on tombe a 5. 6. et 7. brasses d'Eau. Nous moüillames enuiron 1. lieue au dessous de la Barre a 8. brasses fond de vaze. La tour de l'entreé de la Riuiere nous restoit au Sud 5.° Est.

[1] Bannisters Bericht fügt hinzu (p. 151): "but only one dangerously ill".

Ce méme jour sur le soir nous eumes 6. Barques de Canton qui portoient le reste des marchandises; il ne nous manquoit plus que le biscuit, et le sieur Francia qui deuoit repasser auec nous et qui attendoit les dépêches des Directeurs pour la Compagnie. Nôtre Cargaison consistoit en gros a 40. Tonneaux, de buiure jaune, 30. de Toutenague et 4 et $^{1}/_{2}$ de Cuiure de Japon qui nous seruoient de Lest, 60. quintaux de Thé, de la Rhubarbe, du Camphre, des Damas, Gros de Tours, Satins, Taffetas, Etoffes Or et Argent, Grespons, Gazes, Cangues ou Toiles de Coton, et 12 Quintaux de Soye de diuerses Especes, quelques pieces de Tapisseries et de Peintures Chinoises, quantité de Porcelaines de diferentes manieres, des Tabatieres, des Euentails, des Cabarets, des Bureaux, et des Parauents de Vernis de Canton, quelques ouurages du Japon et de Nankin, 40. liures d'Ancre de la Chine et vne Caisse de Cheueux; Pour les droits desquelles marchandises on paya au Houpou 1015: Taëls. Nous rembarquames la pluspart des Bureaux de marqueterie et le Verdet que nous auions apporté de France, les Directeurs ne trouuant pas a s'en defaire a la Chine.

Contenu de la Cargaison que nous auons prise a la Chine.

Janvier 1700 [fol. 117vo]

Le 23. au commencement du Juzan et auec vn petit vent de Nord nous leuames l'Ancre et fumes moüiller a l'Entreé de la derniere Barre; La Tour du Lion nous restoit au Sudoüest; nous auions 6. brasses fond de vaze.

Janvier 1700 [fol. 118]

Le 24. nous passames la Barre et fumes moüiller 1. lieuë et $^{1}/_{2}$ au dela de la Tour a 6. brasses fond de vaze; Elle nous restoit au Nordoüest 5.° Nord.

Le 25. Nous eumes notre Biscuit; Le sieur Francia ne pût venir ce jour là: parce que les Houpou le regaloient. Il arriua le lendemain sur les 2. heures apres midy; il auoit les dernieres dépeches des Directeurs et tout ce que nous attendions; Ainsy nous leuames l'Ancre et fimes voile pour Macaö auec vn bon vent de Nord qui nous fit refouler la mareé. Le soir nous fumes moüiller 1. lieuë hors la Bouche du Tigre a 7. brasses sable vazard.

Nous laissions a la Chine les 3. Directeurs, 2. Commis, et 6. autres François. Le sieur Benac deuoit prendre incessament vne maison dans l'enceinte de la ville pour se tirer de la jurisdiction des Doüaniers. Il y auroit icy de belles reflexions a faire sur cet établissement pretendu: Mais de peur de trop parler je feray seulement en passant vne petite

Nous laissames a la Chine 11. personnes.

Janvier 1700 [fol. 118vo] description * des particularités de la ville de Canton, des auantages qu'on peut tirer du Commerce de la Chine, du progres qu'i fait la Religion Chrétienne, et quelqu'autres remarques que j'ay crû pouuoir faire plaisir.

Les villes de la Chine de quelque ordre qu'elles soient sont toutes bâties de la méme maniere; Les Palais de Mandarins, les Temples, les Maisons particulieres, le Gouuernement, la Milice, les Coûtumes, les Habillemens, les Ceremonies, tout y est égal en tout et partout. Ainsy a la Cour prés, la description d'vne Capitale de Prouince, est celle de tout l'Empire en abregé.

Description de la ville de Canton.

Canton ou comme l'apellent les Chinois Coüang-tchéou, est la Capitale d'vne des 15. Prouinces de la Chine, et vn des 3. ports qui sont presentement ouuertes aux Etrangers; Elle a enuiron 4. lieuës de circuit, et est a peu pres de la figure d'vn demi cercle; Elle est entoureé de bonnes murailles entretenuës et munies de Canon en plusieurs endroits surtout du côté du Nord, ou il y a aussy dans les dehors deux petites forteresses sur des hauteurs qui commandent la ville. Elle est situeé dans vne plaine sur le bord septentrional du Hoáng-pou. Si on compte les familles qui viuent dans des bateaux sur la Riuiere le Long des murailles, elle n'est asseurement * gueres moins peupleé que Paris.

Janvier 1700 [fol. 119]

On y distingue l'ancienne ville, La ville neuue et le faubourg. L'ancienne ville est au côté du Nord, elle est considerable par vn grand nombre de Palais magnifiques, de Pagodes et autres Edifices publics. Les grandes ruës y sont droites, larges et de distance en distance orneés de plusieurs arcs de triomphe qui n'ont rien de beau en eux mémes, mais qui ne laissent pas neantmoins de faire vne perspectiue tres agreable. Outre les Mandarins de guerre et de Lettres qui y ont leur Cong-couën ou Hôtels, Les Troupes y sont encore logeés dans des maisons qui appartiennent a l'Empereur; Il y a ordinairement 5. a 6000. hommes de garnison tant Infanterie que Cauallerie, et fort souuent il y en a plus de 10000.

La ville neuue est au Sud de l'ancienne en venant du côté de la Riuiere; Elle est toute remplie de marchands dont les boutiques sont richement orneés de toutes sortes de curiositez, et de differens Caracteres Chinois en or: Ce qui fait vn aspect tres agreable, et comme l'on y trouue vn peuple infiny; que les ruës y sont bien paueés, et couuertes pour parer les ardeurs du Soleil, on s'imagine en marchant trauerser le palais ou quelque foire considerable.

Le Fauxbourg est tout a fait au Sud et le long des murs de la ville neuue; Il s'etend pres de deux lieuës sur la Riuiere et est d'vn bien plus grand commerce que les deux villes ensemble; Tous les marchands qui negocient auec les Etrangers, et les Etrangers méme y ont leurs magazins; On y voit en tout temps vn nombre infiny de batimens qui arriuent ou qui partent; Les plus gros qui sont de 3. a 400. Tonneaux montent et moüillent partout en quelqu'entroit qu'on veüille les changer.

Janvier 1700 [fol. 119vo]

De l'autre côté de la Riuiere il y a vn autre Fauxbourg ou les Chinois construisent leurs Sommes, leurs Barques, et leurs Bateaux; il est long mais mal bâti et sale; il n'y a rien de beau qu'vne Pagode qui merite la curiosité des voyageurs; Elle est grande et des mieux construites; j'en feray par la suite vne description plus au long.

Bateaux sur la Riuiere.

A ces deux Fauxbourgs on en peut ajouter vn 3.e qui ne fait pas vne des moindres parties de Canton, et qui peupleroit bien vne ville entiere. Je parle des Bateaux qui sont sur la Riuiere; Ils sont en si grande quantité qu'il est quelquefois impossible de passer: mais cela arriue rarement: Car chacun sait son poste et ne passe pas la Ligne. On y distingue des ruës aussy droites que si elles * etoient tireés au Cordeau; On y trouue des Boutiques pour toutes les necessités de la vie et du mênage et méme des Cabarets et autres lieux mal notez plus communement qu'a la ville.

Januier 1700 [fol 120]

Les Ruës de la ville et du Fauxbourg se ferment toutes les nuits par des portes bâties expres de distance en distance en sorte qu'vn homme ne peut échaper lorsqu'il est poursuiuy, ce qui empéche beaucoup de vols, le meurtre, et les autres accidens qui arriuent d'ordinaire dans les grandes villes. De plus il y a vn chef dans chaque quartier, vn dans chaque ruë, et d'autres de 10. en 10. maisons, lesquels repondent aux Mandarins de tout ce qui se fait dans leur département; et par ce moyen on trouue vn homme dans quelqu'endroit de l'Empire qu'il soit caché. Si c'est par exemple vn criminel d'Etat la Cour enuoye ordre aux Viceroys de l'arreter. Les Vicerois enuoyent cet ordre dans les grandes villes de leur Prouince. Celles cy le communiquent aux autres trois villes Bourgs et villages de leur ressort. Les Chefs des quartiers et des ruës le donnent aux habitans; On dépeint le personnage et alors mort ou vif il faut qu'il se trouue, et celuy qui le cacheroit seroit haché en pieces comme rebelle luy et * toute sa famille jusqu'a la 9.e generation.

Januier 1700 [fol. 120vo]

Il y a dans chaque Prouince quatre principaux Mandarins de lettres, Le Tsong-tou, Le Fou-yuën, Le Pou-tching-tçē, et Le Ngan-tcha-tçē. 4. de guerre, le Tsiang-Kiun, Le Tou-tou, Le Ti-toù, et le Tsong-ping.

Mandarins.

Le Tsong-tou est le premier Mandarin de la prouince; il a toujours deux Vicerois sous luy; il a inspection generale sur tous les Mandarins de guerre et de Lettres, et en rend compte a L'Empereur. Celuy de la prouince de Canton qui l'est aussy de celle de Coüang-si est Oncle du Prince heritier qui a épousé sa Niepce; il fait ordinairement sa residence a Tchaö-kin; Les Chinois l'apellent Leang-coüang-Tsong-tou, c'est a dire Tsong-tou des deux Coüang de celuy d'Orient et de celuy d'Occident.

Le Fou-yuën est le Mandarin que nous apellons Viceroy.

Le Pou-tching-tçē est le Tresorier general de toute la Prouince, qui reçoit tous les droits et reuenus de l'Empereur, et qui paye les Dépenses publiques, les apointemens des Mandarins et la Soldatesque.

Le Ngan-tcha-tçē est chef de la justice pour les causes ciuiles.

Le Tsiang-Kiun est general de la Milice Tartare, et le Tou-tou son Lieutenant general.

Januier 1700 [fol. 121]

Le Ti-tou est general de la Milice Chinoise et le Tsong-ping son Lieutenant general.

Outre les 4. Mandarins de lettres dont j'ay parlé il y a les Taö, qui tiennent dans la Prouince vn rang considerable, comme Le Leang-taö Commissaire general pour les grains du reuenu de l'Empereur. Le Yentaö Commissaire general pour les Sels. Le Ticho-taö, qui preside a l'examen des Lettrez. Le Nang-chaö-taö, ou grand Preuost qui a le soin de faire tenir en bon Etat les grands chemins, Les Edifices publics et de faire arréter les voleurs.

Parmi les Mandarins de lettre on compte encore les deux Yen-yuën, et les deux Hou-pou qui n'ont d'autre titre que celuy d'Enuoyez. La Charge de 1.er Yen-Yuën est beaucoup plus considerable que celle de 1.er Houpou; il marche de pair auec le Viceroy, et sa ferme luy vaut dans son anneé 100000. Taëls.

De tous les Mandarins de la Prouince il n'y a que le Tsong-tou, Le Fou-yuën, Le Pou-tching-tçē, Le Ngan-tcha-tçē, Les Yen-yuën,

Les Houpou, Le Tsiang-Kiun, et le Ti-tou qui puissent enuoyer directement leurs requestes a l'Empereur; Les autres Mandarins s'adressent a leurs Superieurs.

Le Tsong-tou, Le Fou-yuën, Le Pou-tching-tçe, Le Ngan-tcha-tçe, Le Tsiang-Kiun, Le Titou, et * (en l'absence de ces deux derniers) leurs Lieutenans generaux se font porter par 8. hommes; et lors qu'ils rentrent et sortent on tire toujours a leur Palais 3. coups de Canon qui se tirent aussy regulierement pour les Yen-Yuën et pour les Hou-pou. Leurs Corteges sont magnifiques; Le peuple tremble lors qu'ils passent, et tout le monde les craint. Ils possedent dans leurs maisons tous les plaisirs au supreme degré; La plûpart viuent sans aucune religion et s'abandonnent aux vices les plus infames. Si quelquefois ils font des presens aux Bonzes et vont adorer les Idoles, ce n'est pas qu'ils y aient aucune croyance: mais c'est seulement par hipocrisie et pour gagner l'Esprit du peuple.

Honneurs rendus aux Mandarins.

Janvier 1700 [fol. 121vo]

Les Mandarins qui ne sont pas tout a fait atheés suiuent encore la Loy naturelle et la doctrine de Confucius sur les maximes duquel tous les Lettrez établissent le fondement de leur Religion. Il y a dans toutes les villes de l'Empire vn Temple dedié a ce Philosophe, ou deux fois l'anneé a certains jours fixes on honore sa memoire par des victimes. Les Lettrez et les Mandarins de tous les ordres sont obligez par ordre de l'Empereur de s'y trouuer. Le Gouuerneur de la ville est chargé du Sacrifice; Il fait porter au Temple le Tableau de Confucius et apres plusieurs ceremonies immole vn * Cochon dont chacun par honneur remporte vn morceau. Le Temple de Confucius a Canton est situé a l'Entreé de l'ancienne ville vis-auis la porte du Midy, il est vaste et a belle apparence; il n'y entre jamais aucune figure ny statuë; On n'y voit partout que les 4. murailles et quelques Pierres en maniere de Tombes eleueés et remplies de caracteres. Il y a des Missionnaires qui pour s'accommoder aux Coûtumes du pays croyent que des Sacrifices de cette nature ne sont pas incompatibles auec la Religion Chrétienne et que ce n'est nullement vn Culte, mais vn simple honneur dont tous pourtant ne conuiennent pas.

Religion des Mandarins.

Temple de Confucius.

Janvier 1700 [fol. 122]

Les Mandarins portent au Col dans les Ceremonies certains Chapelets qu'on doute aussy etre tolerables a ceux qui voudroient embrasser notre Religion. Ces Chapelets sont ou de Corail ou de quelqu'autre matiere pretieuse ou Bois odoriferant; ils doiuent auoir 108. grains diuisez en 6. fois 18. On pretend que ce nombre est misterieux parmy eux et a raport a quelque vieille Superstition.

Temples pour les Morts.

Outre les Temples de Confucius il y en a beaucoup d'autres ou les Bonzes n'ont aucune communication, et ou l'on ne voit point d'Idoles. Les particuliers en batissent a la memoire de leurs ancêtres, et y font toutes les Januier 1700 [fol. 122vo] lunes plusieurs Sacrifices; Il n'est * pas de peuple au monde plus Religieux a l'egard des morts; ils les pleurent, prient pour eux, et vont tous les ans sur leurs fosses faire l'anniuersaire auec beaucoup de ceremonies et de Dépenses. Ceux qui n'ont pas les moyens de leur dresser des monumens superbes comme sont ceux des Mandarins achetent pour toute leur famille vn morceau de terre, ou ils mettent des bornes comme nous faisons dans nos Cimetieres en Europe; Ils ont comme nous le soin de refraichir de temps en temps les fosses; mais au lieu que nous releuons la terre en long ils ne la releuent qu'a la téte.

Pagodes.

Parmy vn nombre infiny de Pagodes ou Bonzeries de l'vn et de l'autre sexe, j'en ay veu 3. a Canton qui surpassent les autres en grandeur et par la beauté et la magnificence de leur architecture. La premiere est au Nord de l'ancienne ville sur vne hauteur d'ou l'on decouure a 4. et 5. lieuës a la ronde. Cette Pagode est a 5. Etages fort eleueé en diminuant vn peu vers haut; elle est fort ancienne et fut batie par 5. Freres qui furent presq'en méme temps 5. des premiers Mandarins de la prouince et a qui l'Empereur accorda par vne fauveur extraordinaire d'Eleuer ainsy cet Januier 1700 [fol. 123] Edifice * contre les Loix mémes de l'Empire.

Le tout est de Charpente soutenuë au milieu par des Colonnes d'vn bois aussy dur que le fer. chacun de ces Etages est assez grand pour y danser vn beau Ballet et surtout les 4. premiers qui ne sont embarassez de rien; Le 5.e a au milieu vne petite chapelle ou les Mandarins lorsqu'ils vont là se promener, laissent quelques Aumones aux Bonzes. Tous les 5. Etages ont du côté qui regarde la ville, vn Balcon d'ou les aspects sont charmans.

La seconde de ces Pagodes est situeé a l'extremité du fauxbourg du côté de l'occident; Elle est plus eleueé que tous les Batimens ordinaires de la Chine et a au dessus du plein vn Etage magnifique;

Elle a été demolie premierement et ensuite rebâtie par vn vieux Bonze fameux dans toutes les Prouinces d'alentour. Ce Bonze apres plusieurs persecutions a troué le secret de s'introduire chez les Mandarins; il en a tiré des presens considerables, et auoit aporté depuis peu de la Cochinchine pour 40000. Taëls d'Aumones. L'Edifice quoy qu'imparfait coûtoit déja 150000. Ecus; Il est entouré * tout autour d'vn fosse plein d'Eau et reuétu d'vne Ballustrade de marbre blanc. Le dedans est d'vne propreté charmante peint et vernissé de tous côtez, les figures d'vne hauteur prodigieuse et toutes doreés; j'en vis dans vne des ailes du vieux batiment vne de hauteur d'homme et d'vne couleur basanceé, qui me parut d'vne sculpture admirable; Elle est sur vne Chaise en posture d'vn homme qui lit; on ne luy voit que la téte et les mains; le reste du corps est couuert d'vne longue robe de soye jaune: Ce qui me fait croire que la figure n'est pas entiere. Les Bonzes la nomment Hang-con, et ont grand soin de la montrer aux Etrangers qui viennent voir leur Pagode.

Janvier 1700 [fol. 123vo]

La troisiéme est dans le Fauxbourg de l'autre côté de la Riuiere; on y entre par vne belle place entre deux rangs de grands Arbres toujours verds; Le Portail en est de l'Architecture Chinoise la plus fine; on y trouue de suite et a distances presque égales 5. corps de batimens enfermez tout au tour par vn grand cloitre ou les Bonzes ont leurs * cellules; on y voit vne multitude de Statuës grandes et petites d'hommes et de femmes; Il y en a de bois, de terre, et de cuiure: mais ce qu'il y a de plus curieux est vne Piramide de marbre blanc dont les bas reliefs sur le Piedestal sont assez bien trauaillez; Il y a aussy deux grosses cloches de fonte d'enuiron 6. pieds de haut et de 4. de diametre: mais elles ne sont point eleueés comme les nôtres, ny si époisses de metail; elles sont seulement a 3. ou 4. pieds de terre au plus: Ce qui fait qu'on ne peut pas les entendre de loin. Dailleurs elles n'ont point de batant et demeurent toujours immobiles; on se sert pour les sonner d'vn gros maillet d'vn bois dur suspendu de telle maniere qu'vn homme le fait aller et venir facilement. Les Cloches Chinoises n'ont aucune proportion et sont presqu'aussy larges en haut qu'en bas; Elles ont toutes vn trou a l'endroit ou les notres ont vn Anneau pour le Batant. Sur la gauche on entre en plusieurs autres petites pagodes, et de la dans vn Refectoire qui peut contenir plus de 100. Bonzes.

Janvier 1700 [fol. 124]

Outre la Statuë de l'Idole Fo, qui est le Dieu le plus en vogue

Janvier 1700 [fol. 124vo]

parmy le peuple, il y a vne infinité d'autres que les Chinois adorent ou par crainte ou par amour: parmy celles la sont le Tonnerre, la Justice, l'Abondance, et autres semblables qu'ils representent sous des figures humaines quelquefois extrauagantes, comme auec vn oeil au milieu du front, auec des Oreilles d'Añe, auec des pieds fourchus, auec dix huit bras, et autres postures de cette maniere: mais la Pagode fauorite des Bonzes est celle qui preside aux accouchemens, les femmes enceintes y vont continuellement et y portent maintes offrandes pour obtenir des Enfans mâles. Les autres Statuës representent les grands hommes de l'Antiquité qui ont excellé ou dans les lettres ou dans la guerre, et pour lesquels le peuple garde toujours beaucoup de veneration.

Les Bonzes.

Les Bonzes sortent ordinairement de la Lie du peuple et les Mandarins n'en font aucun cas a moins qu'ils n'ayent vn merite bien particulier; ils sont habillez d'vne longue robe de Serge grise auec des manches larges et vn * petit bonnet de Soye noir, qui ne leur couure que la moitié de la téte; ils se razent entierement les Cheueux et la barbe. Les les Bonzesses sont habilleés de la méme maniere sans aucune distinction: De sorte qu'en les rencontrant dans les ruës on a peine a les reconnoitre et souuent les prend on les vns pour les autres. La plûpart des Bonzeries n'ònt aucun reuenu fixe et ne subsistent que d'Aumones. Parmy les bonzesses il y en a qui viuent fort austerement et qui ne mangent jamais rien qui ait eu vie: Cependant elles n'ont pas bonne reputation et passent pour étre fort debaucheés a L'interieur; La plupart embrassent ce genre de vie souuent par force et pour des raisons de famille. Par exemple.

Januier 1700 [fol. 126]

Les Bonzesses.

Mariages.

Il arriue souuent a la Chine que deux femmes grosses marient leurs Enfans auant qu'ils soient au monde pouueu qu'il vienne vn Garçon et vne Fille, et ces mariages sont irreuocables quand vne fois les parens ont donné leur parole, a moins que la fille n'aymant pas le Mary qui luy est destiné ne se fasse Bonzesse, en quoy alors on ne luy fait aucune violence. Les femmes a la Chine en fait de mariage ne s'acheptent point, et leur Mary ne peut les repudier sans cause legitime: mais pour * les Concubines chacun a le droit d'en acheter autant qu'il en peut nourir et de les reuendre quand bon luy semble; Les plus belles viennent de Nankin, le prix en est depuis 20. jusqu'a 200. 300. et 400. Taëls.

Janvier 1700 [fol. 126vo]

Outre les Bonzes il y a a la Chine dans les Prouinces Septentrionales certains Prêtres Tartares que l'on apelle Lamas; Ils ont leurs Euéques et vne espece de Pape qu'on apelle le grand Lama qui fait sa residence dans la forteresse de Barantola a 29.° de latitude Nord au Royaume de Tipa dans le grand Thibet, a 50. journeés des Frontieres de la Chine. Ces Lamas sont puissans a Pekin ou ils ont aujourd'huy des Monasteres magnifiques; Leur Euesque y est en grande veneration et est toujours nommé par l'Empereur; Le dernier a fait depuis 3. ans vne fin tragique que je raporteray icy en peu de mots.

Lamas Prêtres Tartares.

Ce Lama quoit receu de l'Empereur vne reprimande vn peu viue; il n'osa d'abord faire paroitre son ressentiment et le couua pendant vn an; a la fin il demanda humb. a l'Empereur la permission d'aller a Tartarie visiter le Sepulcre d'vn vieux Lama qui auoit été son maitre. L'Empereur le luy accorda et luy donna vn petit Mandarin auec ordre de l'accompagner pertout: ce qu'il * executa assez ponctuellement jusqu'au terme du voyage: mais il, arriua qu'en reuenant ils passerent aupres d'vn Monastere de Lamas, ou celuy cy dit qu'il auoit vn ancien amy, et qu'il ne vouloit pas perdre vne si belle ocasion de le voir; il pria le Mandarin qui l'accompagnait de ne se pas detourner; qu'il n'y auoit rien là qui meritat sa curiosité, et que le soir il le rojoindroit a vn certain endroit qu'il luy marqua: mais au lieu de s'y prendre, il retourna bride vers la Tartarie et se jetta dans les Etats du Caldan qui étoit alors en guerre auec les Chinois. Lors que ce petit Prince eut été défait le Lamas se retira et s'enfuit jusque sur les bords de la Mer Caspienne; L'Empereur le fit toujours suiure; Il fut pris, amené a Pekin, et condamné comme Rebelle a étre haché en pieces. Cette execution dura depuis 7. heures du matin jusqu'a midy, et se fit deuant vn de leurs plus beaux Monasteres en presence de tous les Lamas qui eurent ordre d'y assister rangez en haye. Ce coup étoit hardy pour l'Empereur, vn Prince moins absolu y eut pensé plus d'vne fois et eut peut étre craint les Seditions que ces Prétres peuuent fomenter par le credit qu'ils ont sur l'Esprit du peuple.

Janvier 1700 [fol. 127]

Je reuiens a la description des oedifices publics * et vais parler du College des Lettrez qui y peut tenir vn des premieres rangs. Cela me donnera aussy occasion de faire quelques remarques sur la langue, sur les Caracteres et sur la Methode des Chinois pour instruire leurs Enfans. Le

College des Lettrez.

Janvier 1700 [fol. 127 vo]

College est dans l'ancienne ville au pied des remparts du côté de l'orient. C'est vn grand Palais ou loge le Tsong-tou lorsqu'il vient a Canton; La face seule de ce Batiment a plus de 100. Toises de long; Il y a au fond vne infinité d'apartemens qui n'ont rien de beau que la cimetrie. Le lieu ou s'assemblent les Lettrez est en entrant vne vaste Cour ou il y a 5202. petites Cellules bâties de Briques en deux quarrez, et au milieu vn grand pauillon ou se tiennent pendant la composition les Mandarins qui doiuent presider a l'Examen et qui sont la témoins de tout ce qui se passe. Dans chaque quarré il y a 51. Rangs, et dans chaque Rang 51. Cellules; Elles sont toutes separeés les vnes des autres par vn rang de brique; et n'ont de hauteur et d'espace que ce qu'il en faut pour vn homme auec vn Siege et vne petite planche pour Ecrire.

Le jour de la composition tous les Lettrez se rangent des le matin au College et chacun y prend sa Cellule: mais il ne leur est pas permis d'y apporter ny Liures ny papier, et * pour cet effet on les visite depuis les pieds jusqu'a la*téte. On leur donne ensuite vn sujet, de l'Ancre, des Pinceaux et vne feüille de papier qu'ils doiuent remplir et rendre en son entier: Car il suffiroit qu'ils en eussent coupé vn pouce, ou qu'il y eut seulement vn caractere vn peu difforme pour ne plus rien pretendre. Ils ont tout le jour pour chercher des ideés; ils les ecriuent sur leurs mains, sur leurs cuisses et partout ou ils peuuent auant de les mettre au net, Et Enfin le soir venu ils portent leur feüille bien ou mal au Mandarin qui a le soin de les receuoir, et les jours suiuans on les examine auec toute l'Exactitude possible et sans predilection pour qui que ce soit. Tout se donne au merite; on ne fait grace a personne, et le fils d'vn Paysan peut paruenir comme celuy d'vn Viceroy aux premiers charges de l'Empire, s'il se rend capable de les occuper. C'est en cela particulierement que le Gouuernement de la Chine surpasse tous les autres, et il n'est rien au monde de mieux inuenté engager les peuples a l'Etude et pour rendre vn Etat parfait.

Januier 1700 [fol. 129]

Maniere d'eleuer les Enfans a la Chine.

Des qu'vn enfant commence a parler on luy donne vn maitre qui le chatie rigoureusement a la moindre faute, et auquel il doit porter le méme respect qu'a son pere. Cet Enfant étudie sans cesse et n'a pas vn jour de relâche * dans toute l'anneé; Lorsqu'il vient dans vn âge vn peu auancé il prend vn Certificat de son maitre pour se faire receuoir

Januier 1700 [fol. 129vo]

au premier degré de Lettré; mais parmy vn nombre infiny de jeunes gens tant des villes que des villages, qui se presentent a ce premier éxamen, il n'en est jamais receu qu'vn tres petit nombre; tous les autres sont obligez d'attendre a l'anneé suiuante pour subir encore ce méme éxamen, et tres souuent ne sont ils receus qu'au bout de 5. ou 6. ans. Le peu qui ont gagné les 1.ers degrez continuent toujours a étudier et viennent ensuite de petites villes se faire examiner dans la Metropole; Ils passent ainsy par 3. ou 4. degrez auant d'étre enuoyez a Pekin ou se fait le dernier examen pour le Doctorat, et comme cela ariue a vn méme temps par tout l'Empire, il se trouue toujours a la Cour 10. a 12000. Aspirans de diferentes Prouinces. On n'en reçoit quelquefois de ce grand nombre que 40. 50. ou 60. selon l'ocurence des temps: mais lors qu'vne fois ils sont paruenus jusqu'a ce point ils sont seurs pour leur vie. de 50. a 60000.[tt] de rente et des premieres charges des Prouinces. Les Graduez et les Bacheliers ont les Gouuernemens et autres Mandarinats des villes du 3.e et 4.e ordre. A mesure qu'ils auancent ainsy en dignité ils sont obligez par reconnoissance de faire vn present au Maitre qui les a instruits et de luy ceder le pas partout ou ils le rencontrent ne fuase qu'vn Paisan.

Etude des Chinois.

Janvier 1700 [fol. 130]

Toute l'Etude des Chinois se reduit a la science partique de la Morale, du deuoir d'vn fils a l'egard de son pere, d'vn pere a l'egard de sa famille, d'vn Mandarin comme il doit gouuerner le peuple par rapport au bien de l'Empire, Et enfin comme vn Prince doit se comporter auec ses voisins auec ses vassaux, auec ses sujets. Ils donnent peu dans les sciences speculatiues, si ce n'est vn peu dans celle qui sont absolument d'vsage, comme l'Astronomie et l'Aritmetique. Vn Missionnaire m'a asseuré qu'auec leur petite machine a compter, dont le Pere Le Comte fait la description, ils penetrent jusqu'aux oequations d'Algebre les plus dificiles.

Caracteres Chinois.

Ceux qui nous font des monstres des Caracteres des Chinois n'ont pas consideré que c'est par cette dificulté méme qu'ils ont a les aprendre qu'ils tirent vn plus grand fruict de leur Etude et qu'ils en conseruent vne plus forte impression. Nous pouuons nous en conuaincre par l'experience que nous faisons tous les jours lorsque nous aprenons vne Langue Etrangere; car n'est il pas vray qu'vn liure que nous prenons au hazard seulement pour expliquer ou pour traduire s'imprime si fort dans nôtre Esprit a force de lire qu'a la fin nous le sçauons presque par coeur d'vn bout a l'autre, et a plus forte raison l'aprendrions nous beaucoup mieux s'il contenoit quelque chose qui pût nous étre vtile. Or il en est de méme des caracteres; Les Chinois les étudient * dans les Liures ou d'histoire ou de Morale et a force de lire ils aprennent en méme temps l'vn et l'autre, et le retiennent bien.

Januier 1700 [fol. 130vo]

La Langue.

Ce qu'il y a de plus dificile pour bien parler la Langue Chinoise est sans doute la prononciation: mais cela est commun a toutes les autres et il n'est pas vray que sans cela lorsqu'on sçait bien s'enoncer on ne puisse se faire entendre a la Chine aussy bien qu'vn Gascon se fait entendre a vn Normand, quoy qu'ils prononcent tous deux le François bien differemment; Et quand a s'enoncer que peut on trouuer de plus commode qu'vne Langue ou le méme Monosyllabe sert de verbe, d'Aduerbe, de Substantif et d'Adjectif. Il n'y a ny declinaisons ny conjugaisons; Le passé, le futur, et les autres temps s'expriment par des particules qui leurs sont propres. Il y a a la verité comme dans toutes les autres langues certaine construction, certains tours de phrases qu'il faut obseruer: mais ce n'est qu'vne affaire de six mois lorsqu'on veut s'en donner la peine.

Comedie Chinois.

Auant de passer outre je feray la description d'vne Comedie Chinoise que le fils du Mandarin de Macaö donna a Canton a nôtre premier Directeur et a quelques officiers ou je me trouuay. Nous entrames chez luy le soir sur les 6. heures, et les instrumens commençoient * déja a se mettre en train; on nous receut en attendant le souper dans vne Salle ou 3. jeunes Actrices vinrent nous presenter a la ronde du Thé et du Vin. Sur les sept heures on nous fit entrer dans la salle ou nous deuions auoir la Comedie; Le Theatre etoit de plein pied et sans autre decoration que plusieurs Lanternes et vn simple rideau de Soye qui cachoit le derriere du Theatre. Le Parterre étoit garny de 6. petites Tables quarreés en deux lignes perpendiculaires au Theatre; nous y primes nos places 2. a chaque Table et chacun selon son rang en commençant par le fond de la gauche a la droite: En sorte que celuy qui traite se mettant au bas bout se trouue toujours le plus pres du Theatre a main droite. Lorsque chacun eut pris sa place vn des Acteurs apres plusieurs grimaces vint faire le Co-téou a nôtre

Janvier 1700 [fol. 131]

Directeur et vn grand compliment Chinois pour le prier de choisir la piece dans vn Liure qu'il luy presenta. Le Directeur et le jeune Mandarin qui nous traitoient se renuoyerent le Liure plusieurs fois par ciuilité, et a la fin celuy cy détermina la piece, l'autre s'en étant excusé sur ce qu'il ne sçauoit pas la Langue.

La Piece commença aussytôt et il * parut tout d'vn coup 8. ou 10. Acteurs diferemment habillez; Elle fut diuersifieé depuis le commencement jusqu'a la fin de déclamation et de musique, et dans les Entr'actes de Sauteurs qui firent des tours assez diuertissans. On nous seruit 20. mets l'vn apres l'autre le tout en ce petites Porcelaines et par cimetrie; Les Valets ne cesserent point de remplir les Coupes et de moment a autre le jeune Mandarin prenoit la sienne et inuitoit tout le monde a boire: Ce qu'il falloit faire sans rien dire n'en but on qu'vne goute seulement de peur de manquer au Taö-li Chinois. Lorsqu'il n'y a pas d'Etrangers cela se fait au mouuement d'vne baguette, et il y a toujours vn homme pour marquer le temps. Tout se seruit dans les interuales si justes que le souper et la Comedie finirent en méme temps. Nous nous retirames ensuite dans vne autre Salle ou nous restames vne heure pour laisser souper les Comediens.

Januier 1700 [fol. 131vo]

Vers la minuit nous fumes reprendre nos places et trouuames les Tables garnies d'vn dessert de toutes sortes de fruits et de Confitures du pays; Les Comediens seuls recommencerent vn petite piece nouuelle, pendant que les Actrices vinrent d'vn bord et d'autre remplir nos Coupes et nous * diuertir de quelques Chansons Chinoises, que nous payames suiuant la coûtumes du pays de quelques demi-piastres.

Januier 1700 [fol. 132]

Nous ne sortimes de là qu'a deux heures du matin et je laisse a penser si nous auions bonne enuie de dormir. vn pauure Etranger est bien deconcerté de se trouuer a vne telle féte reduit a manger des mets quelquefois detestables sans Pain ny fourchette, ny couteau, ny cueillier, ny Seruiette, a boire du vin chaud et a auoir pendant 8. heures de suite la téte rompuë d'instrumens ridicules et d'vn jargon ou l'on n'entend rien. Lorsque le Viceroy regala M.r De la Roque il fit seruir des fourchettes d'argent pour éuiter les incongruités que font ordinairement ceux qui n'ont pas coûtume de se seruir de leurs petites baguettes.

Les Mandarins ne traitent jamais que la Comedie n'accompagne le Festin: mais le plus souuent il n'y entre pas de femmes. La pluspart des pieces sont a ce qu'on dit tres spirituelles et pleines de

Morale. Les Chinois ont plusieurs autres diuertissemens publics au nouuel an, et dans le temps des mariages, comme aussy plusieurs Courses de Bateaux sur la Riuiere.

Janvier 1700 [fol. 132vo]

Eglises Catoliques dans Canton.

Il y a dans Canton outre quelques Chapelles particulieres pour les femmes, 7. Eglises ou journellement on dit la messe auec autant de liberté qu'en toutes les villes de France, sçauoir deux dans l'ancienne ville, l'vne a M.r Basset Prétre seculier du Seminaire des Missions Etrangeres, et l'autre aux Franciscains Espagnols; Deux dans la nouuelle ville l'vne a nos Jesuites françois, et l'autre aux Augustins Espagnols; Les 3. autres sont dans le fauxbourg l'vne a M.r Basset, l'autre aux Franciscains Espagnols, et la 3.e aux Jesuites de la faction Portugaise. Cette derniere est la plus belle de toutes; elle a été eleueé et bâtie a l'Européenne par le Pere Turcolti Jesuite Italien. Or comme il est rare a la Chine qu'on éleue aucun Edifice au dessus d'vne certaine hauteur, il me paroit a propos de dire comment ce Pere en a obtenu la permission, Voicy ce qui a donné lieu.

Eglise batie a l'Européenne.

La Pagode de ce fameux Bonze dont j'ay parlé cy deuant n'est qu'a vne porteé de mousquet de là; Les voisins murmuroient depuis longtemps de ce qu'il l'auoit trop éleueé et disoient que ce n'étoit a autre intention que celle de voir leurs femmes; Le Pere s'aperceut de leur mecontentement * il auoit plusieurs Fonds a employer et croyant ne pouuoir mieux faire pour donner vn beau lustre a la Religion que de bâtir vne Eglise grande et magnifique, il les anima encore dauantage et leur fit proposer adroitement son dessein qui ne manqua pas d'auoir le succez qu'il esperoit, chacun étant rauy d'auoir vne si belle occasion de mortifier le Bonze. Apres auoir ainsy eu le consentement de tous ses voisins il n'eut pas de peine a auoir celuy du Tsong-tou et du Viceroy qui ont pour luy beaucoup de consideration.

Janvier 1700 [fol. 133]

Progrez de la Religion Chretienne.

Il y a presentement dans toute la Chine 100. ou 120. Missionnaires tant seculiers que Franciscains, Dominicains, Augustins, et Jesuites; Ils sont dispersez en diferentes prouinces, et vn seul a quelquefois 4. ou 5. Eglises. Quant au progrez de la Religion dans tout cet Empire, il est certain qu'il y a assez bon nombre de Chrétiens, mais quels Chrétiens bon Dieu! ce sont tous pauures gens qui pour la pluspart n'embrasse. le Christianisme que pour auoir la protection d'vn Missionnaire aupres des Mandarins, et pour se procurer dans les ports de Mer vne Entreé plus facile chez les Européens qui y viennent commercer, Les Missionnaires méme sont le plus souuent obligez de * les nourir par compassion; Il y en a de cette sorte 4. ou 500 a Canton.

Janvier 1700 [fol. 133vo]

Tant que le Gouuernement de la Chine subsistera tel qu'il est aujourd'huy sous vn Chef Idolatre, il y aura toujours vne impossibilité morale a conuertir aucun Mandarin; Entre plusieurs raison qu'on en pourroit alleguer les plus fortes sont les Coûtumes du pays et la necessité ou sont tous les Chinois de se tromper les vns et les autres et de se tiranniser pour ainsy dire, Le peuple pour satisfaire l'auidité des Mandarins, Les Mandarins pour contenter les Gouuerneurs et les Viceroys, et tous generalement les Tribunaux de Pekin afin de se conseruer leurs Charges et étoufer les plaintes qu'on pourroit faire contr'eux. Les Presidens des Tribunaux et les Ministres d'Etat se conseruent de la méme maniere les bonnes graces de l'Empereur qui tire a la fin tout l'argent de l'Empire; il a a ce qu'on dit des tresors immenses.

On facilite aux nouueaux Chretiens tout ce qui pourroit les rebuter d'abord: par exemple on leur permet aux jours maigres l'vsage de la graisse: parce qu'il ne se fait point de beure a la Chine et que * l'huile commune n'y est pas bonne. On ne les oblige a jeuner que 9. jours dans l'anneé sçauoir tous les Vendredys de Caréme, le Samedy de Pasques, et la veüille de Noël.

Janvier 1700 [fol. 134]

Mohametans a la Chine.

J'insereray icy au sujet de la Religion vne reponse que fit le Pere Visdelou a vne personne qui s'informoit de l'Etat du Mahometisme dans la Chine, de son progrez, et depuis quand il y a exercice; combien il y a de Mahometans dans les parties Occidentales qui repondent au Grand Lama et aux autres pays par lesquels on va par terre de la Chine au Mogol; Et enfin s'il y auoit des Juifs dans les villes maritimes et dans les terres. Voila ce que ce Pere en a Ecrit.

Les Chinois dans leurs Annales raportent l'établissement du Mahométisme dans la Chine au Regne de l'Empereur Ven-tü de la Dynastie des Souï, qui commença a regner l'an 581. et mourut l'an 604. de l'Ere Chrétienne. Il y fut aporté par des Arabes du Royaumes de Taché; c'est a dire que ces Arabes s'y établirent sous ce Regne, et

qu'ayant ensuite été infectez du Mahometisme, ils l'aporterent a la
Januier 1700 [fol. 134vo] Chine par le moyen du Commerce: ce qui fait confondre * l'entreé du Mahometisme auec celle de ces peuples. On ne peut autrement accommoder les Annales Chinoises auec l'histoire de Mahomet et l'Epoque de L'Hegyre.

Il a fait de grands progrés a la Chine par 2. voyes; La 1.re est celle du Mariage; vn Mahometan ne se marie jamais auec vne Gentille, si elle ne se conuertit; il ne marie jamais ses filles a des Gentils s'ils refusent de receuoir la Religion de la fille auec la fille méme. La 2.de est le prét gratuit de l'Argent et les Secours mutuëls qu'ils se prétent etant extraordinairement vnis: Ce qui les rend redoutables aux Chinois qui sont persuadez qu'ils se souleueroient tous si on entreprenoit quelque chose contre leur Religion. Si vn pauure Gentil se veut faire Mahometan, Les Mahometans riches se cottisent et luy fournissent vn fond sans interest auec lequel il fait traficq. Il y en a vn tres grand nombre a la Chine; La Prouince de Chan-toun et celle de Chen-si, qui est le lieu ou ils viennent faire le Commerce, en sont pleines, aussy bien que toutes les grandes villes et surtout Pekin, Nankin, Hang-tchéou &c. Ils ont 4. Mosqueés a Pékin, 11. a Nankin,
Januier 1700 [fol. 135] et 1. a Hang-tcheou qui est a ce qu'on dit le plus bel Edifice de * la ville; Ils ont méme obtenu malgré la Politique Chinoise vne marque distinctiue qui est vn petit bonnet blanc pointu. Au reste ils sont meprisez des Gentils, et le nom de Hoëi-tçe, qui est celuy qu'on leur donne est vne injure. Ils ont des Ecoles Arabes en quelques Endroits et ils Ecriuent en Arabe les mois de leur Calendrier; Ils ont méme des Prétres Etrangers de leur Secte: mais ils se contentent d'instruire les leurs sans se mettre en peine de prêcher publiquement leur Loy.

Juifs a la Chine.

Je sçay qu'on a trouué quelques juifs a la Chine et il n'y a pas longtemps qu'il s'en trouua vn a Tçi-nin-tchéou dans la prouince de Chan-toun qui entendant parler de Jesus Christ, il est vray, dit il que nos Peres l'ont crucifié, a quoy il ajouta le Blaspheme: mais je n'ay jamais veu ny oüy dire que personne eut veu des Liures Hebreux ny traduits de l'Hebreu entre leurs mains. Au reste je ne sçay pas si ces Juifs étoient naturels de la Chine, et s'il y en a ils sont en si petit nombre qu'il n'y a pas d'aparence qu'ils ayent pû conseruer leurs liures.

Auant de rien dire du Commerce de la Chine je feray le détail des mesures, des poids, et des Monnoyes qui y sont en vsage;

Ensuite je parleray des Ports qui sont ouuerts aux Etrangers, des Marchandises qu'on y peut porter, de celles qu'on en tire et de leurs qualitez. Januier 1700 [fol. 135 vo]

Mesures.

Les Chinois se seruent de la Coudeé dans toutes leurs Mesures, soit pour le Commerce, pour les Bâtimens ou pour les distances sur la terre. Leur Coudeé par raport au Pied de Paris contient 1. pied 1. pouce et enuiron 4. Lignes, ils la diuisent en 10. parties et chacune de ces 10. parties en 10. autres: Car en tout et de tout temps ils se seruent de la Decimale et il leur seroit méme impossible de faire autrement vn calcul vn peu long, n'ayant point comme nous des Chifres particuliers pour faire leurs operations sur le papier, ny le méme arangement.

Poids.

Leurs poids sont le Caty et le Pic. Le Caty peze 20. de nos Onces; Le Pic peze 100. Caty ou 125. de nos Liures. Ils ont comme nous des Balances a Bassins et des Romaines.

A l'Egard des Monnoyes les Chinois n'en ont aucune en espece, exceptez seulement vn certain denier de Cuiure qui sert pour acheter les menuës denreés. Ces derniers sont ronds et percez au milieu pour pouuoir les Enfiler; On en donne 60. et quelquefois * 70. pour vn sol d'argent: mais ils nont plus guere de cours; Les Anglois les achetent sur le pied de 3. a 4. Taëls le Pic, et en lestent leurs Bâtimens. Les Monnoyes des Chinois ne sont donc a proprement parler que des noms qu'ils donnent a certains poids d'Argent de la méme maniere que nous donnons par Exemple a 20. sols le nom d'vne liure, et a 10.tt le nom d'vne Pistole: quoy que veritablement nous n'ayons aucune monnoye d'vne liure ny d'vne pistole. Ces noms qu'ils donnent a diferens poids sont le Ly, Le Fouën, Le Tsien, et Le Leäng, que les Marchands des Indes nomment autrement Cache, Condarin, Mas et Taël. Vn Taël contient 10. Mas, vn Mas 10. Condarins, et vn Condarin 10. Caches. Or pour trouuer le a raport de ces poids auec nôtre monnoye je fais valoir nos Ecus 72. Sols comme ils valoient encore lorsque nous partimes de France; et sur ce pied il est tres facil d'en auoir vne juste proportion parce qu'ils pesent exactement 72. Condarins Chinois. D'ou on voir aisément qu'vn Taël est 100. Sols, vn Mas 10. Sols, vn Condarin 1. Sol, et * le Cache a peu pres nôtre denier.

Januier 1700 [fol. 136]

Januier 1700 [fol. 136vo]

Lorsque l'on achete pour vn sol seulement de marchandise il faut couper; il y a dans toutes les Boutiques vn gros Ciseau de fer fait expres et de petites Balances Romaines pour peser. Il est indiferent que l'Argent qu'on employe soit monnoyé ou non: pourueu qu'il soit egalement pur, et en cela les Chinois ne se laissent point tromper: car a la veuë ils en font tout d'vn coup la diference; ils le prennent non pas comme nous au prix du Mare, mais a certaines touches qui vont ordinairement depuis 70. jusqu'a 100. ils disent par exemple que notre Argent est de 94. et celuy d'Espagne de 96; Leur Argent Mandarin va jusqu'a 100.

Ils coupent, fondent, et refondent continuellement leur Argent; ils le mettent en petits Lingots ouales du poids d'vn Taël et y melent du Cuiure de proportion des choses ausquelles ils doiuent l'Employer. L'Argent de 80. Touches par exemple passe dans l'achat de toutes les menuës denreés. Les Chinois se mélent aussy bien que les autres de faire de la fausse monnoye et surtout * ils contrefont si bien les Piastres que plusieurs Etrangers y ont été trompez.

Janvier 1700 [fol. 137]

Les petites Balances Romaines dont ils se seruent pour peser l'Argent se trouuent aussy bien souuent ou trop fortes ou trop foibles, les vnes pour paier, les autres pour receuoir; de sorte qu'il est bon d'en porter toujours vne sur soy pour n'étre pas leur dupe.

Ports de la Chine ouuerts aux Etrangers.

Il n'y a dans tout l'Empire que 3. Ports ou les Etrangers aïent la Liberté du Commerce, qui sont Canton, Macaö, et Emoüy, que les Chinois appellent autrement Coüang-tchéou, Ngaö-mouën et Hia-mouën; je ne mets point au nombre de ceux là celuy de Nimpo, quoy qu'également il soit ouuert a toutes sortes de nations par vne declaration positiue de l'Empereur. Le Viceroy de la Prouince n'y veut soufrir aucun Etranger, et depuis quelques anneés il y fut vn Nauire Anglois qui ne pût ny par presens ny d'aucune autre maniere obtenir la permission d'y faire son Commerce; Le Marchand en Ecriuit méme a Pekin au Pere de Fontaney mais ce fut inutilement; ainsy il fut obligé apres auoir perdu * bien du temps de s'en retourner a Emoüy. On nous a neantmoins voulu persuader que depuis peu Les Mandarins particuliers le Nimpo auoient enuoyé des Marchands Chinois jusqu'a Batauie pour inuiter les Européens a venir et qu'ils seroient bien receus: mais qu'aucun n'auoit encore osé le hazarder. Ce Port est le plus proche de Pékin; et l'on y trouue sans dificulté les plus belles marchandises de la Chine: mais les Viures aussy bien qu'a Emoüy y sont de la moitié plus chers qu'a Canton.

Janvier 1700 [fol. 137vo]

Les Ports de Canton et de Macaö sont frequentez par les Espagnols, les Armeniens, les Mores et quelques Anglois. Celuy d'Emoüy l'est beaucoup par ces derniers qui y enuoyent tous les ans 4. ou 5. Vaisseaux ou d'Europe ou de Madras et quelquefois de Bombay. Apres le mois d'aoust finy, ou au plus le 15. Septembre on ne peut que tres dificilement gagner Emoüy, encore moins Nimpo a cause de la saison contraire des vents de Nordest, au lieu qu'on peut arriuer a Canton jusqu'a la derniere saison.

Januier 1700 [fol. 138]

Les Portugais de Macaö n'ont plus comme autrefois la Liberté de monter a Canton, si ce n'est en habit Chinois et alors ils sont sujets aux loys du pays comme les Chinois mémes. Cette defense leur a été faite par vne Auenture assez plaisante. Il y a enuiron 100. ans que le Viceroy de Canton passant dans vne ruë de la ville, vn homme de sa suite frapa vn Portugais pour le faire ranger a l'ecart; Le Portugais auec la grauité ordinaire a sa nation mit l'Epeé a la main et chargea l'Equipage du Viceroy; Tous se mirent aussytôt a fuir et luy ne voyant plus aucun obstacle continua son chemin; Le Viceroy luy même qui ne sçauoit encore rien de ce qui se passoit auoit pris comme les autres l'Epouuente et se jetta dans la premiere boutique qu'il trouua ouuerte: mais ayant ensuite sceu d'ou venoit le tumulte il se mit fort en colere et deffendit aux Portugais de sortir doresnauant de Macaö et de reuenir dauantage a Canton sous quelque pretexte que ce fut: Ce qu'on ne leur permit depuis que bien du temps apres et aux conditions cy dessus.

Januier 1700 [fol. 138vo]

On trouue a Canton toutes sortes de Marchandises en abondance soit faites dans le pays, soit aporteés des autres prouinces; Les viures y sont a tres bon marché. La grande quantité de Mandarins qui s'obseruent les vns les autres empéche qu'aucun fasse vne vexation trop criante; vn tres grand nombre de gens y entendent le Portugais des Indes. Le Port interieur entre l'Isle d'Emoüy et la Terre ferme est tres seur; les vaisseaux y moüillent deuant les maisons de leurs marchands a la porteé du fuzil; Les Viures y sont fort chers: mais les droits d'Ancrage et les marchandises y sont bien mieux reglez qu'a Canton: Cependant comme il y a peu de Mandarins at que facilement ils s'entendent, ils peuuent faire impunément de grandes vexations; Ils sont 4. Le Gouuerneur, son Lieutenant, vn Houpou et vn Mandarin de Lettres. Tous les Anglois comme nous l'a raporté le Pere Pelisson font en ariuant a ces 4. Mandarins des presens que la Coûtume a fixez a la valeur de 100. Taëls pour le Gouuerneur, et ceux des autres vn peu moindres en proportion.

Januier 1700 [fol. 1..9]

On ne fait presqu'aucun Ouurage a Emouy; tout vient du dehors; il fait enuoyer des marchands Chinois d'vn côté et d'autre pour procurer les marchandises, leur auancer l'Argent, et courir les risques, sçauoir si le Marchand est fripon et si les Marchandises qui doiuent venir sont prises par les Pirates. Au reste il faut les prendre comme l'on les aporte, on n'a pas a choisir. Il entre a la Chine par ce Port vne si grande quantité d'argent d'Espagne, que quoy que les especes se detruisent continuellement a mesure qu'on les employe, les Piastres cependant roulent dans toute la prouince de Fo-Kien, autant qu'en Espagne méme.

Marchandises propres pour la Chine.

Les Marchandises propres pour la Chine sont des draps noirs, bleus, et Ecarlates, de l'Acier, des Cristaux, du Corail, quelques Miroirs, de petites perles fines bien rondes et de belle Eau, quelques Tableaux et Estampes de perspectiue et de paysage sans bordure, des Pendules a repetition, des Montres sonnantes sans corde ou du moins a la Chaines: Car pour les montres a corde les Chinois ne les estiment pas du tout: Il faut peu de chaque chose * et rien du tout qui soit trop cher; je crois par exemple que des Draps communs de 9. a 10.[tt] l'aune, ou des Camelots a l'Epreuue de la pluye seroient de meilleur debit que l'Ecarlate. Entre les Cristaux des Coupes, des Soucoupes et autres ouurages du gout Chinois se vendroient tres bien: Ils valent couramment depuis 3. jusqu'a 6. Taëls le Caty. Pour ce qui est du Corail il faut qu'il soit d'vne couleur viue, les branches grosses, nettes, point piqueés et sans rameaux; Celuy qui est en oeuure est beaucoup plus estimé comme sont des grains bien ronds et de 7. a 8. lignes de diametre; Les Chinois en font des Chapelets pour les Mandarins; on les vent depuis deux jusqu'a 12. fois le poids de l'Argent selon qu'il est bien choisy. Outres ces marchandises les Chinois en tirent plusieurs autres qu'ils n'ont pas chez eux, comme des Epiceries de Borneö et de Batauie, de l'Ambre gris de la Cochinchine, des Pelleteries de Moscouie, de l'Acier, du Cuiure, de l'Or, et mille beaux ouurages du Japon dont ils font grand cas et qui sont tres rares, surtout dans les prouinces meridionales.

Januier 1700 [fol. 139vo]

Il y a vn Tarif reglé par l'Empereur pour les droits d'Entreé de toutes les marchandises dont j'ay parlé cy dessus, et ces droits sont fort modiques: mais les Doüaniers ne s'en tiennent pas la et sous differens pretextes imposent tous les jours de nouuelles taxes a leur fantaisie; Ils interrompent méme tres souuent vôtre Commerce sans que vous puissiez sçauoir d'ou cela vient. Le Vaisseau Anglois qui passa le Pere Bouuet de Canton a Surate se trouua dans cet embaras; Le Marchand du Tsong-tou auoit embrassé luy seul tout le Comerce de ce Bâtiment, et en donnant 1000. Taëls au Houpou il auoit empeché qu'aucun autre y pût rien vendre ny acheter; son but étoit de lasser l'Anglois afin d'en auoir a l'extremité meilleure composition, et effectiuement il étoit depuis 4. mois aux Isles de Macaö sans rien faire, lorsque le Pere y ariua qui étant pressé de partir le fit promtement expedier, menaçant les Mandarins que si ce Vaisseau manquoit la mouçon et qu'il fut obligé de retourner a Pékin il se plaindroit a l'Empereur du mauuais * traitement qu'ils faisoient aux Etrangers contre son intention.

Tarif pour les droits d'Entreé.

Janvier 1700 [fol. 140]

Janvier 1700 [fol. 140vo]

Les Marchandises que l'on tire de la Chine sont l'Or, la Soye, Les Toiles de Coton, la Porcelaine, le Vernis, Le Musc, Le Thé, La Rhubarbe, Le Camphre, Le Vif-argent, Le Lapis ou pierre d'azur dont on fait l'Outremer, la Pierre d'Aymant, le Cuiure jaune, Le Cuiure du Japon, &c. Il y a sur l'or 50. 60. et quelquefois 70. ou 80. p. °/₀ a gagner de la Chine aux Indes.

Marchandises qu'on tire de la Chine.

Il y a quantité de soye a la Chine: mais il s'en consomme beaucoup, et Le Viceroy du Tché-Kiang a tout nouuellement representé que la Traite qui s'en fait au dehors en causera la cherté dans l'Empire qu'ainsy il suplioit qu'on fixât la quantité qu'on en pourroit transporter du Tché-Kiang, qui est a proprement parler le pays de la Soye, a 500. pics Chinois et qu'on en triplât les droits, et qu'on fit le méme pour les autres Prouinces. La Cour a aprouué son sentiment; l'Empereur en a ratifié la sentence. La Soye se diuisoit en 3. degrez de bonté et payoit suiuant l'ancien Tarif depuis 7. Mas jusqu'a 1. Taël 8. mas le Pic: mais suiuant le nouueau Tarif elle serra toute regardeé * comme Soye fine et du 1.er degré, Et les droits etans augmentez au triple payera 5. Taëls 4. Mas le Pic. Les Doüanes maritimes des Prouinces de Tché-Kiang, de Kian-nan, de

La Soye.

Janvier 1700 [fol. 141]

Fo-Kien, et de Couäng-tong sont comprises sous cette Loy tant pour la quantité des Soyes que pour l'augmentation des Droits.

Les Etoffes de Soye de la Chine n'ont point la beauté ny le lustre de celles qui se font en Europe; Les Teintures méme n'en sont pas bonnes: mais la qualité en est beaucoup meilleure; Elles sont fortes et ne se coupent jamais; l'Or que les Chinois y employent pour les Fleurs et autres ornements n'est que du papier doré: mais il dure autant que l'Etoffe méme et soufre parfaitement bien l'Eau. Les Anglois font trauailler la pluspart de leurs Soyeries eux mémes sur des desseins de modes nouuelles qu'ils aportent d'Europe, Et pour cela ils auancent aux Chinois en argent le tiers du prix dont ils conuiennent auec eux.

La Porcelaine.

On pourroit de la meme maniere si on auoit vn Etablissement dans les prouinces de Tché-Kiang ou de Nanking faire faire en 3. mois de tres fine et de tres belle *
Janvier 1700 [fol. 141vo] Porcelaine, sur tel modele et de tel dessein qu'on voudroit; Le veritable secret n'en est point perdu comme plusieurs le croyent il subsiste encore aujourd'huy dans la nature de la terre et de l'Eau qu'on y employe; on la fait tant fine qu'on veut a proportion de la Dépense et du trauail.

Le Vernis.

Il y a 3. sortes de vernis, le commun qui se fait par toute la Chine, celuy de Nankin, et celuy du Japon. Le premier est a tres bas prix: mais il est ordinairement grossier et ne se conserue pas: Cependant j'en ay vû faire a Canton de tres beau lorsqu'on y mettoit vn prix conuenable. Celuy de Nankin est fort mince, d'vn beau lustre, et les desseins en sont assez bien finis. Celuy du Japon est épois, d'vn beau noir, les desseins d'vn bon goût, et d'vn or tres fin: mais il est rare a la Chine et fort cher. Il y a aussy du Thé de plusieurs especes et de toutes sortes de prix; Le commun ne vaut que 5. 6. ou 7. sols le Caty; L'Imperial vaut quelquefois jusqu'a vn Taël.

Marchandises de Contrebande.

Les marchandises de contrebande qu'on ne peut sortir de la Chine, sont les Liures d'histoire, Le Salpêtre, Les Cornes de
[fol. 142] Bufle, les Armes, les Cloux, et le fer, L'huile * et le Chanure, (ces 5. dernieres especes parce qu'elles seruent a faire des vaisseaux et a les armer et fournir de poudre et d'Arcs). Les Satins et Damas de couleur jaune de Citron: parce que cette couleur est propre de l'Empereur; Les Satins et Damas de

couleur jaune rougeatre ou d'or: parce que cette couleur est propre des Princes du Sang ou creez par l'Empereur; vne espece particuliere de Brocard d'or a grandes Fleurs de Nenuphar, qui vient des pays étrangers de l'Occident. Pour l'Entreé rien n'est deffendu, tout passe en payant droit.

Remarques sur nôtre Etablissement a la Chine.

Auant de reprendre le cours de nôtre Nauigation je feray cette derniere remarque, que comme l'on ne peut faire vn prompt et bon voyage a la Chine sans y porter 3. ou 400 000 ᵗᵗ je ne crois pas que ce Commerce conuienne fort a la France au moins en droiture; La bonne politique ne permettant pas de sortir l'Argent du Royaume pour des choses qui ne nous sont d'aucune necessité absoluë; Il seroit au contraire bien mieux employé a faire vn bon Commerce et a se fortifier sur quelques vnes des Isles des Epiceries, ou il seroit pour cet * effet necessaire de faire quelque decouuerte dont les frais se tireroient et beaucoup au delà sur la traite que feroient les batimens qui y seroient employez. Ces Isles ne cherchent qu'a secoüer le joug insuportable de l'Espagnol et du Hollandois; Elles ont déja plusieurs fois offert des Etablissemens aux Anglois, et nous y serions assurement bien receus.

Janvier 1700 [fol. 142vo]

Au reste il ne faut esperer a la Chine aucun établissement en propre ny aucun endroit pour se fortifier: Les Jesuites n'obtiendront jamais cela de l'Empereur, et je ne crois pas méme quelque chose qu'ils disent qu'ils ayent jamais eu la penseé de le demander: Ce qu'ils peuuent faire pour l'auantage de la Nation est de demander seulement le Commerce de Nimpo, la liberté d'y établir vn magazin et de n'étre point sujets a la Tirannie des Doüanniers: ce que l'on peut obtenir facilement en leur payant comme l'on fait a Surate tant par Tonneau ou suiuant la mesure du pays tant par chaque coudeé en quarré pour tous les droits generalement du vaisseau et des marchandises sans aucune visite.

Suite de notre Nauigation.

Le 27. Januier a la pointe du jour d'vn vent de Nord sombre et embrumé * nous leuames l'Ancre. Sur les 11. heures le vent força et nous fumes obligez de moüiller entre Lin-tent et Macaö, nos Pilotes Chinois craignoient de depasser.

Janvier 1700 [fol. 143vo]

Le temps s'étant vn peu eclaircy nous rapareillames vne heure apres; Nous nous aprochames de Macaö en rangeant les 9. Isles et

10*

moüillames a 5. brasses vaze. La ville nous restoit a Oüest 5.° Nord 2. lieuës.

Nous moüillames deuant Macaö.

Le 28. au matin le vent de Nord étant toujours tres violent et n'y ayant pas d'aparence de pouuoir enuoyer la Chaloupe a Macaö sans perdre beaucoup de temps, nous leuames l'Ancre; nôtre Chaloupe mit nos 2. Pilotes Chinois aux Isles de Matchong et ensuite nous continuames nôtre route. M.r De la Roque eût pourtant bien voulu voir le nouueau Gouuerneur Portugais, et remercier le Mandarin de toutes ses honnêtetez. Nous fimes le Sud jusqu'a 3. heures apres midy que la grande Isle des Larrons nous restant au Nord nordest 10. Lieuës, nous changeames la route au Sud oüest quart de Sud pour reconnoitre Aynam, et passer ensuite en terre Pracel.[1]

Januier 1700 [fol. 143vo] Le 29. a midy les vents ayant été Nord * et Nord quart de Nordest bon frais, temps sombre et la Mer grosse, nous nous trouuames par Estime a 19.° 40.' de latitude Nord; La route auoit valu le Sudoüest quart de Sud 46. lieuës pour lors nous la changeames au Sudoüest quart d'oüest pour élonger l'Isle d'Aynam a la reconnoitre au moins a la Sonde.

Ce méme jour 29. sur les 6. heures du soir ayant fait 15. lieuës au Sudoüest quart d'Oüest nous trouuames 70. brasses vaze et Sable fin. A 2. heures apres minuit ayant fait a la méme route 20. autres lieuës nous ne retrouuames plus que 40. brasses gros sable et Coquillage: Ce qui nous fit arriuer au Sud Sudoüest de peur d'aprocher trop la terre. A 4. heures ayant fait 9. lieuës au Sud Sudoüest, 45. brasses vaze grauier et Coquillage.

Nous vimes Aynam.

Le 30. sur les 6. heures et 1/2 du matin nous reconnumes les terres de l'Isle d'Aynam au Nordoüest quart de Nord 7. lieuës; il nous parut vn Cap assez éleué et a Oüest de ce Cap 3. especes d'Islots a quelque distance l'vn de l'autre. De là nous fimes le Sudoüest pour aller reconnoitre Pol-Canton sur la Côte de Cochinchine; Nous ne nous étions encore aperceus d'aucun Courant. Nous fimes encore jusqu'a Midy 17. lieuës au Sudoüest.

[1] Bannisters Bericht fügt hinzu (p. 154): "The old English pilot, whom we had taken in at Malacca, had charge of the ship himself alone, and was to go back to France with us."

Nous étions par Estime a 17.° 41.′ de latitude, toujours bon vent Nord nordest et Nord nordoüest, temps sombre et la Mer courte. Janvier 1700 [fol. 144]

Du 30. au 31. méme vent petit frais. Nous sondames plusieurs fois pour regler le route. A 6. heures du soir nous nous trouuames a 65. brasses; Nous fimes le Sud quart de Sudoüest; a minuit 75. Sable et Coquillage, nous remimes au Sudoüest de peur de trop aprocher le Pracel. A 4. heures du matin 65. vaze et Sable fin. Toutes ces routes nous valurent le Sud Sudoüest 5.° Oüest 35. lieuës; Nous étions par Estime a 16.° 9.′ de latitude.

Nous vimes Pol Canton et les terres de Cochinchine.

Ce méme jour 31. a 1. heure apres midy nous reconnumes Pol Champella a öuest Nordoüest 10. lieuës Et Pol Canton au Sud sudoüest 8. lieuës. La Terre ferme est en cet endroit extremement haute; on y voit des Montagnes qui sont a plus de 25. lieuës dans les terres. C'est a peu pres icy que se separent les Royaumes de la Cochinchine et de Tsiompa; ce dernier est Tributaire du Roy de la Cochinchine.

Nous rangeames Pol Canton du côté de l'Est a 2. lieuës de distance et fimes ensuite le Sud et le Sud sudoüest pour acoster la terre ferme que nous deuions pendant 80. lieuës Elonger a 1. lieuë et 1/2 * ou [fol.144vo] 2. lieuës tout au plus pour Euiter les Courans qui au large portent sur le Pracel, ou l'on tomberoit immanquablement si l'on étoit pris de Calme, et sans se pouuoir releuer, n'y ayant partout point de fond pour moüiller. A 6. heures du soir Pol Canton nous restoit au Nordoüest quart de Nord 4. lieuës. Nous eumes toute la Nuit vn bon petit frais du Nord; nous suiuimes la Côte a 2. lieuës; Elle est plate en plusieurs Endroits au bord de la Mer, mais fort haute partout dans la terre.

Le 1.er Feurier sur les 9. heures du matin nous reconnumes Pol Cambir de la terre;[1] Les Courans nous portoient alors vers le Sudest a faire 4. ou 5. lieuës en 24. heures; ils ont leur cours reglé sur cette Feurier 1700

[1] Bannisters Bericht sagt (p. 157): "The 1st of February, at four a. m., we skirted very near a small island, opposite the Bay of Yogoyna; but this island is much further out at sea than it stands on the charts. This led us for some time to take it for Pulo Cambo of the land. This we were the more disposed to think, as the English pilot asserted that the currents here ran at least half a league an hour to the south-east. This, however, proved an error. They gave, indeed, four leagues in twenty-four hours, but that was the utmost."

Côte pendant toute l'anneé: Car depuis Septembre jusqu'en Mars ils portent regulierement vers la Bande du Sud, et depuis Mars jusqu'en Septembre au Nord.

Pol Cambir de la Terre est Eloigné de la Côte 1. lieuë a 13.° 38.' de latitude Nord; Elle est toute escarpeé du côté du large et d'vne hauteur mediocre; lorsqu'elle reste au Nord nordoüest elle paroit
Feurier 1700 [fol. 145] coupeé et semble faire 2. Isles. Pol Cambir de * la Mer est sur les Acors du Pracel presque a la méme latitude; On le voit lorsque le temps est clair et qu'on tient vn peu le large.

Nous vimes en ce parage plusieurs Bateaux a la voile le long de la Côte; Les peuples y sont extrémement voleurs lors qu'ils en trouuent l'occasion; ils ont plusieurs fois enleué des Bâtimens marchands qui se trouuoient pris de Calme.

L'Apres midy nous doublames le Cap Varella.[1] Sur les 4. heures du soir nous rangeames vn autre Cap fort escarpé et qui auance beaucoup en Mer. Toute cette Côte est haute et affreuse étant presque partout a pic au bord de la Mer.[2] Nous fimes toute la Nuit le Sud quart de Sudoüest et le Sud sudoüest rangeant la Côte a 2. lieuës ou 2. lieuës et 1/2 de distance.

Le 2. a la pointe du jour nous Eumes depassé le Cap Varella fassa et étions par le trauers d'vn autre Cap que nôtre Pilote Anglois disoit estre le Cap Cecir; il nous faisoit pour lors faire le Sud sudoüest pour aller chercher la passe de deux Bancs qui sont marquez sur la Carte; Il nous dit qu'il deuoit entretenir cette route a 18. et
Feurier 1700 [fol. 145vo] 19. brasses d'Eau; que n'en trouuant * que 15. c'étoit vne marque que l'on étoit pres du Banc de la terre, et qu'étant a 24. on tomboit sur celuy du large; il ventoit Nord bon frais et la Mer grosse.

Nous quittames les Costes de Camboge.

Sur les 9. heures le dit Cap Cecir nous restant au Nord quart de Nordoüest 5. lieuës et ayant entierement perdu de veuë la continuation de la Côte de Camboge vers l'oüest, On vit du haut des Mats au Sud Sudoüest 8 lieuës 2. Especes de petits Islots, qui en aprochant se trouuerent estre deux mornes d'vne Isle longue et basse que nous

[1] Bannisters Bericht fügt hinzu (p. 158/9): "It is a huge hill, standing alone close to the water, upon a level shore, with this cape bearing south-west quarter west. A hill like an islet is seen bearing 3 deg. west quarter south. A rock on this hill has all the appearance of a tower, or pyramid of some pagoda."

[2] Bannisters Bericht fügt hinzu (p. 159): "It rises perpendicular from the water. Here, too, we met with a lofty rock, like a tall chimney, slightly inclining."

ne connoissions point. Notre Pilote Anglois ne s'attendoit pas a trouuer terre deuant luy et fut fort étonné; Il nous fallut faire le Sud Sudest et le Sudest quart de Sud, Pour doubler cette Isle: parce que le courant nous jettoit vers le Sud oüest auec violence. Enfin heureusement par la hauteur qui fut de 10.° 20.′ nous nous trouuames hors des dangers que nous étions en peine de parer: mais hors sans sçauoir par ou: Car il y en auoit qui pretendoient que ce que nous venions de doubler n'étoit pas Isle mais la continuation de la Côte entre laquelle et le Cap Cecir il se fait vn grand enfoncement; les autres et plus * vraisemblablement disent que ce sont les Isles de la queuë du Pracel qui sont mal marqueés sur les Cartes et que les Hollandois malicieusement y ont mis des dangers ou il n'y en a point: Ce qu'il y a de tres certain c'est que nous n'en vimes aucun; nous ne sondames nulle part et ne trouuames point du tout les Eaux changeés.

Feurier 1700 [fol. 146]

L'Isle cy dessus nous restant au Nord Nordoüest 6. lieuës nous decouurimes au Sud Oüest quart de Sud 5. lieuës Pol Cecir de la Mer que nous auions veuë 16. mois auparauant en allant a la Chine; nous la vimes en toutes ses diferentes figures, et la laissames a l'Est ou elle nous restoit a 3. heures apres midy enuiron 5. lieuës. Le vent étoit toujours Nord et Nordnordest, la Mer grosse. Nous fimes l'Oüest Sudoüest pour aller reconnoitre Pol Condor; Nous sondames a minuit et trouuames 20. brasses sable gris et fin.

Nous vimes Pol Condor.

Le 3. a 6. heures du matin 20. brasses gros Sable gris et Coquillage. Sur les neuf heures nous vimes Pol Condor au Sudoüest quart d'oüest 8. lieuës; nous auions fait par estime depuis Pol Cecir 45. lieuës; ainsy ils sont a peu pres l'vn auec l'autre 52. lieuës Est nordest et oüest sudoüest. Les Courans nous porterent toute la matineé vers le * Nordoüest; Le vent fut tres foible: De sorte que ce que nous pûmes faire dans tout le jour fut de doubler l'Isle; Elle nous restoit a 6. heures du soir 6. lieuës au Nord. Nous courumes toute la nuit suiuante entre le Sud sudoüest et le Sudouest quart de Sud pour aller reconnoitre Poltimont, ou nous deuions faire de l'Eau et du Bois.

Feurier 1700 [fol. 146vo]

Le 4. la hauteur fut de 6.° 50.′ nous nous trouuames a midy a 26. brasses sable fin et vazard. Nous continuames le Sudoüest quart de Sud et Le Sud sudoüest jusqu'a minuit qu'ayant trouué 35. brasses vaze, nous mimes au Sud quart de Sudoüest. Le 5. la hauteur fut de 5.° 18.′ Nord; Nous auions 39. brasses vaze molle et bleuë; Nous changeames la route au Sud Sudoüest. Le soir a 6. heures en ayant trouué 42. nous mimes au Sudoüest quart de Sud.

Le 6. a 6. heures du matin ayant toujours le méme fond 40. brasses vaze, nous fimes le Sudoüest; Notre Anglois nous faisoit toûjours faire 30. Routes pour vne. A midy nous fumes par estime a 3.° 38.′; Nous trouuames 31. brasses Sable fin et vaze.

Feurier 1700 [fol. 147]

A 4. heures apres midy Nous vimes * Poltimont au Sud sudoüest 9. lieuës; Nous eumes du calme toute la soireé; Les Courans nous porterent beaucoup vers le Sudoüest, et a minuit nous nous trouuames a 3. lieuës de terre.

Nous moüillames a Poltimont.

Le 7. a la pointe du jour nous Etions deux grandes lieuës dans l'Est de l'Isle;[1] Nous eumes vn petit frais et fumes moüiller a la Bande du Sud a 18. brasses Sable gris et noir a $^{1}/_{3}$ de lieuë de terre. De ce moüillage nous auions 1. lieuë et $^{1}/_{2}$ au Nordoüest quart d'Oüest 5.° Oüest vne pointe remarquable par 2. hauts pitons qu'on nomme les Oreilles de Lièure; Il y a au pied du Ruisseau ou nous fimes d'assez mauuaise Eau. Nos Matelots Portugais nous dirent que derriere cette méme pointe il y auoit vn Bourg ou moüilloient ordinairement tous les vaisseaux pour faire des rafraichissemens; Nous en eussions aproché d'auantage si le vent ne nous eût pas manqué.

Bateaux Malais de Poltimont.

Nous eumes aussytôt que nous fumes moüillez vne douzaine de petits bateaux Malais a bord; ils nous troquerent des Cocos et force poisson pour quelques morceaux de toille; Nous ne pûmes auoir autre chose: parce que nous n'enuoyames point aux habitations. Les Malais que nous vimes sont extremement bazanez et paroissent fort pauures; leurs bateaux sont legers, bien * construits et les plus petits que j'ay vû en aucun autre endroit. Vn homme seul se met au milieu sur le cul bien en oequilibre et pagaÿe sans que le corps fasse aucun

Feurier 1700 [fol. 147vo]

---

1 Bannisters Bericht schreibt (p. 163): "The 7th, at daybreak, we were two and a half leagues east of the island.

Our Englishman, who wished to anchor on that side, made us take in canvas. He said we must pass between two sand banks running far out at sea and sound at every step. He asserted, also, that there was a populous town by the sea side. The nearer, however, we drew, the fewer signs did we see of all that. M. de la Roque, who was exceedingly angry at this, on good grounds, stood out, and anchored near the south shore."

mouuement; leurs Pagayes sont faites de telle maniere qu'ils s'en seruent indiferemment par les deux bouts.

Le 8. et le 9. Nous eumes de la Pluye et de gros vents de Nord nordest.

Le 10. au matin nous vimes passer vn vaisseau dans l'Oüest de Poltimont; il auoit toutes voiles dehors et couroit au Sud. C'etoit quelque Batiment Hollandois qui venoit de Siam ou peut étre le vaisseau de Madras que nous auions laissé a Canton prét a partir.

A 1. heure apres midy nous apareillames; Nôtre Cable cassa étant a Pic, et nous perdimes nôtre Ancre. Le vent étoit Nord nordest; nous courumes au plus prét pour passer dans l'Est de Pol Pisang, et de Pol Laör. Nous trouuames au trauers du Canal de ces deux Isles des Courans bien forts qui portoient au Sudoüest vers le Détroit de Malaca. A 10. heures du Soir Pol Laör nous restant au Sudoüest quart d'Oüest enuiron 3. lieuës nous fimes le Sud sudest.

Le 11. a 6. heures du matin ayant plus * de 24. Brasses d'Eau, Feurier 1700 [fol. 148]
et nous croyant trop au large nous arriuames et fimes le Sud. A midy nous fumes par Estime a 1.° 30.′ Nord. La route depuis Pol Laör nous valoit le Sud quart de Sudest 20. lieuës. Sur le soir nous reconnumes la pointe de Romania. Nous vimes toute l'Apres midy le Nauire que nous auions veu le jour precedent passer dans l'Oüest de Poltimont; il rangeoit la terre de fort pres aparemment pour entrer au Détroit de Malaca.

Sur les 8. heures du soir nous moüillames a 22. brasses sable gris fin et Argile. Nôtre Anglois vouloit aller toute la nuit: Mais M.r De la Roque ne voulut pas s'y fier.

Nous apareillames pour le Détroit de Banca.

Le 12. a 8. heures du matin nous remimes sous voile Cap au Sud; nous auions eu beaucoup de peine a leuer nôtre Ancre. A midy hauteur obserueé nous nous trouuames 18.′ Nord de la Ligne. A 1. heure apres midy nous vimes terre au Sudoüest quart d'oüest 5.° Sud toute a la veuë. Sur les 3. heures nous vimes deuant nous vne Somme Chinoise qui faisoit route pour le Détroit de Banca; des * qu'elle nous eut aperçus elle prit le large Feurier 1700 [fol. 148vo]
et gagna vers l'est; peu apres nous rencontrames sa Chaloupe et son Canot qu'elle auoit aparemment abandonnez pour mieux fuir nous croyant peut estre Forban.

Le soir sur les 6. heures nous vimes plusieurs petites Isles a Enuiron 5. lieuës, et les hautes terres de Lingen qui nous restoient les vnes par les autres a Oüest Nordoüest. Sur les 11. Heures nous trouuames 12. et 16. brasses sables gris et fin. A minuit terre deuant nous; C'étoit des Isles que la Brume nous cachoit; Elles nous restoient au Sud quart de Sudest 2. lieuës; Nous fimes l'Est Sudest pour les parer, les prenant pour Pol Pour.

Le 13. a la pointe du jour nous nous trouuames entre les Isles que nous auions vuës la nuit, et vne longue terre basse ou il paroissoit plusieurs mornes que notre Anglois disoit étre les 7. Isles. Les vents furent toute la journeé vers l'Ouest et nous étoient contraires: De sorte que nous fumes obligez de Louier. En aprochant nous trouuames que ce que nous prenions * pour les 7. Isles étoit l'Isle de Banca, et que les Isles que nous auions veuës la Nuit et que nous prenions pour Pol Pour étoient les 7. Isles.

Feurier 1700 [fol. 149]

Sur les 10. heures nous reconnumes Monopim haut morne a la pointe du Nord de Banca, qui étant sur vne terre basse paroit de loin comme vne Isle. Dans nos bordeés du côté de Banca nous trouuames depuis 18. jusqu'a 25. brasses, et du Côté de 7. Isles 15. a 16. la hauteur obserueé fut de 1.° 15.′ Sud.

Le soir nous moüillames a 20. brasses sable fin. Monopim restoit au Sud 5.° Est 6. Lieuës. Toute la nuit le vent fut a l'Oüest; Les Courans furent peu sensibles et fort irreguliers.

Riuiere de Palimbang.

Le 14. au matin d'vn vent d'Oüest Sudoüest nous leuames l'Ancre; Nous louiames tout le jour et moüillames sur les 5. heures de soir a 7. brasses fond de vaze, nôtre Anglois n'ayant pas voulu courrir d'auantage sans reconnoitre Sumatra que la Brume nous cachoit. Nous étions a peu pres par le trauers de la Riuiere de * Palimbang, ou les Hollandois ont eu vne forteresse dont ils ont été chassez par les gens du pays.

Feurier 1700 [fol. 149vo]

Monopim nous restoit au Sud Sudest 4.° Est 7. lieuës. Toute la nuit nous eumes les vents a l'Oüest et beaucoup de pluye; Les Courans portoient au Sud Sudoüest. Nous vimes ce jour là dans le Canal en diferens endroits trois Arbres deracinez qui flotoient sur l'Eau tous droits; Nous les primes pendant longtemps pour des Barques a la voile.

Nous entrames dans le Détroit de Banca.

Le 15. au matin nous apareillames d'vn vent d'oüest; nous courumes au Sud Sudoüest par 7. et 8. brasses, et sur les 8. heures nous reconnumes tout a clair au Sudoüest les terres de Sumatra; Elles sont tres basses, noyeés en plusieurs endroits, et partout couuertes de bois. Sur les 11. heures le vent ayant calmé et le Courant nous étant contraire, nous moüillames a 7. Brasses fond de vaze a 2. lieuës 1/2 de la Côte de Sumatra. Monopim restoit au Sudest 4. lieuës. La Mareé partoit a Est Nordest a faire 1/3 de lieuë par heure. Sur le soir nous trouuames l'Eau baisseé d'vne brasse.

Dans ce Parage il y a du côté de Banca a 2 lieuës et 1/2 ou 3. lieuës au large vne Roche sous l'Eau qu'on voit briser quand la Mer est grosse; Elle gist auec la Montagne de Monopim Est Sudest et Oüest Nordoüest; Il y a encore quelqu'autres dangers du côté de l'Isle de Banca en tirant vers la Sud: Ce qui fait qu'on range toujours la Côte de Sumatra.

Feurier 1700 [fol. 150]

Le 16. au matin d'vn petit vent d'oüest nous leuames l'Ancre; Nous rangeames la Côte depuis 7. jusqu'a 11. brasses.[1] L'Apres midy le vent varia au Nord nordoüest petit frais; nous courumes au Sud sudest a vne grande lieuë de terre, et moüillames le soir a 9. brasses fond de vaze a 2/3 de lieuë de la Côte. Monopim restoit au Nord Nordoüest 5.° Nord.

Le 17. a la pointe du jour nous fimes voile auec vn petit vent de terre qui varia du Nord au Sud et puis calma tout a fait; La Brume étoit Epaisse nous fimes peu de chemin et moüillames sur les 11. heures a 13. Brasses fond de vaze rouge. La pointe que les Cartes Hollandoises nomment III.e nous * restoit au Sudest quart de Sud 1. lieuë. Cette pointe gît auec Monopim Sudest et Nordoüest.

Feurier 1700 [fol. 150vo]

Sur les 2. heures apres midy la mareé étant pour nous et le vent au Nordoüest nous apareillames: mais 2. heures apres ayant tout d'vn coup tombé nous moüillames a vn petit quart de lieuë de la

[1] Bannisters Bericht fügt hinzu (p. 169): "We again saw a large tree floating in the channel upon its roots, like a vessel in full sail. At noon, by observation, we were in lat. 1 deg. 5 min. south. Monopim now bore east-north 5 deg. east, three and a half leagues off. A headland of Sumatra bore north-west 3 deg. west at the same distance. The mouth of a river bore south-west quarter south, and the other points of the coast round to the south side bore south-west quarter south."

Côte a 6. brasses fond de vaze. La pointe III.e restoit au Sud 5.° Est 1/2 lieuë; Nous étions par le trauers d'vne petite riuiere dont l'embouchûre est fort agreable.[1] Le soir nous vimes vn feu a terre qui nous fit juger qu'il y auoit du monde: quoy que pourtant cette Côte paroisse tout a fait inhabiteé. Autant que nous pûmes l'obseruer pendant la nuit, Les mareés portoient 12. heures d'vn bord et 12. heures de l'autre, Le flot au Sudest et le Juzan au Nordoüest: mais peu sensibles.

Le 18. au matin d'vn vent l'oüest Sudoüest nous leuames l'Ancre, Nous rangeames la pointe a 5. brasses, et sur les 10. heures nous doublames la pointe II.e Entretenant toujours la Côte de 1. petite lieuë par les 12. brasses, Ensuite a 10. a 9. et 8. jusque par le trauers de * la Pointe I.re partout fond de vaze. Nous moüillames sur les 5. heures du soir a 5. brasses et 1/2, le vent étoit Nord Nordoüest petit frais et il y auoit encore bonne mareé: mais il n'y auoit pas assez de jour pour depasser entierement Luzapera; et ainsy nous attendimes au lendemain. Cette Isle nous demeuroit au Sudest quart de Sud 3. Lieuës; elle est basse couuerte de bois et dangereuse a cause des hauts fonds de sable qui l'Enuironnent. La nuit nous eumes beaucoup de pluye.

Feurier 1700 [fol. 151]

Le 19. a la pointe du jour nous Enuoyames le Canot deuant pour sonder, auec ordre de se mettre dans l'Oüest de l'Isle, de courir alors dessus jusqu'a trouuer le fond de sable, et de reuenir ensuite toujours au méme Aire de vent moüiller au milieu du Canal en fond de vaze a enuiron vne lieuë de distance afin de nous seruir de Balize pour passer. Sur les 9. heures nous mimes sous voile d'vn vent d'Oüest Sudoüest; Nous courumes au Sud par 5. 6. et 8. brasses vaze et sur le midy le vent ayant calmé * et Ensuite varié au Sudest contraire nous moüillames par 5. brasses. Luzapera restoit a Est quart de Sudest 4°. Sud 1. lieuë 1/3: Nous rapellames nôtre Canot.

Feurier 1700 [fol. 151vo]

Ce méme jour fut le 1.er de l'anneé Chinoise; Les 6. Passagers que nous auions a bord vinrent faire le Co-téou au Pere de Fontaney qui les regala de quelques pots de Vin.

---

1 Bannisters Bericht fügt hinzu (p. 170): "Besides Monopius, other lofty mountains in Banca bore north-east half north, and others south-east. The tides seemed to run twelve hours flood and twelve ebb; the flood to the south-east, the ebb to the north-west, was very slow."

Rencontre d'vne Somme Chinoise.

Sur les 2. heures apres midy il passa en terre de nous vne grosse Somme Chinoise qui rangeoit la Côte et auoit bien peur de nous. M.r De la Roque y enuoya son Canot auec le Chinois du Pere pour sçauoir d'ou elle venoit et aussy pour la rasseurer vn peu. Elle venoit de Nimpo et alloit a Batauie: mais nous ne pûmes jamais sçauoir de quoy elle étoit chargeé; nous en vimes dans le Détroit vne autre qui la suiuoit et qui alloit aussy a Batauie; Nous vimes encorc deuant nous vn 3.e bâtiment tout a la veuë.

Sortie du Detroit de Banca.

Feurier 1700 [fol. 152]

Sur les 4. heures du soir le vent ayant varié a Est Nordest nous leuames * l'Ancre; Nous fimes le Sud quart de Sudest, le Sudest, et l'Est Sudest en donnant le tour a Luzapera toujours a 1. lieuë 1/3 de distance. Nous en mouillames sur les 8. heures a 1. lieuë et 1/2 au Sud par 5. brasses fond de vaze. Nous ne trouuames jamais moins de 24. pieds d'Eau. Ainsy le danger de passer par ce Détroit n'est pas si grand qu'on l'a toujours fait, et le Pilote qui toucha l'Oyseau en allant et en reuenant de Siam étoit aparemment payé pour cela, ou il falloit qu'il sceut bien peu son metier. Les mareés pendant la nuit furent tres irregulieres.

Le 20. au matin d'vn vent d'oüest nous fimes voile et courumes au Sud par 6. et 7. brasses d'Eau et Ensuite au Sud quart de Sudoüest au plus pres du vent. La hauteur a midy fut de 3.° 25.'[1] Sud. Sur les 3. heures ayant vn peu troup rangé la terre de Sumatra nous tombames a 5. brasses et donnions sur vn banc; Nous fimes le Sudest quart d'Est pour prendre le Large, et nous entretinmes ensuite a 8. et a 9. brasses. A minuit étant Calme plat nous moüillames a 9. brasses vaze; le Courant portoit au Nord Nordouest.

Feurier 1700 [fol. 152vo]

Le 21. et le 22. nous courumes toujours * au Sud, et quelquefois au Sud sudoüest et au Sudoüest pour entretenir toujours le méme fond 8. et 9. brasses.[2]

---

[1] Bannisters Bericht lautet (p. 173/4): "At eight a. m. Lucepara bore north four and a half leagues off; and we then changed our course to south quarter south-west as near to wind as possible. At noon, the lat. was 3 deg. 25 min. We were then in seven fathoms, with a mud bottom; and Tree Island bore south-west quarter west, four deg. west, four leagues off. This island is low, and covered with very lofty trees. It lies off a headland of Sumatra."

[2] Bannisters Bericht ist hier ausführlicher; er sagt (p. 174/5): "The 21st, at two a. m., the wind freshened to north-west. We set sail and steered south, until we got

Le 23. au matin nous dépassames les 2. freres et les laissames a l'Est 3/4 de lieuë. Ce sont deux petites Isles basses et couuertes de grands Arbres: La plus grande a enuiron 1/4 de lieuë de tour; elles sont dangereuses du côté de l'Est ou le fond est plein de Roches la pluspart a fleur d'Eau et a plus d'vne lieuë au large. Nous vimes entre ces deux Isles vn Brigantin a l'Ancre; C'etoit quelque Bot Hollandois qui étoit a la pesche de la Tortuë, ou peut étre vn Forban. Le soir nous moüillames a 10. brasses vaze; Les 2. Freres restoient au Nordest quart de Nord. 2. lieuës; les Terres de Bantam paroissoient au Sud 3.° Oüest 16. lieuës; On voyoit aussy les hautes Terres qui sont a l'Entreé du Détroit de la Sonde. Les Courans porterent toute la nuit a l'Est.

Le 24. au matin d'vn petit vent d'oüest Sudoüest nous apareillames; nous rangeames toujours la Côte a 4. et 5. lieuës; Nous fimes peu de chemin et moüillames le soir a 20. brasses sable vazard; nous

Feurier 1700 [fol. 153]

étions a 5. * lieuës de la Côte de Sumatra et 8. du Cap de Bantam qui restoit au Sud 3.° Oüest.

Le 25. au matin d'vn petit vent d'oüest nous remimes sous voile et tinmes toujours au plus pres a cause des Courans qui porterent sous le vent. Nous tombames de 20. brasses a 44. fond de sable, vaze, grauier et coquillage; Nous vimes a l'ouuerture du Détroit de la Sonde Plusieurs Paraux Malais a la Pêche.

Sur les 3. heures apres midy nous moüillames a la veuë de Bantam a 20. brasses d'Eau fond de vaze; La forteresse nous restoit au Sud 5.° Est 4. lieuës. Nous eumes le soir et la nuit suiuante beaucoup de pluye.

Nous moüillames deuant Bantam.

---

into ten to thirteen fathoms. This made us steer south-south-west and south-west, as our English pilot insisted upon keeping to eight or nine fathoms without standing out further. At noon our lat. was 4 deg. 10 min., and on Sunday eleven fathoms in mid channel; yet we steered south-west and south-west quarter west. The currents must have set eastward. Nevertheless, when the boat anchored, we perceived no current at all. Towards six p. m., the wind being very light, we anchored in nine fathoms, with a mud bottom. The coast of Sumatra looked very low, west quarter south-west.

We weighed anchor the 22nd, with a very light wind, and steered south-south-west and south quarter south-west, in eight or ten fathoms. Our latitude was 4 deg. 36 min. At six p. m. we again anchored in nine and a half fathoms, with a mud bottom.

The Two Brothers bore south quarter south-west, four deg. west, five and a half leagues off, and there we saw two lofty ranges at the entrance of the Strait of Sunda; one bears west-south-west, five deg. south, twenty leagues off; the other south-west quarter south, eighteen leagues off. The ship was six leagues from the land."

Le 26. a 3. heures du matin M.r De la Roque enuoya M.r De la Rigaudière dans le Canot faire compliment au Gouuerneur de Bantam et sçauoir s'il voudroit receuoir nos Passagers et nous permettre de faire quelques rafraichissemens. Notre Chaloupe auec les 10. Mores et les 6. Chinois suiuit le Canot et moüilla au large de la forteresse pour attendre la réponse du Gouuerneur.

M.r De la Rigaudiere fut tres bien receu, Le Gouuerneur luy fit beaucoup * d'honneteté et Le regala; mais il ne luy accorda qu'auec peine le debarquement de nos Passagers, il ne permit pas méme que la Chaloupe ou ils étoient vinsse a terre; notre Canot fut obligé de les aller chercher. Pour les rafraichissemens il dit que si nous en auions besoin il nous conseilla d'aller a Batauie ou nous aurions tout a souhait, et marqua qu'il étoit inutile de renuoyer vne seconde fois la Chaloupe ou le Canot a terre; qu'il nous faisoit beaucoup d'Excuses de ce qu'il en agissoit ainsy: mais que c'étoient ses ordres. Il enuoya a M.r De la Roque vn Crist Malais garny d'or, quelques paniers de fruit, de la Salade, et vn boeuf qui mourut dans la Chaloupe en venant a Bord. M.r De la Roque luy auoit fait present d'vn fuzil tres propre.

Feurier 1700 [fol. 153vo]

Nous y mimes nos passagers a terre.

Le Gouuerneur nous refuse des rafraichissemens.

Personne de nos gens n'eut permission de sortir de la forteresse pour entrer dans la ville; La Garnison leur parut de 150. ou 200. hommes parmy lesquels il y auoit plusieurs François; Les fortifications du côté de la Mer étoient bien en Etat, et munies de bonne Artillerie. La ville s'étend pres d'vne lieuë sur la Mer du côté de l'Est; Elle est peupleé de Hollandois, * de Chinois, De Mores, et de Malais. Le Château du jeune Roy de Bantam est hors la ville: mais il n'y demeure point et est actuellement gardé a Batauie; Le vieux Roy son pere est mort.

Feurier 1700 [fol. 154]

Il n'y auoit pour lors en Rade aucun Batiment; Le gouuerneur a ordinairement 4. Bots; mais ils étoient tous dehors, il auoit des qu'il nous aperceut, enuoyé le dernier a Batauie pour donner auis au General qu'il paroissoit vn vaisseau François, Ils y vont et reuiennent auec ces Bots en 24. heures; Ils pourroient bien y aller aussy par terre; mais ils ne le risquent pas volontiers a cause des gens du pays. Les vaisseaux qui étoient destinez de Batauie pour l'Europe étoient tous partis; Le dernier auoit passé il n'y auoit que 8. jours.

Nous eumes a bord cette journeé là plusieurs bateaux Jauans qui nous apporterent du Poisson et entr'autres d'Excellens Rougets. Les Insulaires qui sont sur les Côtes par tout le Détroit de la Sonde sont sujets aux Hollandois pour auoir la liberté de la Pêche: mais ceux qui sont dans les terres leur font continuellement la guerre.

Feurier 1700 [fol. 154vo] Le 27. a la pointe du jour d'vn petit vent D'Est Sudest nous leuames l'Ancre et fimes voile pour l'Isle du Prince ou nous deuions prendre de l'Eau et du Bois. Nous eumes en vn instant auec la Mareé doublé le Cap de Bantam: mais a l'Ouuerture du Detroit elle nous deuint contraire; le vent étoit foible et sur les 10. heures aiant calmé tout a fait nous moüillames par 22. Brasses Sable gris et noir.

Nous entrames dans le Detroit de la Sonde.

Le Cap de Bantam nous restoit a Est nordest 1. lieuë 3/4. La Côte de Jaua par notre trauers étoit haute et bien cultiueé en plusieurs endroits; Nous eumes toute la matineé Pauillon Hollandois pour tacher de faire venir quelques Bateaux a Bord: mais il n'en parut aucun.

Ce méme jour sur le midy auec vn petit frais nous remimes sous voile. Sur les 4. heures nous eumes vn bon vent de Nord qui nous fit refouler la mareé qui commençoit a estre contraire: mais ayant ensuite varié a oüest Sudoüest nous moüillames sur les 8. heures au soir a 29. brasses sable gris.

Feurier 1700 [fol. 155] Toute * la Nuit le Courant nous fut contraire.

Le 28. au matin nous eumes la mareé fauorable: mais le vent n'étoit que Sudest et fort foible: De sorte que nous gagnames peu de chemin. Nôtre Pauillon Hollandois eut plus d'effet que le jour precedent. Nous eumes a Bord toute la matineé 4. ou 5. grands Bateaux Jauans chargez de Poules, Canards, Cabris, Oeufs, Concombres, Melondeaux, Cocos, et autres semblables rafraichissemens que nous achetames a assez bon compte pour des Escalins de Hollande; ils nous dirent que les Hollandois achetoient ordinairement peu de chose; que si nous eussions mis vn autre Pauillon ils eussent aporté quantité de volailles, et que si nous voulions moüiller pour 24. heures ils pourroient nous fournir plus de 300. Poules et quelques Cabrits.

Bateaux Jauans.

Nous moüillames a 3. heures apres midy a 18. brasses fond de vaze a vne grande lieuë de la Côte de Jaua.[1] L'Isle du Prince parois-

[1] Bannisters Bericht fügt hinzu (p. 180): "The island of Trave bore north-north-east, sixteen leagues off. The headland, south-west quarter south, four leagues off."

soit a Oüest Sudoüest 3.° Sud 10. lieuës. Le Courant nous étoit contraire.

Le soir sur les 8. heures nous remimes * sous voile auec vne petite brise du Nordoüest; nous gagnames enuiron vne lieuë et demie et remoüillames a 18. brasses. Feurier 1700 [fol. 155vo]

Le 1.er Mars au matin d'vn petit vent d'oüest Nordoüest tres foible nous apareillames; il passa au vent a nous vn gros vaisseau Hollandois qui portoit Pauillon quarré au grand Mât; Il rangeoit du côté de Sumatra, ou en cette saison les Courans portent vers le Nordest; Il venoit aparemment de Ceylon ou de la Côte de Coromandel et alloit a Batauie. Il passa aussy toute la matineé plusieurs Paraux Malais qui trauersoient auec leurs filets de la Côte de Jaua a celle de Sumatra ou ils alloient a la Pesche. Sur les 2. heures apres midy le vent et la Mareé nous etant contraires nous moüillames a 29. brasses fond de vaze. L'Isle du Prince restoit a Oüest sud-oüest 7. lieuës. Le reste du jour et la nuit suiuante les Courans nous furent contraires; de 24. heures ils en portoient au moins 18. au Nordest. Mars 1700

Nous moüillames a l'Isle du Prince.

Le 2. et le 3. nous eumes presque toujours les vents au Sudoüest, et fumes obligez de Louier.[1] Le 3. sur les 2. heures apres midy * nous moüillames enfin a l'Isle du Prince; nous étions a $^1/_3$ de lieuë de terre par 40. brasses sable vazard; nous aussions bien voulu en aprocher dauantage par 20. ou 36. brasses: mais le vent ne nous le permit pas. Nous étions moüillez au Sudest de l'Isle dans vne Ance ou les Hollandois font leur Eau et leur bois lors qu'ils retournent en Europe; Nous en vimes vn au large du côté du Sud, qui ne faisoit que d'en sortir; c'etoit aparemment celuy qui auoit passé deuant Bantam 8. jours auant nous. La marque de ce moüillage est de laisser le haut morne l'Isle a Oüest Nordoüest vn petit quart de lieuë. Mars 1700 [fol. 156]

Nous enuoyames nôtre Chaloupe et nôtre Canot a terre bien armez de peur des Tigres, dont on nous auoit dit que l'Isle étoit pleine; nos gens en trouuerent plusieurs traces: mais ils n'en virent aucun.

---

1 Bannisters Bericht (p. 181) ist hier ausführlicher.

Nous sortimes du Détroit et fimes route pour l'Isle Bourbon.

Nous fimes 4. Chaloupeés d'Eau, presqu'autant de bois, Et le 5. a la pointe du jour d'vn petit vent de Sudoüest nous leuames l'Ancre; nous louiames toute la journeé pour sortir du Détroit; les Courans nous aiderent vn peu,
Mars 1700 [fol. 156vo] et le soir nous * eumes tout paré; Il y a beaucoup de dangers du côté de l'Isle du Prince en sortant; c'est pourquoy il ne faut l'aprocher que le moins qu'on peut; l'Isle de Jaua en cet endroit est bien habiteé; On y voit de tres beaux valons et des Côteaux bien cultiuez.

Le 6. a midy le Cap du Ouest de Jaua restoit au Nord nordest 10. lieuës et le soir a 4. heures nous eumes perdu la terre de veuë. Nous auions les vents variables du oüest nordoüest au Sudoüest le temps sombre et pluuieux. On ne trouue ordinairement les vents de Sudest que par les 10. degrez Sud: C'est pourquoy en sortant du détroit de la sonde il faut toujours faire la route qui peut plûtôt Eleuer a cette hauteur, et quand méme on auroit d'abord les vents fauorables pour faire la droite route il ne faudroit pas s'en seruir:. parce que par là on s'entretiendroit dans vne hauteur ou les vents sont encore foibles et ou on est sujet a trouuer beaucoup de calme: mais il faudroit faire le Sudoüest et méme le Sudoüest quart de Sud
Mars 1700 [fol. 157] jusqu'a 14. a 15. degrez d'ou on prend ensuite la * droite route comme nous le fimes pour aller chercher l'Îsle Bourbon; et effectiuement nous trouuames toujours de cette maniere les vents plus stables.

Le 7. et le 8. toujours vents d'oüest et beaucoup de calme Le 8. au soir le vent varia au Sudest et a l'est: mais tres foible; Nous eumes toute la nuit des Eclairs et du Tonnerre. Nous n'étions encore qu'a 8.° 30.' ainsy nous trouuames les vents plutôt qu'on ne nous l'auoit fait esperer.

Recontre d'vn Batiment.

La nuit du 9. au 10. sur les 11. heures il passa sous le vent a nous a demis porteé de Canon vn Batiment qui auoit bien enuie de nous parler; il mit vn feu a poupe et tint le vent autant qu'il put: nous eussions arriué dessus s'il eut été jour: mais pour lors on ne le jugea pas a propos. Ainsy nous continuames notre route l'vn et l'autre sans nous reconnoitre; nous courions au Sudoüest et luy au Nordest; il Cherchoit le Détroit de la Sonde.

Le 12. a midy par 13.° 45.' de latitude Sud ayant toujours les vents au Sudest et Sud sudest bon frais nous changeames la route du Sudoüest et oüest Sudoüest.

Le 17. a midy par 19.° 30.′ de latitude et 106.° 3.′ de longitude nous changeames encore la route du Oüest sudoüest a oüest, qui ne nous valoit que l'Oüest quart de Sudoüest a cause de la variation qui commençoit a augmenter vers le Nordoüest; nous l'obseruames ce jour la de 9. degrez. Mars 1700 [fol. 157vo]

Le 21. a midy nous changeames la Route a Oüest quart de Nord-oüest; nous étions par 20.° 4.′ de latitude et 93.° 58.′ de longitude.

Le 24. a midy par 20.° 25.′ de latitude et 88.° 6.′ de longitude la variation étant de 16.° nous changeames encore la route a oüest nord-oüest qui ne nous valoit que l'Oüest quelques degrez Nord. Nous auions toujours les vents de Sudest bon frais; nous vimes force Paillancus.

Le 28. nous vimes vn morceau de bois qui passa le long du bord.

Diego Rodrigues.

Nous nous faisions pour lors dans le Sud de Diego Rodriguez qui est a 160. lieuës au vent de l'Isle de Bourbon. Cette Isle a été occupeé pendant quelque temps par les françois: mais a la fin on l'a abandonneé: cependant quoyque petite elle est beaucoup meilleure que * l'Isle Bourbon par la bonté de son terrein et a cause d'vn bon Port qu'elle a du côté de l'Est, ou la Mer est rompuë par vne grande Chaine de Roches a fleur d'Eau qui s'etend pres de 4. lieuës au large. Vne personne qui y a été plusieurs fois m'a assuré qu'on pourroit tous les ans sans beaucoup de peine y recueillir vne barique d'Ambre gris, et qu'il y est en si grande quatité parmy les Rochers que le Poisson partout autour en est empoisonné. Mars 1700 [fol. 158]

Le 31. a 7. heures du matin nous reconûmes l'Isle Maurice au Nordoüest 10. lieuës. Nous trouuames la variation a la veuë de cette Isle de 21.° 30.′ Nordoüest. A midy l'Isle nous restant au Nordoüest quart de Nord 5. lieuës la hauteur fut de 20.° 35.′ le soir au coucher du soleil le bout du Oüest de l'Isle restant au Nordest 6. lieuës nous obseruames 24.° de variation.

Isle Maurice.

L'Isle Maurice a plus de 60. lieuës de circuit; Elle est presque partout d'vne hauteur mediocre, et le Terrein en est beaucoup meilleur que celuy de l'Isle Bourbon dont elle est distante * enuiron 35. lieuës; Elle a deux bons Ports l'vn au Sud sudoüest et l'autre au Nord nordest; il y a moüillage partout Mars 1700 [fol. 158vo] autour a 1. et 2. lieuës de terre par 7. 8. et 10. brasses d'Eau fond de vaze; Les Hollandois y ont vne garnison considerable et plusieurs habitations: mais au commencement de la Guerre ils furent obligez de la tirer aussy bien que celle des Isles des Epiceries pour renforcer leurs places dans les Indes et pour armer leurs Bâtimens. Ils laisserent seulement sur l'Isle Maurice 8. habitans et 4. Soldats qui gardent vn petit fort dans la pointe du Sud; c'est vne relâche pour leurs Batimens lorsque quand la saison est trop auanceé ils ne peuuent doubler le Cap de Bonne Esperance; Ils trouuent la des Boeufs, des Cerfs, des Cabris, du Cochon sauuage, de la Tortuë et des Volailles en quantité.

De l'Isle Maurice nous fimes l'Oüest quart de Nordoüest et l'oüest nordoüest pour aller chercher l'Isle Bourbon; le vent étoit sud bon frais.

Auril 1700 [fol. 159] Le 1.er Auril a 2. heures du matin * nous mimes côté en trauers; nons n'étions qu'a 2. lieuës de terre dans l'Est de l'Isle Bourbon. A la pointe du jour nous fimes seruir; nous élongeames la Côte pendant 8. lieuës toujours a demi porteé de Canon. Nous doublames 2. ou 3. pointes basses et vimes quelques habitations du quartier de s.te Suzanne: mais on a beaucoup de peine a les distinguer étant a cause des Houragans vn peu éloigneés de la Mer. Nous tirames 2. Coups de Canon a balle pour auertir a terre qu'on mit vn pauillon, craignant de depasser le moüillage qu'aucun de nous ne connoissoit bien. Nous sondames en plusieurs endroits et trouuames 16. a 18. brasses d'Eau fond de sable noir; la Côte est partout fort saine.

Nous moüillames a la Rade s.t Denis de l'Isle Bourbon.

Lorsque nous aprochames de s.t Denis nous decouurimes le Pauillon au bas d'vn gros Cap qui fait vne des pointes du moüillage; On auoit aussy repondu a nos 2. coups de Canon: mais nous n'en entendimes rien. Nous moüillames sur les 9. heures a 8. brasses d'Eau fond de sable noir a vne porteé de mousquet de terre. Le gros Cap nous restoit a oüest 5.° Nord vne porteé de Canon, et la Auril 1700 [fol. 159vo] maison du Gouuerneur au Sud quart de Sudest. Nous saluämes le * Pauillon de 5. Coups de Canon, on nous répondit d'autant.

Le Commis de la Compagnie des Indes vint saluer M.r de La Roque de la part du Gouuerneur; il nous dît que la Zelande auoit passé seule, et qu'elle étoit partie de l'Isle le 28. Nouembre apres y auoir resté 15. jours.

L'apres midy M.[r] De la Roque et le Pere De Fontaney furent a terre voir le Gouuerneur, qui les fit saluer en debarquant de 5. Coups de Canon.

Nous restames a s.[t] Denis jusqu'au 5. Auril a faire du bois et vne partie de nos rafraichissemens; Et le 6.e au matin nous apareillames pour s.[t] Paul ou nous deuions prendre notre Eau. Le Gouuerneur[1] y passa auec nous dans notre bord; nous y moüillames le méme jour sur les 11. heures du soir a 18. brasses d'Eau fond de sable[2]; La Riuiere nous demeuroit au Sud quart de Sudest 4.° Est.

Nous moüillames a la Rade de s.[t] Paul.

L'Isle Bourbon appelleé par les Portugais Mascarenhas a enuiron 50. lieuës de circuit; Elle est extremement haute partout et couuerte de Bois; Elle a au milieu vne soufriere qui jette du feu presque continuell.[t] surtout en temps de pluye, et qui contribuë beaucoup a rendre l'air aussy sain qu'il est. Il n'y a ny port ny haure ou les * Vaisseaux puissent étre a l'abry d'aucun vent: De sorte qu'il est dangereux de s'y trouuer dans le temps des Houragans, qui y arriuent pour l'ordinaire depuis la fin de Decembre jusqu'a la fin de la Lune de Mars; Le petit s.[t] Jean vaisseau de la Compagnie se perdit a s.[t] Paul il y a 10. ans le dernier jour de Decembre. Les Bâtimens qui craignent de doubler le Cap de Bonne Esperance quand la saison est auanceé y hyuernent quelquefois 5. ou 6. mois entiers. Le Postillon petit vaisseau de la Compagnie y resta en 1697. depuis le 23. Auril jusqu'au 15.e Septembre.

Description de l'Isle Bourbon.

Auril 1700 [fol. 160]

Cette Isle n'est habiteé que dans la partie du Nord, ou nos françois occupent 10. ou 12. lieuës de Côtes le long de la Mer jusqu'au pied des Montagnes. On y distingue trois quartiers, Ste Suzane, s.[t] Denis, et s.[t] Paul. Ste Suzanne est le plus a l'Est, et son terrein est le plus fertile: parce qu'il y pleut souuent.

Saint Denis est au milieu a 4. lieuës de s.[te] Suzane et a 7. de s.[t] Paul; Le Gouuerneur y fait sa residence et il y a vne petite Batterie de 8. pieces de Canon, qui defend le moüillage. Ces * Canons et plusieurs autres qui sont enterrez dans les Roches sont du

Auril 1700 [fol. 160vo]

---

1 Bannisters Bericht sagt (p. 186): "The governor of Bourbon".

2 Bannisters Bericht fügt hinzu (p. 187): "One of the headlands of the island bore north-east quarter north, a league and a half off. The other bore west quarter south-west three-quarters of a league off".

débris d'vn gros vaisseau Portugais qui venant de Goä trouua beaucoup de mauuais temps a la mer et fut obligé de venir s'echouer là il y a enuiron 15. ans; vne partie de l'Equipage de ce Batiment fut a l'Isle Maurice y ponter leur Chaloupe et de là a Goä, d'ou ils reuinrent quelque temps apres auec vn autre vaisseau reprendre leurs Camarades a l'Isle Bourbon; Le Gouuerneur qui y étoit alors s'euada et passa auec eux en Europe craignant pour luy ce qui est depuis arriué a M.[r] De Vaubelon son Successeur.

Auril 1700 [fol. 161] Le quartier s.[t] Denis est le plus sain: mais le Terrein en est extremement sec et plein de Roches. St Paul quoy que sablonneux est le plus agreable et le mieux habité; Il est situé au Nord nord-oüest de l'Isle le long d'vn Etang d'Eau douce qui fournit d'excellent poisson; Il prend sa source d'vne Rauine qui descend de la Montagne; et a demi lieuë de là se degorge dans la Mer lorsque les Eaux sont grandes. Quand nous y passames l'Entreé en Etoit fermeé par le sable que la mer y auoit jetté.

Auant l'affaire du Capucin que M.[r] De Certigny amena en France en 1697. les Religieux de cet ordre auoient toujours eu la Mission de l'Isle: mais le Gouuerneur qui y fut enuoyé pour le Roy en 1698. y amena deux Prétres Seculiers du Seminaire des Missions Etrangeres qui desseruent alternatiuement l'vn l'Eglise de s.[t] Paul, et l'autre les Eglises des deux autres quartiers.

Outre le Gouuerneur Et les deux Aumoniers, la Compagnie des Indes entretient vn Commis et vne vingtaine de Negres pour nourir les Bestiaux pour ceux de leurs Batimens qui y viennent rafraichir; Elle a aussy vn Magazin en chaque quartier ou les habitans alloient acheter les marchandises dont ils auoient besoin: mais depuis qu'elle ne leur donne plus au méme prix des Indes, ils n'y prennent plus rien du tout.

Nombre des Habitans.

On compte presentement dans l'Isle 600. personnes y compris les Femmes, les Enfans et les Esclaues. Les flibustiers qui y sont établis depuis 5. ans y ont aporté beaucoup d'argent; Il en est resté 25. ou 30. qui se sont
Auril 1700 [fol. 161vo] presque tous mariez et qui ont la plûpart commencé de * nouuelles Habitatiõs; Ils sont d'vn grand secours au Gouuerneur pour tenir en respect les vieux habitans qui depuis la deroute de Madagascar ont vécu sans discipline chassant et detruisant les bestiaux de l'Isle comme bon leur sembloit.

Conspiration.

Depuis 6. mois il s'étoit fait vne Conspiration de 10. Negres et de 4. Negresses qui deuoient assassiner leurs Maitres et passer Ensuite a Madagascar dans des Canots; vn des Negres de la Compagnie que les autres auoient voulu mettre de la partie, decouurit le fait. Le Gouuerneur en fit pendre deux et fit marquer de la fleur de Lis tous les autres hommes et Femmes.

Qualités de l'Isle.

La terre produit aux habitans tout ce qui est necessaire a la vie, ils font du Bled, du Ris, des Cannes de Sucre, des Patates, des Giromons, des Papayes, des Bananes, des Ananas, des Oranges, des Citrons et toute sorte de Legumes; Il y a aussy du Raisin: mais il ne meurit jamais egalement: De sorte qu'il est impossible d'y faire du vin qu'auec beaucoup de peine. Les Habitans en font de Cannes de Sucre qui est assez bon; * Ils en font aussy de Miel: mais il n'est pas sain quoy que plus agreable au gout que celuy de Cannes. On y a planté des Poiuriers et des Caneliers: mais ils n'ont rien produit. Les Habitans ramassoient autrefois de L'Aloës et du Benjoin mais presentement ils ne s'en donnent pas la peine.

Auril 1700 [fol. 162]

Les Boeufs y sont tres bons; Ils sont d'vne certaine espece qui vient de Madagascar, et ont vne grosse bosse de graisse sur le Col; il y en a eu qui ont pesé jusqu'a 1400. liures. Les Cochons, les Cabrits, La Tortuë de terre, La Tortuë de Mer, Les coqs d'Inde, et les Poules y sont en quantité; Il y a aussy des Moutons et des Canards mais tres peu. La Tortuë de Terre y a été en si grande abondance que les Habitans en tuöient quelquefois plus de 400. dans vn an pour nourir vn Cochon: aussy les ont ils tellement detruits qu'ils sont presentement obligez de les aller chercher bien auant dans les bois; Ils ont aussy entierement détruit les Ramiers et les autres Oyseaux de l'Isle; Il y a encore * grande quantité d'vne Espece de Chauue souris qui ont 2. ou 3. pieds d'Enuergure; Elles sont grasses et d'vn bon gout.

Auril 1700 [fol. 162vo]

Nous demeurames 6. jours a s.t Paul a faire notre Eau et le reste de nos rafraichissemens. L'Eau y est tres dificile a faire a cause de la Lame qui est toujours extremement rude a terre, et méme les Matelots n'y peuuent descendre qu'a la nage, ou dans de petites Pirogues du pays en prenant bien leur temps pour donner a la Côte; Ils debarquent et rembarquent les Bariques auec vn va et vient. La dificulté de mettre a terre qui est partout fort grande est pour l'Isle vne fortification naturelle, et il y auroit du risque de tenter vne descente malgré les gens du pays. Les Creoles sont grands bien faits, et robustes; Ils sont dês leur Enfance adonnez a la Chasse, et la pluspart atrapent les Cabrits a la Chasse; Ils demeurent 2. et 3. jours a la montagne plutôt que de reuenir sans auoir rien tué.

Auril 1700 [fol. 163] Le 13. a midy d'vn petit vent d'ouest nous leuames l'Ancre et apareillames pour s.te Helene.[1]

Nous apareillames pour s.te Helene.

La nuit du 13. au 14. nous vimes le feu de la Soufriere.

Le 14. toute la journeé nous eumes les vents variables du Oüest nordoüest au Sud et au Sud sudest beaucoup de calme et de la pluye. A 8. heures du soir l'Isle nous demeura a Est Nordest 10. Lieuës.

Le 15. et le 16. Les vents furent du Sudoüest a Est sudest bon frais; Nous fimes le Sud sudoüest et le Sud quart de Sudoüest pour nous mettre au large de la pointe du Sud de Madagascar, ou il y a des dangers sous l'Eau qui portent pres de 30. lieuës en Mer.[2]

La Route nous valut le Sud quart de sudoüest jusqu'au 17. a midy qu'étant a 28.° 54.′ de latitude nous changeames la route a Oüest sudoüest, qui la variation corrigeé ne nous valoit que le Sud-oüest.

Le 18. Nous Enuergames des voiles neuues pour étre plus en
Auril 1700 [fol. 163vo] Etat de doubler le Cap de Bonne Esperance; Les vents * étoient variables du Nordoüest a l'oüest Sudoüest contraires La variation 24.° Nordoüest.

Le 21. au matin les vents se rangerent a l'Est et au Nord. A midy nous fumes par Estime a 32.° 30.′ de latitude et a 67.° 39.′ de Longitude.

Tempeste.

Le soir sur les 9. heures le vent changea tout d'vn coup du Nord au Sud; Sur les 10. heures il força au Sudoüest et nous fumes obligez de serrer les huniers. Toute la nuit et le lendemain jusqu'a 4. heures du soir nous eumes tourmente; Le vent fut toujours du Sud au Sudoüest melé de pluye et d'Eclairs; la mer étoit affreuse. Nous courumes pendant quelque temps auec

---

1 Bannisters Bericht fährt fort (p. 187/8): "having determined not to call at the Cape of Good Hope, from distrust of the Dutch. We saluted the governor with five guns. He then came on board to take leave of us."

2 Bannisters Bericht (p. 188) ist hier etwas ausführlicher.

les basses voiles, ensuite auec la Mizaine seule; Le matin nous mimes a la Cape auec l'Artimont: mais ayant été enfoncé nous fumes contraints de demeurer a sec. Sur les 4. heures du soir le vent se modera et varia au Sud Sudest; nous courumes auec la Misaine les Ris pris.

Le 23. au matin la Mer n'étant plus * si rude et le vent ayant tout a fait diminué, nous mimes la grande voile et le grand hunier. La hauteur fut de 32.° 17.' nous Etions a 62.° 3.' de longitude. Auril 1700 [fol. 164]

La nuit du 23. au 24. Calme plat; les vents vinrent ensuite au Nordoüest et varierent a Oüest et au Sudoüest, de la pluye et la mer grosse.

Le 26. par 32.° 48.' de Latitude et 58.° 42.' de longitude la variation fut de 26.° Nordoüest. Le lendemain nous ne la trouuames plus que de 22.°

Les 27. 28. et 29. Les vents au Nord nordoüest bon frais, le 30. ils se rangerent a l'Est Sudest.

Le 1.er et 2.e May toujours vents d'Est Sudest bon frais la Mer grosse. Nous vimes des Loups marins et quantité d'Oyseaux. May 1700

La nuit du 2. au 3. nous eumes Calme plat, et le vent vint ensuite au Sud Sudoüest auec vne Brume époisse.[1]

Le 4. nous vimes force Damiers et primes quelques Bonites; Le vent reuint a l'Est, beau temps, belle Mer.

Le 5. la hauteur fut de 35.° 30.' quelques * vns de nos Pilotes se faisant sur le Banc des Aiguilles, on sonda, point de fond. Le soir le vent vint a oüest et oüest sudoüest; nous courumes au Sud et au Sud quart de sudest craignant d'aprocher la terre. La nuit le vent força a oüest sudoüest auec de la pluye. May 1700 [fol. 164vo]

Le 6. et le 7. Nous eumes les vents variables de l'Oüest au Sudoüest; la variation étoit encore de 15.° Nordoüest.

Le 8. et le 9. nous eumes les vents du Sudest au Nordest mais fort foibles. Le 9. au matin nous ne trouuames que 11.° 40.' de variation qui est a peu pres celle que nous auions trouueé deux ans auparauant Nord et Sud du Cap de Bonne Esperance, ainsy nous croyant depassez le Banc des Aiguilles nous fimes le Nordouest quart d'ouest et a midy le Nordoüest quart de Nord prenant notre route pour s.te Helene en reconnoissant s'il étoit possible les terres du Cap.

---

[1] Bannisters Bericht sagt (p. 190): "The 2nd our lat. was 36 deg. 21 min., the long. 46 deg. 38 min., and this day we saw many sea wolves and birds."

La hauteur de midy fut de 36.° 29.′ nous nous faisions par l'estime
Mày 1700 [fol. 165] beaucoup plus * Nord; Ainsy il faut qu'il y ayt des Courans qui portent en ce parage vers le Sudoüest.

Toute la journeé nous vimes quantité d'Oyseaux; Les Eaux nous parurent changeés; La Lame étoit Longue et deployoit comme vne Lame de fond. Ce qui nous fit juger que nous ne deuions pas étre loing du Banc. Nous sondames sur les 5. heures du soir et ne trouuames point fond a 160. brasses.

La nuit du 9. au 10. les vents varierent au Nord et au Nord nordoüest bon frais; La Mer étoit fort grosse; Nous serrames les huniers.

Le 11. a 4. heures du matin le vent sauta tout d'vn coup du Nord au Sudoüest et mit nos voiles sur le Mât; La Mer étoit extremement rude et donna vn coup au Gouuernail qui luy fit cassér sa barre.

Nous doublames Cap de Bonne Esperance.

Nous Carguames toutes nos voiles et nous laissames deriuer au gré de la Mer, jusqu'a ce que nous fussions en Etat de gouuerner. Nous remimes en 2. heures vne autre barre et continuames pendant tout le jour notre route au Nord nordoüest. Le *
May 1700 [fol. 165vo] soir et toute la Nuit nous ne fimes que le Nordoüest quart de Nord craignant de donner a terre.

Le 12. a midy nous nous fimes a 33.° 38.′ de latitude et a 35.° 50′ de Longitude; nous commencions a laisser le Cap derriere nous. Nous le doublames sans reconnoitre ny la terre ny le Banc; La variation seule aida a nous redresser pour la Longitude.

Le 13. la hauteur fut de 32.° 4.′ le vent au Sud oüest bon frais. Nous faisions la variation corrigeé le Nord-oüest. Nos Pilotes pretendoient quand nous serions vn peu plus Nord, faire vn jour le Nordoüest et l'autre le Nordoüest quart de Nord: parce qu'ils disoient que le Nordoüest pur nous mettroit sous le vent de s.te Helene, et qu'il y auoit en cette saison des Courans qui portoient vers l'oüest. D'vn autre côté les Routiers Anglois nous disoient que depuis le Cap de Bonne Esperance jusqu'a cette Isle il n'y auoit aucun Courant: De sorte que dans l'incertitude nous ne fimes que le Nordoüest quart de
May 1700 Nord, et comme la variation diminuë toujours, la Route ne nous valut
[fol. 166] que le Nordoüest 5.° Nord. Les vents furent dé l'Est Sudest au sud sudest et quelquefois au Sud et au Sud sudoüest la mer grosse, vn temps couuert et pluuieux; Nous faisions ordinairement nos 50. 55. et 60. lieuës en 24. heures.

Le 21. a midy la hauteur ayant été de 16.° 24.′ Nous changeames sur les 4. heures du soir la Route du Nordoüest quart de Nord a l'Oüest pour aller chercher s.te Helene.

Le 22. a midy nous ne pumes auoir hauteur; Nous auions fait a l'oüest déja 50. lieuës, et nous étions toujours par estime a 16.° 10.′ de latitude qui est celle de la partie la plus Sud de l'Isle. Le soir sur les 6. heures nos Pilotes se faisant a terre nous Carguames toutes nos voiles et courumes pendant la nuit simplement auec le petit hunier sur le ton de peur de depasser. Le vent étoit Est Sudest bon frais, et nous fimes encore 38. lieuës a Oüest.

Le 23. au matin comme nous commencions a faire seruir nous reconnumes s.te Helene au Nord nordest enuiron 8. lieuës; L'horison * May 1700
étoit extremement chargé et nous faisions déja bon chemin: de sorte [fol. 166vo]
que ce fut vn grand bonheur de ce que nous ne depassames pas tout a fait sans rien voir. Nous courumes jusqu'a 4. heures apres midy toujours au plus pres du vent au Nordest et a Est nordest pour passer au Nord de l'Isle: mais comme la Mer étoit grosse nous ne pumes jamais gagner. Nous ariuames au côté du Sud et depuîs les Roches des Aiguilles suiuimes la Côte jusqu'en Rade toujours a vne petite porteé de Canon de terre. Les Anglois furent étonnez de ce que nous pumes gagner de ce bord là et nous dirent que nous étions le seul vaisseau qui depuis plus de 10. ans y eut passé si heureusement. Etant pres de la Rade nous Carguames notre grande voile trop tôt, et comme le vent étoit prés, nous ne pumes plus ranger la terre comme auparauant: Ce qui nous obligea de moüiller bien au large a 35. brasses d'Eau; notre Ancre chassa jusqu'a 45. et 50; nou filames beaucoup de Cable et eumes ensuite bien de la peine a nous touër a terre; nous ne nous * en aprochames qu'a $^1/_3$ de Lieuë, May 1700
notre grosse Ancre a 35. brasses et celle d'affourche a 25. Sable [fol. 167]
vazard et partout bonne tenuë.

Nous moüillames a s.te Helene.

Nous trouuames dans la Rade de Sainte Helene M.r des Augers auec le Bon et le Castricon vaisseaux du Roy, Le Maurepas et l'Aurore vaisseaux de la Compagnie des Indes, deux Batimens Anglois et vn Hollandois; Celuy cy étoit le méme qui auoit sorty le Detroit de la Sonde deux jours auant nous; comme il étoit party plus tard, il auoit eu ordre a Batauie de ne point aller au Cap a cause des Coups de vent qui y sont frequens en May et en Juin. Etant encore sous voile nous saluames Mr Des Augers de vnze Coups de Canon, il nous rêpondit d'autant. Comme le Soleil étoit couché lors que nous moüillames nous ne saluames la Forteresse que le lendemain matin. Nous la saluames de sept Coups et elle nous rendit coup pour coup.

Le Bon et l'Aurore apareillerent pour France la nuit du 24. au 25, et le Maurepas le 25. au matin; Ils deuoient en passant prendre
May 1700 [fol. 167vo] de la Tortuë a l'Ascension.[1] Le Castrion qui étoit arriué * le dernier resta seul; il auoit encore toute son Eau a faire et deuoit prendre du Lest.

Le 26. au matin le Hollandois apareilla et a midy 2. Anglois.

Description de l'Isle de s.[te] Helene.

L'Isle s.[te] Helene a proprement parler, n'est qu'vn Roche au milieu de la Mer; elle a 10. a 12. lieuës de circuit; La Côte est partout fort haute, seche aride, et extremement escarpeé; on peut la ranger tout au tour a vne petite porteé de fuzil; il n'y a aucuns dangers que ceux que l'on voit. Elle est situeé a 300. lieuës de terre ferme, a 16.° de latitude Sud, et a 13.° 50.′ de Longitude prenant le premier meridien a Tenerif. L'Air y est temperé et tres sain; les vents y regnent toute l'anneé vers le Sudest et jamais on n'y voit de mauuais temps.

Le moüillage est au côté du Nordoüest a vn demy quart de lieue de terre par 20. et 25. brasses fond de Sable vazard. Les Batimens pour venir en Rade passent tous au Nord de l'isle en rangeant la
May 1700 [fol. 169] terre de fort pres; Il y en a eu qui ayant vne fois manqué Le * moüillage n'ont pû le regagner, surtout lors qu'ils venoient par la Bande du Sud; d'autres ont été obligez de louier 4. a 5. jours.

La descente est partout defenduë par de bonnes Batteries qui regnent le Long de La Mer; tout le Canon est de fer de 12. a 18. de balle. La forteresse est vn Triangle a 3. Bastions assez mal construits; il y a dessus 8. ou 10. pieces de Canon de fonte; Le Bourg est derriere la forteresse; il y a en tout 40. a 50. maisons; Le Ruisseau se partage au dessus du Bourg en 2. bras qui viennent se decharger a la Mer des deux côtez de la grande Batterie; Celuy ou les Chaloupes

---

1 Bannisters Bericht sagt (p. 195): "The governor of the islands belongs to the French Reformed Church. His name is Poirel, a native of Blois.

M. des Augers sailed that night with three of his ships for Ascension, where they meant to take in turtle."

prennent l'Eau passe par des tuyaux dans le jardin du Gouuerneur qui en arréte le cours quand bon luy semble.

Le Gouuerneur qui est presentement a s.te Helene est vn Religionnaire françois M.r Poirier natif de Blois; Il étoit venu dans l'Isle au commencem.t de la guerre pour 4.e du Conseil; Le Gouuerneur qui étoit lors de son arriueé * se cassa le Col en descendant des Mon- May 1700
tagnes; celuy qui luy succeda fut tué dans vne reuolte que firent les [fol. 169vo]
Habitans; Le 3.e ne vêcut gueres; Et ainsy il a fait son chemin en peu de temps.

L'Isle fut prise en 1672 par les Hollandois: mais ils la laisserent reprendre l'anneé suiuante auec 5. de leurs vaisseaux richement chargez que les Anglois prirent ou brulerent. Depuis ce temps là La Compagnie des Indes d'Angleterre l'a toujours gardeé; il y a aujourd'huy pres de 200. Familles parmy lesquelles il y en a 6. françoises; ils ont beaucoup d'Esclaues noirs et il est presqu'impossible de s'imaginer a la veuë de cette Isle comme elle peut nourir tant de monde et fournir de rafraichissemens a tant de vaisseaux: Car de la Mer on ne voit ny bois, ny terres cultiueés: Cependant on dit qu'au milieu il y a de tres beaux valons, que le Terrein en est agreable et tres fertile. Les Anglois ne voulurent jamais nous y permettre la chasse, Et pas méme de sortir de leur bourg.

Les rafraichissemens qu'on trouue en cette Isle consistent en May 1700
Boeufs, Cochons, Cabrits, Cocqs d'Inde, et Poulles; Il y a des Bananes, [fol. 170]
des Oranges, des Citrons, des Pommes, du Raisin, plusieurs autres sortes de fruits, d'herbages et de Legumes; mais tout y est extremement cher. Les Habitans mangent des Patates et des Ighnames en guise de pain: Car comme il ne vient ordinairement aucun vaisseau d'Europe en droiture, ils n'ont que tres dificilement la Farine, le vin, l'Eau de vie, et les autres denreés qui en sortent. La Rade est fort poissonneuse; nous y primes quantité de Tons et des Macquereaux excellens. Il n'y a point de bois pour les vaisseaux; les habitans méme pour leur vsage sont obligez de l'aller chercher de plus de 2. lieuës dans la montagne.

Les vaisseaux Marchands qui moüillent a s.te Helene de quelque nation qu'ils soient payent au Commis de la Compagnie Anglois vn Baril de poudre de 10. Ecus, ou en Espece ou en Argent, et vn Ecu pour le droit d'Ancrage. Les Interlopes Anglois payent 4. Ecus

May 1700 [fol. 170vo] par tonneau: mais il n'en passe gueres a ce * prix la. Les Hollandois y viennent rarement; Les Portugais en trauersant d'Angole au Bresil y aportent quelquefois des Negres et de la Poudre d'or qu'ils échangent pour des marchandises des Indes.

Le 31. Messieurs nos Capitaines furent diner chez le Gouuerneur. Le soir nous saluames notre Commandant de 9. coups de Canon; il nous repondit d'autant, La forteresse prit aussy le salut pour elle et nous repondit également de 9. coups. Sur les 9. heures du soir nous apareillames pour l'Ascension et fimes le Nordouest quart de Nord.

Nous apareillames pour l'Ascension.

Juin 1700 Le 1.er Juin au matin s.te Helene nous restoit au Sudest quart de Sud 16. lieuës. Nous eumes toujours les vents depuis le Sud sudest jusqu'a l'Est et quelquefois a Est nordest, bon frais, la Mer belle et de temps en temps quelques grains de pluye.

Le 5. a 2. heures de l'apres midy étant a 7.° 50.′ qui est la latitude de l'Ascension nous changeames la route du Nordoüest quart de Nord a Oüest pour l'Aller reconnoitre; nos Pilotes s'en faisoient a 40. lieuës.

Le vent fut au Sudest bon frais, et le 6. a 5. heures du matin
Juin 1700 [fol. 171] nous reconnumes l'Isle qui nous restoit a Oüest quart de * Nordoüest 5. lieuës. Nous la rangeames par la bande du Nord toujours a demi porteé de Canon de la Côte et fûmes moüiller au Nordoüest a 1/4 de lieuë de terre dans vne grande Ance de sable par 13. brasses fond de Roche pourrie, Sable et Corail; Le Morne rouge nous restoit au Sudest 3.° Sud; et le recif de la pointe du Oüest au Sudoüest quart d'Oüest. Ce recif met 1/2 lieuë au large et ne brise ordinairement que quand la mer est vn peu grosse.

Nous moüillames a l'Ascension.

Notre Canot alla et reuint toute la journeé a terre et le soir il y laissa du monde pour courir la tortuë dans les Ances pendant la nuit. Nous trouuames dans vne bouteille (Sur le sommet du Morne rouge au pied d'vne croix que les Portugais y ont planteé) vn billet qui marquoit que M.r Des Augers auoit moüillé le 31. May et qu'il auoit viré 4. Tortuës; Nous n'en trouuames aucun autre ny Anglois ny Hollandois. Cette coûtume d'en enfermer ainsy des billets dans vne bouteille a été tres longtemps en vsage: mais presentement elle commence a s'abolir; On la mettoit d'ordinaire au bout de l'Ance a

Babord ou l'on debarque; et on sçauoit par la Le nombre des vaisseaux qui auoient * passé, quel jour ils auoient moüillé et combien ils auoient pris de Tortuës. Nous pendimes la nôtre sur le bord de l'ance au haut d'vn Bambou auec vn billet pour la Gastricon. Juin 1700 [fol. 171 vo]

L'Isle de l'Ascension a Enuiron 15. lieuës de tour; Elle est fort haute au milieu et partout seche, bruleé ou pierreuse; Il n'y a ny Eau, ny bois, ny broussailles Elle est escarpeé et inaccessible du côté du vent; Elle a au Nord plusieurs petites Ances de Sable, et a Est Nordest vn Islot tout pres de terre; La Côte y est saine, et on peut la ranger a discretion. La descente au moüillage pendant la brise est fort difficile, et La Mer roule beaucoup a terre; Le sable est tout couuert de petites Tortuës que les Foux et les Fregates enleuent a mesure qu'elles Eclosent. On trouue sur les Roches quantité de Pourpier, partout vne infinité d'oyseaux, et dans le milieu de l'Isle quelques Cabrits; La Rade est aussy fort poissonneuse. La Diepois venoient là ordinairement auant la guerre pendant les mois de Mars, Auril et May saler la Tortuë pour les Isles de l'Amerique.

Le 7. au matin nous fumes reprendre nos gens a terre; Ils n'auoient viré qu'vne * Tortuë: mais elle pesoit bien 400. £. Nôtre Canot le jour precedent étoit reuenu trop tard et auoit fait retourner toutes les autres au large. Pour bien faire il ne faut laisser aller a terre ny Chaloupe ny Canot passé 2. heures apres midy, et ne faire aucun bruit sur Le bord de la Mer: Car a la moindre chose ces Animaux prennent l'Epouuante et rebroussent chemin. Juin 1700 [fol. 172]

Nous apareillames pour Fayal.

Sur les 10. heures nous leuames l'Ancre et fimes voile pour Fayal ou M.r De La Roque pretendoit passer comme il l'auoit mandé a la Compagnie pour y prendre ses Ordres et sçauoir des nouuelles d'Europe. Nous fimes le Nordoüest que nous continuames jusqu'a 4. degrez Nord auec des vents d'Est Sudest toujours bon frais. Nous passames la Ligne de 13. a 3. heures apres midy par 358.° 20.′ sans trouuer aucun calme ny la moindre chaleur.

Le 16. a midy nous faisant a 4.° Nord nous changeames la route du Nordoüest au Nord nordoüest; Le vent étoit toujours vers le Sudest bon frais. Nous n'auions fait jusqu'alors le Nordoüest pur que pour parer vne longue Roche sous l'Eau, * quï est a cette hauteur et que nous laissions a Stribord; Il y a peu de Cartes qui la marquent et aucunes ne conuiennent touchant sa longitude; On sçait seulement Juin 1700 [fol. 172 vo] qu'en partant de l'Ascension et faisant le Nordoüest on en passe beaucoup au large.[1]

Le 18. et le 19. les vents varierent au Nordest; nous trouuames des Courans qui portoient Nord.

Le 20. les vents se fixerent au Nordest bon frais. La hauteur fut de 11.° 26.′ et nous etions par Estime a 351.° 21.′ de Longitude. Nous faisions toujours le Nord nordoüest pour passer vn peu au large des Isles du Cap vert afin d'Euiter les calmes que les Pilotes s'imaginent qu'on y trouueroit si on les rangeoit de trop pres; nous n'auions aucune variation.

Le 23. nous changeames la route du Nord nordoüest au Nord quart de Nordoüest au plus pres du vent. La hauteur fut de 17.° 5.′

Nous eumes toujours les vents de Nordest et Est nordest bon
Juin 1700 [fol. 173] frais, vn temps sombre et pluuieux jusqu'au * 26. que nous passames en méme jour le Soleil et Le Tropique. Nous étions par estime a 23.° 31.′ et a 346.° 51.′ de longitude.

Les 27. 28. et 29. La proximité du Soleil nous donna vn peu de Calme.

Goymon en quantité.

Le 27. nous commençames a voir du Goymon; Les jours suiuans nous en trouuames la Mer toute couuerte. Ce Goymon s'etendoit de l'Est a l'ouëst et de distance en distance comme de grands lits de Mareé. Le Parage ou nous en trouuames le plus fut le 1.er 2. et 3.e Juillet par 30. 32. et 34.° de latitude, et par 344. et 343. de longitude. Il y en a qui pretendent que ce Goymon se detache de quelques hautfonds inconnus dans ces quartiers là: Car des Açores il n'en vient asseurement pas: puisque aux Enuirons de ces Isles on n'en voit point du tout.

Le 5. Juillet nous trouuames 7.° de variation Nordoüest la hauteur fut de 35.° 52.′ et le Longitude 341.° 40.′ les vents étoient du Nordest au Nord; nous portions au plus pres au Nord Nordoüest et au Nordoüest.

Juillet 1700 [fol. 173vo] Les 7. 8. et 9. Les vents varierent a * Est Nordest, a Est Sudest et au Sud beau temps, belle mer.[2]

---

[1] Bannisters Bericht fügt hinzu (p. 198): "The 17th, the wind shifted to south-south-east and south-west, was still fair and strong.

The current here set north."

[2] Bannisters Bericht (p. 199) ist etwas ausführlicher.

Les 10. 11. et 12. ils furent variables du Sud a Oüest sudoüest, au Nordoüest, quelquefois au Nordest et le plus souuent calme plat; nous commencions a ne plus voir de Goymon.

Le 12. nous n'en vimes plus du tout: mais nous trouuames vn gros tronc d'Arbre. La hauteur fut de 38.° 31.′ et nous étions par estime a 348.° 22.′ de longitude qui est a quelques minutes pres la Situation du Fayal, et tous nos Pilotes se firent ce jour la a terre.

Le 13. et 14. les vents vinrent au Sudest; nous fumes obligez de porter a Est nordest; nous fimes enuiron 55. ou 60. lieuës et ne vimes point de terre. Le 14. la hauteur fut de 39.° 6.′ Nos Pilotes craignoient d'auoir passé entre Flores et Fayal; Le temps étoit obscur; il venoit du Oüest nordoüest vne grosse houle.

Le 15. a midy étant a 39.° 27.′ nous rebandames au Sud quart de sudoüest pour nous remettre a la hauteur du Fayal, suposé que nous en fussions * encore a Ouest, ou pour tomber sur les autres Isles au cas que nous eussions dépassé. Juillet 1700 [fol. 174]

Le 16. La hauteur fut de 38.° 34.′ point de terre, il falloit que nous fussions encore a Ouest de Fayal.

Nous manquames Fayal.

Le 16. et Le 17. les vents se rangerent au Nordest et a l'Est tout a fait contraires, M.r De La Roque ne voyant plus d'aparence de pouuoir gagner de determiner a aller droit en france et nous commençames a courir au Nord quart de Nordest pour Eleuer en latitude et chercher les vents d'ouest.

Le 18. méme vent.

Le 19. il varia au Sudest calme plat.

Le 20. il vint au Nordoüest petit frais, temps sombre. Nous fimes le Nordest quart d'est. La hauteur fut de 42.° 5.′ et nous étions a 349.° 58.′ de longitude suiuant l'Estime corrigeé.

Rencontre d'vn Batiment françois.

Le 23. a 10. heures du matin Nous vimes deuant Nous vn Batiment qui couroit au plus pres vers le Nord; Les vents étoient a Oüest Nordoüest. Nous luy asseurames notre Pauillon; il mit en Panne et sur le midy nous fumes a son bord. C'etoit vn Flibot de Cherbourg qui alloit sur le grand Banc a la pesche * de La Mouruë; Il venoit de La Rochelle ou il auoit été prendre son sel; il y auoit dejà 20. jours qu'il étoit dehors, et il se faisoit a 250. lieuës d'ouessant. Juillet 1700 [fol. 174vo]

Nous vimes encore sur les 11. heures vn autre batiment 4. lieuës au vent de nous; Le Flibot nous dit que c'étoit vne Fregatte Angloise de 30. Canons et qu'elle étoit venuë le jour precedent le reconnoitre. Nous faisions l'Est Nordest depuis le 22. a midy.

Le 24. apres midy nous vimes sous le vent 2. Nauires qui couroient au Sudouest.

Le 26. nous fumes a Enuiron 47.° de latitude; nous auions encore 15.' a eleuer pour gagner la hauteur de Bellisle ou nous voulions aterrer: mais comme il y auoit du côté du Nordouest 3. ou 4.° de variation qui nous redressoient au Nord, Nous commençames a ne plus faire que L'Est. Le soir il nous mourut vn homme.

Nous vimes ce jour la beaucoup d'oyseaux; les vents Oüest et Oüest nordoüest petit frais.

Juillet 1700 [fol. 175] Le 27. a La Pointe du jour nous vimes * vn Nauire qui faisoit le sud sudoüest. L'Apres midy nous en vimes vn autre qui couroit au Nord. Le soir nous sondames pour la premiere fois, point de Fond.

Le 28. au soir point de Fond; La plupart de nos Pilotes se faisoient a terre. Le vent tomba tout a coup sur les 6. heures, et varia toute la nuit suiuante.

Le 29. au matin le vent retourna au Sudoüest et a Oüest bon frais, vn temps pluuieux et embrumé. Le soir et a minuit nous sondames encore, point de Fond.

Le 30. au matin le vent ayant varié au Nord-oüest, le temps commença a s'eclaircir, et a midy nous eumes bonne hauteur. Nous étions a 47.° 30.' vn peu auant midy nous vimes deuant nous vn batiment qui couroit au Nord nordest; Nous forçames de voiles pour luy parler, et luy assurames plusieurs fois nôtre Pauillon; Il mit en panne, hissa Pauillon Angloise et nous l'assura d'vn coup de Canon: mais apres nous auoir bien reconnu il continua sa route et ne voulut
Juillet 1700 jamais nous attendre. Comme il alloit aussy bien * que nous, nous
[fol. 175vo] cessames de le chasser et remimes en route Cap a l'Est.

Sur les 5. heures et demie du soir nous vimes au Nord vne voile qui venoit nous croiser et qui couroit au Sudest; nous fumes bord a bord sur les sept heures et mimes en panne pour parler. C'etoit vn petit Batiment qui venoit de s.t Malo et alloit a Bayonne; il se faisoit au Sud sudoüest d'ouëssant 15. lieuës. Nous trouuames alors 70. brasses petit cocquillage brisé; nous fimes l'Est Sudest pour nous remettre a la hauteur de Bellisle. A minuit 80. brasses méme Fond.

Le 30. a 2. heures du matin nous fimes l'Est quart de Sudest et a 4. heures l'Est tout pur. Sur les 9. heures nous reconnumes Bellisle deuant nous enuiron 6. lieuës; Nous y moüillames sur les 2. heures apres midy a 9. brasses Sable et grauier a $^2/_3$ de lieuë de la Citadelle qui nous restoit a Oüest 5.° Nord.

Le 2. Aoust nous apareillames de Bellisle; le vent étoit contraire, et nous ne pûmes ce jour la gagner que la Rade de Grois. Aoust 1700

Le 3. Nous entrames dans le Port-Louis.[1]

---

1 Bannisters Bericht schließt (p. 203): "The 31st, we saw Belle Isle at about 9 a. m., and in the afternoon anchored two-thirds of a league off the fort, in nine fathoms. M. de Boossy and M. de Beaulieu were sent to Vannes to take the Diligence there, and carry intelligence of the ship's return of the King and the Company.

The 2nd of August, we sailed from Belle Isle, and anchored the same night under Gion. Next day, at, noon, we entered into the port of St. Louis.

INDEX DER GEOGRAPHISCHEN NAMEN

VERLAG DER ASIA MAJOR, LEIPZIG
KURPRINZSTR. 14

GUSTAV HALOUN

SEIT WANN KANNTEN DIE CHINESEN DIE TOCHARER ODER INDOGERMANEN ÜBERHAUPT?

Teil I

Das Werk zieht den gesamten in Frage kommenden Stoff der chinesischen Literatur heran. Soweit die unmittelbaren Berichte versagen, das heißt, vor dem 3. Jahrhundert vor Chr., wird aus mittelbaren Nachrichten heraus versucht, eine gesicherte Antwort auf die Frage zu gewinnen wie alt die Bekanntschaft der Chinesen mit den Indogermanen ist. Es gelingt dabei, aus bislang unausgewertetem Stoffe indogermanisches Lehngut Alt-Chinas aufzuweisen und den Zeitpunkt festzulegen, wann es zuerst auftritt. Aus der zeitlichen Lage dieses Lehngutes ergibt sich eine Wanderung westlicher und nördlicher Grenzvölker vom ausgehenden 9. bis zum 7. Jahrhundert als von indogermanischen Völkern getrieben.

Das Werk wird in drei Teilen erscheinen.

Der vorliegende erste Teil untersucht als Vorarbeit zur Bereinigung der Tocharerfrage den geographischen Begriff Ta-hia in den chinesischen Quellen vor 126 v. Chr. Der Verfasser gelangt zu einem Ergebnis, welches von bisheriger allgemeiner Auffassung durchaus abweicht.

Die Indogermanistik erhält aus diesem Buche das allerwertvollste Material zur Geschichte indogermanischer Völker in einer Zeit, der bisher nur aus vorderasiatischen Quellen einige geschichtliche Aufhellung geworden ist.

Aber auch dem Sinologen ist das Buch von größtem Werte. Bringt es doch die verwerteten Texte kritisch untersucht und gesichtet, zusammen mit einer gewissenhaften Übersetzung.

Für alle zentralasiatischen Studien wird sich das Buch als unentbehrliche Grundlage erweisen.

Der Umfang
des Buches beläuft sich auf 13 Bogen im Asia Major-Format.

Der Preis des Buches beträgt Rm. 25.—

Bestellungen nimmt jede Buchhandlung entgegen.

www.ingramcontent.com/pod-product-compliance
Ingram Content Group UK Ltd.
Pitfield, Milton Keynes, MK11 3LW, UK
UKHW022059260726
13993UKWH00001B/204

9 782329 206615